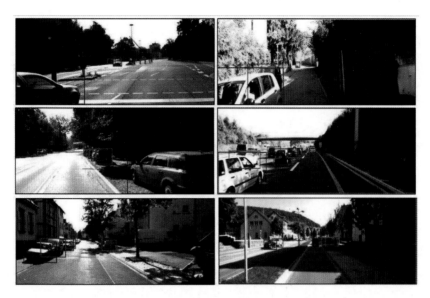

图 4-1　KITTI 目标检测的样本示例

（蓝色方框表示正确的检测结果，红色方框表示基线法遗漏的结果）

图 4-4　去除地面点云后的障碍物分布

（点阵的颜色表示景深，暖色调表示近距，冷色调表示远距）

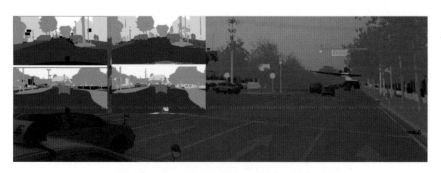

图 4-10　深度学习中图像语义分割的图像

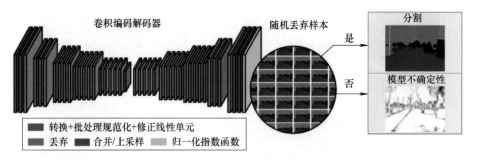

图 4-14　卷积网络的深度学习

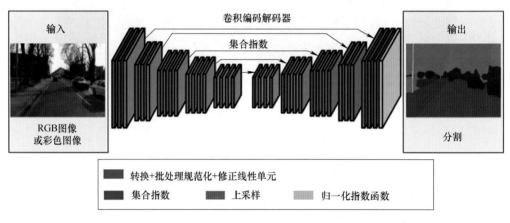

图 4-27　卷积神经网络多层特征提取

职业教育汽车类专业教学改革创新示范教材

汽车智能技术与应用

朱升高　编著

机 械 工 业 出 版 社

本书从原理、应用及维修多个维度全面阐述了智能网联汽车关键技术，深入地剖析了这个复杂的系统。

本书共分10章。在第1章中阐述了智能网联汽车的基本定义与智能等级划分，以及我国智能网联汽车技术发展方向。在第2章中介绍了车速传感器、曲轴位置传感器、线性节气门位置传感器、车身高度传感器、进气压力传感器、氧传感器、空气流量传感器、MENS惯性传感器、视觉传感器、听觉传感器等车载常用传感器的技术原理与应用方法。第3章介绍了超声波雷达、毫米波雷达、激光雷达技术原理与标定方法，第4章介绍了智能汽车驾驶感知与路径规划，第5章介绍了无人驾驶决策与控制，第6章介绍了底盘线控系统结构原理与常见故障的维修，第7章介绍了汽车导航与高精地图技术，第8章介绍了ADAS技术应用与维修，第9章介绍了智能座舱与车载计算平台以及其他智能电控系统的应用，第10章介绍了车载Linux、Android、ROS操作系统的技术架构与应用。

本书可作为高等职业院校及应用型本科汽车类专业、汽车智能技术专业的相关课程教材，也可作为社会相关机构的技术培训与车辆维修参考用书。

图书在版编目（CIP）数据

汽车智能技术与应用/朱升高编著. —北京：机械工业出版社，2022.6

职业教育汽车类专业教学改革创新示范教材

ISBN 978-7-111-70928-2

Ⅰ. ①汽… Ⅱ. ①朱… Ⅲ. ①汽车–智能控制–职业教育–教材 Ⅳ. ①U463

中国版本图书馆CIP数据核字（2022）第097247号

机械工业出版社（北京市百万庄大街22号 邮政编码100037）
策划编辑：王 婕 责任编辑：王 婕 丁 锋
责任校对：张 征 张 薇 责任印制：李 昂
河北鹏盛贤印刷有限公司印刷
2022年9月第1版第1次印刷
184mm×260mm · 16.25印张 · 1插页 · 399千字
标准书号：ISBN 978-7-111-70928-2
定价：59.90元

电话服务 网络服务
客服电话：010-88361066 机 工 官 网：www.cmpbook.com
　　　　　010-88379833 机 工 官 博：weibo.com/cmp1952
　　　　　010-68326294 金 书 网：www.golden-book.com
封底无防伪标均为盗版 机工教育服务网：www.cmpedu.com

Preface

前 言

  本书是根据教育部"十四五"职业教育国家规划教材编写标准与高等职业学校专业教材编写标准编写的，主要面向高等职业院校的汽车技术运用与新能源汽车技术专业人才的培养，以及社会专业培训机构与行业专业人士参考阅读等。

  智能网联汽车是集环境感知、决策规划、多层次辅助驾驶等功能于一体的综合性移动机器人系统，其实现的技术较为复杂，集成了计算机技术、现代智能传感器技术、信息融合技术、通信技术、人工智能技术和自动控制技术等。通过信息感知识别与融合、行为决策与路径规划、车载线控底盘等技术实现无人驾驶车辆的自动控制，具有道路障碍物自动识别、自动报警、自动制动、安全距离自动保持、车速和巡航控制等功能，并可以使车辆与外部节点连接，实现信息共享和协同控制，打造环保、节能、安全舒适的新型智能汽车。

  为解决高端人才培养问题，普及智能网联汽车知识，在本书融入了完整的汽车智能网联应用技术，并编写了智能网联汽车常见关键技术的故障维修内容，既可以满足相关知识与技能的学习，又可为日常工作中车辆问题的排查提供技术性参考，与已出版的《车联网技术与应用》（ISBN：9787111676065）的知识结构互补，以满足知识点学习的基本要求，并拓宽实际应用需求。本书共分为 10 章，主要包括智能网联汽车技术介绍、无人驾驶汽车传感器技术、雷达传感器在无人驾驶汽车的应用、智能汽车驾驶感知与路径规划、无人驾驶决策与控制、底盘线控系统、汽车导航与高精地图、ADAS 技术与应用、智能座舱与车载计算平台、车载嵌入式操作系统应用等内容。

  本书内容新颖、知识面广、重点难点处理得当、语言通俗易懂，是一本非常实用的教材，有助于促进我国智能网联汽车技术发展和职业人才的培养，改善目前该领域教学用书不足的状况，为职业院校的教学发展和专业体系建设提供有力的支持。

  在本书编写过程中，参考了一些专业技术文献和资料，在此向相关的作者表示衷心的感谢！由于编者水平有限，疏漏之处在所难免，恳请广大专家和读者提出宝贵的修正意见和建议。

编 者

Contents

目 录

前言

第1章 智能网联汽车技术介绍 ……… 1

1.1 汽车智能化与网联化的定义及标准 …… 1

  1.1.1 智能网联汽车基本定义 …… 1

  1.1.2 无人驾驶汽车智能等级划分 … 5

  1.1.3 智能网联汽车标准法规的制定 … 7

1.2 我国智能网联汽车技术的发展方向 … 9

  1.2.1 汽车智能化 …… 9

  1.2.2 汽车网联化 …… 10

  1.2.3 汽车共享化 …… 15

思考题 ……… 17

第2章 无人驾驶汽车传感器技术 ……… 18

2.1 常用车载传感器在无人驾驶汽车中的
应用 ……… 18

  2.1.1 车速传感器 ……… 18

  2.1.2 曲轴位置传感器 ……… 19

  2.1.3 线性节气门位置传感器 ……… 20

  2.1.4 车身高度传感器 ……… 22

  2.1.5 进气压力传感器 ……… 22

  2.1.6 发动机冷却液温度传感器 ……… 23

  2.1.7 氧传感器 ……… 24

  2.1.8 空气流量传感器 ……… 25

  2.1.9 MENS 惯性传感器 ……… 26

2.2 视觉传感器在无人驾驶汽车中的
应用 ……… 27

  2.2.1 视觉传感器种类 ……… 27

  2.2.2 视觉传感器的应用 ……… 34

  2.2.3 视觉传感器标定 ……… 39

2.3 听觉传感器在无人驾驶汽车中的
应用 ……… 46

  2.3.1 声音感知 ……… 46

  2.3.2 音频识别 ……… 48

思考题 ……… 50

**第3章 雷达传感器在无人驾驶汽车的
应用** ……… 51

3.1 超声波雷达 ……… 51

3.2 毫米波雷达 ……… 53

  3.2.1 车载毫米波雷达种类 ……… 53

  3.2.2 车载毫米波雷达工作原理 ……… 55

  3.2.3 毫米波雷达校准与标定 ……… 57

3.3 激光雷达 ……… 63

  3.3.1 车载激光雷达应用类型 ……… 63

  3.3.2 激光雷达工作原理 ……… 66

  3.3.3 激光雷达的标定 ……… 71

  3.3.4 激光雷达在应用中的常见问题 …… 75

思考题 ……… 76

**第4章 智能汽车驾驶感知与路径
规划** ……… 77

4.1 环境感知与信息融合 ……… 77

4.2 深度学习算法在图像处理中的应用 …… 85

  4.2.1 目标识别 ……… 87

  4.2.2 语义分割 ……… 89

  4.2.3 立体视觉与场景流 ……… 91

  4.2.4 视觉里程计算法 ……… 93

  4.2.5 目标跟踪 ……… 94

4.3 无人驾驶汽车目标检测 ……… 96

4.4 无人驾驶路径规划 ……… 97

  4.4.1 无人驾驶路径规划层 ……… 97

  4.4.2 全局路径规划算法 ……… 98

  4.4.3 局部路径规划算法 ……… 101

  4.4.4 车道级路径规划 ……… 103

4.5 智能协同定位与目标跟踪 ……… 105

思考题 ···················· 108
第5章　无人驾驶决策与控制 ···· 109
5.1　汽车驾驶行为预测 ·········· 109
5.2　自由度力学模型 ············ 112
5.3　车辆横向与纵向控制 ········ 115
思考题 ···················· 120
第6章　底盘线控系统 ·········· 121
6.1　线控制动系统 ·············· 121
6.1.1　线控制动系统结构与原理 ··· 121
6.1.2　线控制动系统常见故障维修 ·· 126
6.2　线控转向系统 ·············· 129
6.2.1　线控转向系统结构与原理 ··· 129
6.2.2　线控转向系统常见故障维修 ·· 132
6.3　线控驱动系统 ·············· 136
6.3.1　线控驱动系统结构与原理 ··· 136
6.3.2　线控驱动系统常见故障维修 ·· 137
6.4　线控悬架系统 ·············· 138
6.4.1　线控悬架系统结构与原理 ··· 138
6.4.2　汽车主动悬架系统常见故障
　　　维修 ················ 140
6.5　基于电动汽车的线控底盘技术应用 ·· 140
思考题 ···················· 142
第7章　汽车导航与高精地图 ···· 144
7.1　基于卫星定位技术的导航系统 ·· 144
7.1.1　汽车导航技术的类型 ······ 144
7.1.2　卫星通信与定位方法 ······ 146
7.2　惯性导航定位技术应用 ······ 149
7.2.1　惯性导航定位的作用与结构
　　　组成 ················ 149
7.2.2　惯往导航系统类型 ········ 152
7.2.3　卡尔曼滤波器与融合定位技术
　　　在自动驾驶中的应用 ····· 154
7.2.4　GPS与惯性导航信息融合定位 ·· 156
7.3　汽车车载导航系统 ·········· 159
7.3.1　车载GPS导航系统作用与结构
　　　组成 ················ 159
7.3.2　汽车导航系统常见故障维修 ·· 161
7.4　高精度地图 ················ 161
7.4.1　高精度地图的作用与原理 ··· 162
7.4.2　高精度地图的采集与生产 ····· 167

7.4.3　高精度地图的应用 ········ 170
思考题 ···················· 171
第8章　ADAS技术与应用 ······ 173
8.1　ADAS技术简述 ············ 173
8.2　预警类辅助驾驶系统 ········ 175
8.2.1　预警类辅助驾驶系统主要功能 ·· 175
8.2.2　预警类辅助驾驶系统主要功能
　　　应用 ················ 177
8.3　控制类辅助驾驶系统 ········ 190
8.3.1　控制类辅助驾驶系统主要功能 ·· 190
8.3.2　控制类辅助驾驶系统主要功能
　　　应用 ················ 191
思考题 ···················· 211
第9章　智能座舱与车载计算平台 ·· 213
9.1　人机交互 ·················· 213
9.2　抬头显示系统 ·············· 217
9.3　智能座椅 ·················· 219
9.4　智能座舱 ·················· 220
9.5　车载计算平台 ·············· 226
9.6　其他智能控制系统 ·········· 231
9.6.1　智能照明系统 ············ 231
9.6.2　地形管理系统 ············ 233
9.6.3　胎压监测系统 ············ 234
9.6.4　智能电源管理系统 ········ 236
9.6.5　防盗系统 ··············· 236
9.6.6　电子制动控制系统 ········ 238
思考题 ···················· 240
第10章　车载嵌入式操作系统应用 ·· 241
10.1　Linux操作系统在智能网联汽车
　　　中的应用 ·············· 241
10.1.1　Linux内核及驱动 ········ 241
10.1.2　Android框架 ··········· 242
10.2　ROS在智能网联汽车中的应用 ·· 244
10.2.1　ROS技术架构 ·········· 245
10.2.2　ROS在无人车辆上的应用 ·· 248
10.2.3　Rviz 3D图形可视化工具的
　　　应用 ················ 251
思考题 ···················· 252
参考文献 ···················· 253

第1章　智能网联汽车技术介绍

学习目标

1. 能够说出智能网联汽车与车联网的技术特征与定义。
2. 能够解释我国与美国智能网联汽车智能等级的要求。
3. 能够说出我国智能网联汽车技术发展方向。
4. 能够说出我国汽车智能化技术的发展要求。
5. 能够说出我国汽车网联化技术的发展要求。
6. 能够说出我国汽车共享技术的发展要求。

1.1　汽车智能化与网联化的定义及标准

1.1.1　智能网联汽车基本定义

智能网联汽车的定义是指搭载先进的车载传感器、控制器、执行器等装置，并融合现代通信与网络技术，实现车与 X（人、车、路、云端等）智能信息交换、共享，具备复杂环境感知、智能决策、协同控制等功能，可实现"安全、高效、舒适、节能"行驶，并最终实现替代人来操作的新一代汽车，可以在一定程度上替代人类进行感知、交流、判断，从而实现真正的无人驾驶，现代的智能网联汽车是汽车移动互联网与智能汽车的有机结合。根据我国的"智能网联汽车技术路线图"，智能网联汽车有两个层次：一个是智能化，另一个是网联化。要实现自动驾驶，车辆必须经历三个重要步骤：一是环境感知，二是判断与决策，三是控制执行。智能汽车与人类一样，也有大脑和神经中枢控制系统，由车载计算机平台、高级驾驶员辅助系统和车内网络终端系统、网关、控制器等部件组成。

在无人驾驶汽车技术组成中，智能网联的载体是汽车，核心是网络，而网络由两个部分组成：一个是车内网，一个是车际网。车内网是指汽车内部的传感器和智能控制系统构成的网络，车际网是指所有汽车连接、共享的网络。网联则是指将车辆参与到大的网络中去交换重要的信息，比如位置、路线、速度等信息。

智能化主要指汽车自主获取信息、自主决策和自动控制的能力，网络化是指汽车和 X（人、车、路、云端等）之间通过通信和网络技术进行的信息交换。在智能层面，汽车配备了多种智能传感器，包括相机、超声波雷达、毫米波雷达、激光雷达、微机电系统（MEMS）传感器等，关键传感器与设备的安装位置分布如图 1-1 所示。通过一系列传感器信息识别和决策操作，实现对周围环境的自主感知，车辆根据预定的控制算法与预定的交通路线计划的寻路路径完成自动行驶。在网联层面，车辆采用 LTE-V2X、5G 等新一代移动通

1

信技术，实现车辆位置信息、车速信息、外部信息和其他车辆信息的交互，由控制器计算并经过决策模块计算后，控制车辆按照预先设定的指令行驶，进一步提高车辆的智能化程度和自动驾驶能力。

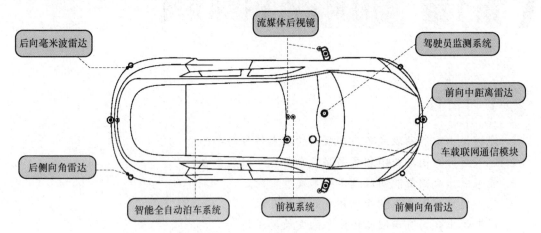

图 1-1　智能网联汽车关键传感器与设备的安装位置分布

智能网联汽车的最终目标是高度自动化/无人驾驶。其中，在我国对智能网联汽车的定义中，分为五个层次，即辅助驾驶（DA）、部分自动驾驶（PA）、条件自动驾驶（CA）、高度自动驾驶（HA）和全自动驾驶（FA）。网联化分为三个层次：网联辅助信息交互、网联协同感知和基于网联的协同决策与控制。

车联网标准体系包括智能汽车、智能交通、网络通信、智能网联汽车管理、电子产品和服务这五个重点领域的通用基础标准和通用安全标准。共同的基本标准可统一不同行业对车联网的理解、定义、功能和组成，确保系统的完整性和统一性；共同的安全标准侧重于安全等级、安全规范、安全架构、安全监控和应急救援。本书的学习重点是汽车智能化相关技术，有关车联网的学习内容请参考同步出版的《车联网技术与应用》，该书对车联网技术进行了详细的阐述，包括车内通信、车际通信、LTE-V2X 等知识内容，这里不再赘述。

智能网联汽车标准体系是整个车联网（IoV）标准体系的重要组成部分，主要针对智能网联汽车的总体规格、核心技术和关键产品应用。加快建设包括整车和关键系统部件功能安全和信息安全在内的智能网联汽车标准体系，充分发挥智能网联汽车标准在关键技术方面的基础支撑作用，核心产品和功能应用对车联网产业的带动作用，逐步形成统一协调的全国车联网产业标准体系框架。

智能网联汽车智能逻辑的两条主线是"信息感知"和"决策控制"。其发展的核心是系统的信息感知、决策预警和智能控制，逐渐取代驾驶员的驾驶任务，最终实现完全自主、执行所有驾驶任务。智能网联汽车通过智能化和网联化两条技术路径实现"信息感知"和"决策控制"功能。

在信息感知方面，根据信息对驾驶行为的影响和相互关系，将其分为"驾驶相关信息"和"非驾驶相关信息"。其中，"驾驶相关信息"包括感官检测和决策预警，"非驾驶相关信息"主要包括汽车娱乐服务和车联网信息服务。根据信息获取方法，感测类别可进一步细分为直接检测车辆自身传感器获得的信息与通过车载通信装置从其他外部节点接收到的信息之间的交互。

汽车智能技术与汽车网联技术的集成，使车辆能在自身传感器直接检测的基础上，通过与外部节点的信息交互，实现更全面的环境感知，从而更好地支持车辆决策和控制。在决策控制方面，根据车辆和驾驶员在车辆控制中的角色和职责，将其分为"辅助控制"和"自动控制"，对应不同的决策控制层次。

我国智能网联汽车智能等级划分见表1-1。其中，辅助控制类主要是指利用各种电子技术辅助驾驶员进行车辆控制，如横向控制、纵向控制及混合控制，可分为辅助驾驶（DA）和部分自动驾驶（PA）；自动控制根据车辆的驾驶场景和条件，又分为条件自动驾驶（CA）、高度自动驾驶（HA）和完全自动驾驶（FA）。

表1-1　我国智能网联汽车智能等级划分

控制类别	自动驾驶级别	缩写	等级定义
辅助控制	辅助驾驶	DA	通过环境信息对行驶方向和加速中的一项操作提供支援，其他驾驶操作都由驾驶员来完成。适用于车道内正常行驶，高速公路无车道干涉路段行驶，无换道操作等
	部分自动驾驶	PA	通过环境信息对行驶方向和加减速中的多项操作提供支援，其他操作都由驾驶员完成。适用于变道以及泊车、环岛绕行等市区简单工况；还适用于高速公路及市区无车道干涉路段进行换道、泊车、环岛绕行、拥堵跟车等操作
自动控制	条件自动驾驶	CA	由无人驾驶系统完成所有驾驶操作，根据系统请求，驾驶员需要提供适当的干预。适用于高速公路正常行驶工况；还适用于高速公路及市区无车道干涉路段进行换道、泊车、环岛绕行、拥堵跟车等操作
	高度自动驾驶	HA	由无人驾驶系统完成驾驶员能够完成的所有驾驶操作，特定环境下系统会向驾驶员提出响应请求，驾驶员可以对系统请求不进行响应。适用于有车道干扰路段（交叉路口、车流汇入、拥堵区域、人车混杂交通流等市区复杂工况）进行的全部操作
	完全自动驾驶	FA	无人驾驶系统可以完成驾驶员能够完成的所有道路环境下的操作，不需要驾驶员介入，适用于所有行驶工况下进行的全部操作

智能网联汽车产品的物理结构是将技术逻辑结构中涉及的各种"信息感知"和"决策控制"功能实现到物理载体上。车辆控制系统、车载终端、交通设施、外部设备根据不同用途，通过不同的网络通道、软件或平台，对采集或接收到的信息进行传输、处理和执行，从而实现不同的功能或应用。根据产品形态、功能类型和应用场景，将功能应用层分为车内信息类、智能驾驶辅助类、自动驾驶类、协同控制类。软件和平台层主要覆盖车载计算平台、操作系统等基础平台产品，以及信息、娱乐、导航、诊断等应用，共同提供平台级、系统级、应用级功能服务。根据通信的不同应用范围，将网络和传输层分为车内总线通信、车内局域网通信、中短程通信和广域通信，它们是信息传输的"管道"。

设备终端层根据功能或用途的不同分为车辆控制系统、车载终端、交通设施终端、外部设备等。各类设备和终端是车辆与外界进行信息交互的载体，也是人机交互的接口，成为连接"人"与"系统"的载体。

基本层和公共层包括电气/电子环境和行为协调规则，安装在智能网联汽车上的设备、终端或系统，需要在车辆特定的电气和电磁环境要求下，利用汽车电源来实现其功能；设备之间的信息交互和行为协调，终端或系统也应按规定统一。此外，产品的物理结构还包括功能安全和信息安全两个重要组成部分。智能网联汽车涉及的几个核心关键技术如下：

1）传感器与信息集成技术。车联网中的传感器技术主要应用于车辆传感器网络和道路传感器网络，车辆传感器网络可分为车内传感器网络和车外传感器网络，用于接收和感知来自车内和车外的相关信号。道路传感器网络是指铺设在道路上和路边的传感器网络。这些传感器用于检测和传输路面状况信息，如交通流量、速度和交叉口拥挤，车载系统可以通过网络获取这些信息。

2）开放式智能网联汽车车载终端系统平台。就像互联网中的计算机和移动互联网中的手机一样，车载终端是车主通过车联网获得有价值的信息。目前，很多车载导航和娱乐终端采用了非开放、非智能的终端系统平台，这使得它很难融入网络生态系统。因此，无论是前装市场还是后装市场，采用智能开放式车载终端系统都将成为必然选择。

3）语音/手势/面部表情识别技术。无论触摸体验有多好，驾驶员在驾驶过程中触摸终端系统都是不安全的，因此语音/手势/面部表情识别技术就显得尤为重要，它将成为车联网发展的助推器。成熟的识别技术依赖于强大的数据库和计算能力，该技术使驾驶员能够在不进行触摸的情况下，直接通过语音交互完成对车联网的指令发布，并从网络接收各种信息。

4）服务器端计算与服务集成技术。除了语音识别外，还采用了云计算技术，并利用服务器端计算和云计算技术提供了许多应用和服务。由于终端计算能力有限，只有通过服务器端的移动边缘计算，才能整合更多的信息和资源，为终端提供及时的服务。云计算主要应用于车联网，对道路状况进行分析计算、大规模车辆路径规划、智能交通调度及基于大型案例库的车辆诊断计算。

5）通信及其应用技术。车联网主要依赖于两种通信技术：短距离无线通信和长距离移动通信技术。前者主要是射频识别设备（RFID）和WiFi等2.4G通信技术，后者主要是GPRS、LTE、4G/5G等移动通信技术。

6）互联网技术。车联网的本质是物联网与移动互联网的融合，车联网集成了车辆、道路和人员的各种信息和服务。作为网络中的一个节点，车载系统、计算机和移动电话都是相连的终端。5G是实现未来汽车愿景的源动力技术，它将为高速、高效、高带宽的智能网联汽车提供强大的互联网络支持。

7）信息安全技术。随着车联网的快速发展和信息技术的不断进步，黑客远程操纵汽车的安全风险和汽车软件的漏洞也在不断增加，对于风险的防范，必须考虑到自身的信息安全和保密性。

在智能网联汽车的技术构成中，车联网一般涉及四个维度：V2V、V2I、V2P、V2C，其中几乎包含了车辆在道路上行驶所遇到的各种环境条件。在驾驶过程中，智能汽车通过模仿人类驾驶的过程和行为，并通过感官决定行为来完成驾驶工作。在感知环节，人类通过听觉和视觉获取信息，而汽车则依靠传感器。对于环境的识别，目前，激光雷达、微波雷达、超声波雷达、相机等传感器被广泛应用于环境感知，这些技术被称为视觉感知或视觉识别技术，它们相当于人眼。这些技术有其共同的局限性，遇到障碍后无法了解情况，并且，也会受到恶劣天气的影响。未来智能汽车的传感器将采用DSRC或C-V2X进行通信，实现非视线感知，即绕过障碍物感知环境的能力。如图1-2所示，以基于车联网的代客泊车的D2D

技术场景应用为例，其使用的技术是基于蜂窝网络通信的短程通信技术。这种技术可以使车辆能够在有效通信距离内，与周围环境能够连接的一切事物进行通信，克服了传统雷达工作的局限性，如障碍物、恶劣天气等，实时地将道路及周边信息传递给汽车"大脑"进行统计分析、判断、计算和决策。C-V2X 有三个主要功能：非视线感应、意图沟通和态势感知，它实现了 V2V 的通信意图和态势感知，大大增强了电子视野的检测能力，以便提出安全预警和分级预警。

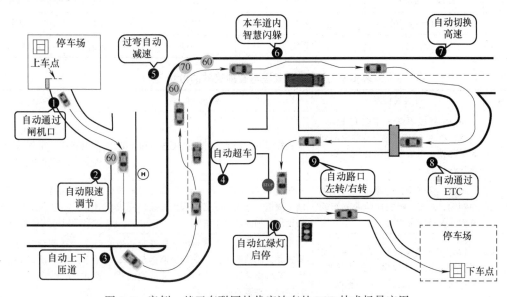

图 1-2　案例：基于车联网的代客泊车的 D2D 技术场景应用

感知系统将感测到的信息及时、准确地传递给汽车"大脑"。"大脑"根据车辆当前的行驶状态和位置及前方的路况，将智能交通系统（ITS）和空中下载通道（OTA）连接起来，通过综合计算制订行为计划，向车辆的驾驶系统和方向控制系统发出指令，实现车辆的移动。

未来，智能汽车从动力源到控制方法，从制造成本到维修难度，会更倾向于电动汽车。车联网的出现为汽车制造、服务内容提供商和移动通信等领域的产业升级带来了机遇。其中，移动运营商、汽车电子公司、内容提供商和服务提供商将更积极地参与到车联网中。

目前的汽车电子产品主要集中在传统的发动机和汽车本身的控制上，未来将转化为智能终端操作系统、环境感知与数据融合、中央决策控制等汽车系统集成控制能力，实现车与人的融合，车与车、车与环境之间的互动。

1.1.2　无人驾驶汽车智能等级划分

无人驾驶汽车智能行为的表现直接决定了无人驾驶汽车的智能水平等级，对无人驾驶汽车智能水平的评价取决于环境复杂度、任务复杂度、人工干预程度、行驶质量。目前，大多数国家对无人驾驶分类是依据美国国家公路交通安全管理局和美国汽车工程师学会定义的，分为六个等级，见表 1-2、表 1-3。

表 1-2 汽车辅助驾驶与智能驾驶的分级（1）

等级	定　义	转向、加减速控制	对环境观察	激烈驾驶应对	应对工况
L0	人工驾驶	驾驶员	驾驶员	驾驶员	—
L1	辅助驾驶	驾驶员+系统	驾驶员	驾驶员	部分
L2	半自动驾驶	系统	驾驶员	驾驶员	部分
L3	高度自动驾驶	系统	系统	驾驶员	部分
L4	超高度自动驾驶	系统	系统	系统	部分
L5	全自动驾驶	系统	系统	系统	全部

表 1-3 汽车辅助驾驶与智能驾驶的分级（2）

等级	可实现功能	技　术　属　性	驾驶控制权
L0	ADAS 驾驶系统，主要有 LDW、FCW、PCW、MOD 等，这些仅起到辅助驾驶，提醒和警示作用，不干涉驾驶员的驾驶	遥控起动、制动、停止，无感知和决策	驾驶者拥有百分之百的控制权，车辆没有任何安全系统辅助设备
L1	AEB，检测前方的障碍物，并提供制动，ACC，跟随模仿前方车辆驾驶，保持安全距离	线性车道保持、停车线停车、GPS 导航、限速，可识别车道线和停车线，完成路径规划和停车行为决策	车辆拥有单个或多个独立功能电子控制系统，如自动紧急制动系统
L2	LKA（车道保持），人在良好交通状况下选择性地启动自动驾驶。人驾驶为主，车自动驾驶为辅	车距维护、转弯车道保持、避开静止障碍物并返回原车道，可识别道路地形、车辆、障碍物并进行距离检测，完成曲线及后续行为决策及路径规划	至少有两项控制能自动化，如主动车距控制巡航系统与车道维持系统
L3	车自动控制驾驶，人参与指挥车辆驾驶。车自动驾驶为主，人驾驶为辅	语音命令停止、避开动态障碍物并返回原车道、停车、紧急制动、GPS、导航，可识别障碍物、语音、车道线、停车位并具有车辆位置信息，完成了相关信息丢失下基本驾驶行为的鲁棒性，并完成了本地路径规划。完成停车行为决策	车辆具有自动闪避障碍、自我导引、主动控制等功能，但驾驶者仍拥有操控权
L4	人不做任何指挥或控制车辆驾驶，由车辆全自助驾驶	识别路标后的道路速度和路径规划，紧急声音的速度和路径规划，信号灯停车排队，能够对道路标志、警车、救护车、消防车、交通信号标志进行识别，完成路标、应急声音、交通信号灯认知下的行为决策、局部路径规划和全局路径规划	车辆全自动驾驶，使用者仅须给定相关信息，例如目的地、路径等，车辆无法任意改为手动驾驶
L5	完全自动化	完全自动化	

　　车道线的检测对于无人驾驶路径规划尤为重要，自动驾驶车辆不仅需要避开障碍物，感知路面交通信息，还需要遵守交通规则，行人和车辆必须按照道路车道和交通信号灯等规则行驶。车道标志的检测可以进一步检测地面标志，通过碰撞预警避免可能的撞击。相机可以检测到当前车道线，根据检测到的车辆坐标与当前车道线之间的距离，将前方不同车道分为左车道和右车道。但是在前相机的视角范围内，因为车辆周围其他车辆的遮挡，不可能稳定地捕获所有车道，所以需要通过对无人驾驶汽车的驾驶行为和交通行为的分析，对汽车的驾驶行为进行控制。然而，真正的道路是复杂和不可预测的。自动驾驶有三个主流场景：城

区、停车场、高速路/环路，每一项技术的突破都需要有更强大的外部信息感知与算力平台，因此，无人驾驶汽车的认知能力与交通环境的变化有很大的关系。

目前，智能汽车的主流技术主要通过环境感知、位置映射、认知规划、控制执行等模块来实现。环境感知主要采用相机和超声波、毫米波、激光雷达等传感器技术；定位和地图构建采用 V2X 通信导航芯片；认知规划的核心是算法和处理芯片；使用电源管理芯片和电源设备，来提高控制执行动作和功能稳定性。

我国无人驾驶技术路线目标如图 1-3 所示。目前，国内 ADAS 智能硬件产品在 L2 级和 L3 级的应用方面正逐步成熟，L4 级技术也初步形成，但是大多数还处于 L2+ 的层级，介于 L2 与 L3 级之间。L3 级主动安全智能控制系统由先进辅助驾驶系统（ADAS）、驾驶员监控系统（DMS）和智能交通云控制平台组成，不仅具有车道偏离预警、前方碰撞报警、自动应急系统等功能，还可以实现终端报告数据查询、车辆存储监控等主要安全状况分析。

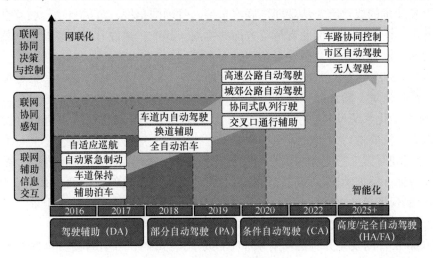

图 1-3　无人驾驶技术路线目标

车辆检测的主要方法有阴影检测、机器学习检测、深度学习检测和车灯检测等。车辆检测传感器主要是雷达和相机。相机测距可以利用单目相机建立简单的米级精度测距模型。双目测距精度在一定范围内可达到亚米范围。雷达测距精度为亚米级，但激光雷达成本高，严重阻碍了无人驾驶技术的落地。如何应用低成本技术构建智能驾驶和智能网联化车辆应用是一项更加务实的举措。

另外，车联网是实现智能动态信息服务、智能网联汽车控制、智能交通管理等应用的重要手段。它是物联网与智能汽车的深度融合和应用，是信息深度融合和产业化的重要领域，具有应用空间广、产业潜力大、社会效益强的特点，对推动汽车、电子、信息通信、交通运输等产业转型升级具有重要意义。

1.1.3　智能网联汽车标准法规的制定

智能网联汽车的发展存在着客观的不确定性和数据共享等问题。L3 和 L4 级智能网联汽车涉及驾驶权的转移，应用场景更为复杂。L3 级自动驾驶又称条件自主驾驶，是指驾驶自动化系统在其设计工况（ODC）内连续执行所有动态驾驶任务；对于 L3 级自动驾驶，动态驾驶任务应由用户以适当的方式执行动态驾驶任务接管。L4 级自动驾驶又称高度自动化驾驶，是指驾驶自动化系统在其 ODC 中连续执行所有动态驾驶任务，并进行动态驾驶任务接管；对于 L4 级自动驾驶，当系统发出接管请求时，如果乘客没有响应，系统应具有自动达到最小风险状态的能力。

对于 L3 级及以上自动驾驶，驾驶任务部分或全部由驾驶自动化系统承担，驾驶员提供必要的协助和帮助，责任主体会发生变化，与汽车产品安全相关的基本特征和技术参数尚不明确。自动驾驶安全问题复杂，驾驶权转让引发责任方变化，容易造成责任认定问题，因此，许多厂商通常在技术的研发上只推出 ADAS 增强版或 L2+级技术，始终不愿意定义 L3 级自动驾驶，或试图直接跳过 L3 级而研发 L4 级智能网联汽车；另外，软件升级（OTA）加剧了网络安全和产品一致性管理问题，同时，标准支持也是影响智能网联汽车行业管理的普遍问题。

无人驾驶技术的成熟需要从智能网联汽车接入管理的角度，攻关自动驾驶安全、责任认定、软件升级、网络安全和标准支持等方面的挑战。其中，软件升级还涉及自动驾驶安全和网络安全问题，网络安全也会引发自动驾驶安全等问题。

对于装备 L3 级及以上自动驾驶的智能网联汽车，驾驶权转移，安全隐患更加突出。自动驾驶安全性的测试、验证和评价难度较大，主要表现在以下三个方面：

1）驾驶自动化系统及其应用场景复杂。为了保证驾驶自动化系统本身具有安全执行驾驶功能的能力，需要进行大量的应用场景测试，特别是未知场景的验证。

2）自动驾驶对人工智能和深度学习的依赖性很强，存在不可解释性难题，需要进行大规模的实验验证。根据美国兰德公司的分析，要证明自动驾驶的安全性，必须安全驾驶 176 亿 km，同时确保场景的多样性和覆盖率；实际路试一般可以累计几百万千米，但只能验证部分场景，大量剩余的长尾场景无法通过实际路试完全实现。

3）功能和部件的安全并不意味着整个车辆系统的安全。自动驾驶安全性的测试、验证和评价是一项复杂的系统工程，还有许多理论和技术问题需要进一步研究。

为了协调和推动智能网联车辆技术法规体系的建设，联合国世界车辆法规论坛（WP.29）在制动和驱动系统工作组（GRRF）的基础上，开展了智能交通/自主驾驶（ITS/AD）一体化研究，专门成立了智能网联车辆工作组（GRVA）。GRVA 工作组负责《联合国智能网联汽车条例》的协调工作，重点确保自动化车辆的安全水平，确保智能网联车辆的安全行驶，以免遭受任何难以承受的风险；在确保其在设计运行范围（ODD）内的情况下，智能网联车辆不会造成任何可预测和可预防的交通事故。

2019 年 6 月，在日内瓦举行的联合国 WP.29 第 178 次全体会议上，推出了《自动驾驶汽车框架文件》，旨在建立具有 L3 级及以上级别智能网联车辆的安全相关原则，为 WP.29 所属工作组提供工作指导。框架文件对系统安全、故障保护响应、人机交互界面/操作员信息、事件数据记录和自动驾驶数据存储、消费者教育和培训、碰撞后智能网联汽车行为等 13 项内容进行了阐述。

欧洲、美国和日本积极参加了 WP.29 研讨会，并发布了相应的准入指南。日本发布了《自动驾驶安全技术指南》，欧盟发布了《自动驾驶车辆豁免程序指南》，适用于 L3 和 L4 级智能网联汽车。对于 L3~L5 级车辆，美国发布了《自动驾驶系统 2.0：安全愿景》，提出了 12 项安全要素要求。

《自动驾驶汽车框架文件》以安全为核心，强调"自动/无人驾驶汽车必须确保安全水平达到'自动/无人驾驶汽车不会造成任何不可容忍的风险'，即在其处于自动模式时，自动/无人驾驶车辆系统不应造成可合理预见和可预防的伤亡事故。"基于这一原则，GRVA 提出了一个基于"多支柱方法"的自动驾驶安全验证框架，包括审计评估、模拟测试、封闭现场测试、实际道路测试和在线监测报告。"多支柱方法"着眼于智能网联车辆的安全性，从传统的产品测试扩展到过程安全评估、多级测试等验证方法，以确保自动驾驶的安全性。

根据框架文件，GRVA 发布了三项法规。2020 年 6 月 24 日，WP.29 第 181 次全体会议审查并批准了三部关于智能网联汽车领域的法规：自动车道保持系统（ALKS）、网络安全和软件更新。这三部法规是该领域第一批国际统一、具有约束力的技术法规，对全球范围内智能网联汽车的技术发展和产业监管具有里程碑意义。

法规规定，私家车应当在物理隔离、无行人和两轮车的道路上行驶，行驶速度不得超过 60km/h。该法规从系统安全、故障安全响应、人机界面、自动驾驶数据存储系统（DSSAD）、网络安全及软件升级等方面对 ALKS 提出要求。其中，系统安全要求系统在激活后可以执行全部动态驾驶任务；故障安全响应要求系统具备驾驶权转换、碰撞应急策略和最小风险策略；人机界面规定系统的激活和退出条件，并明确系统的应提示信息及形式；DSSAD 要求应记录系统的驾驶状态。

目前，欧、美、日等主要汽车国家已开始加快制定智能网联汽车的政策法规和标准，加强顶层设计。2020 年 11 月，日本在全球率先推出搭载 L3 级自动驾驶功能的本田"里程"车型。2021 年 1 月，美国发布了《自动驾驶汽车综合计划》，计划建立现代监管环境，开发以安全为重点的框架和工具，并评估自动驾驶技术的安全性。2021 年 2 月，德国通过了《"道路交通法"和"强制保险法"修正案—自动驾驶法》，使得智能网联汽车（L4 级）可用于公共道路运输的固定运行区域。

1.2 我国智能网联汽车技术的发展方向

1.2.1 汽车智能化

智能网联汽车是具有"大脑"的移动机器人，能够提供更安全、更环保、更舒适的智能交通出行综合解决方案，重点发展智能网联汽车符合我国汽车产业转型升级要求，而满足当前和未来出行的最佳载体是我国汽车从速度增长向质量增长的重要突破。加快智能网联汽车的发展，必须从顶层设计、协同开发、信息交互等方面入手，基于汽车车路协同智能架构应用案例如图 1-4 所示。

智能网联汽车涉及汽车、信息通信、交通等多个技术领域，在技术、产品、竞争对手等方面呈现以下发展趋势：

1）顶层设计。智能网联汽车是汽车工业未来发展的重要方向。国家有关部门应就智能网联汽车形成战略共识，引领科技潮流。在政府的指导下，从国家和行业两个层面共同开发智能网联汽车技术，进一步明确智能网联汽车的定位、目标、组成、技术等方面的要素，继续在云平台和大数据技术、控制执行技术、电子电气架构等方面取得突破，协调推进"三横两纵"智能连接技术架构的核心问题。

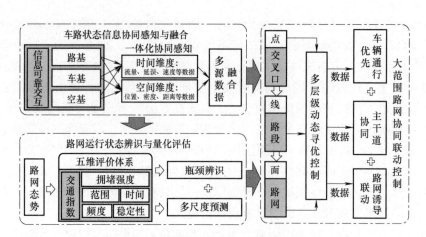

图 1-4   汽车车路协同的智能架构

2）协同开发。推动智能网联汽车与电子信息、通信设备、交通运输、互联网等行业深度融合，打破行业壁垒，通过国家支持、行业合作，打造产学研综合合作机制，围绕核心技术，通过产业间技术和人力资源共享，建立智能网联汽车试点示范区，建设研发、测试平台和研究中心，形成跨领域、产业共同参与的协同创新网络。

3）信息交互。信息交互技术是智能网联汽车"三横两纵"技术架构中的重要"一横"，包括 V2X 通信技术、云平台和大数据技术、信息安全技术。目前市场上的智能网联汽车还没有达到真正意义上的互联，企业与政府监管平台之间的数据平台还没有建立起相互有效的联系。需要构建政府与企业协同创新的数据平台，实现行业数据共享。

目前，我国智能网联汽车的道路试验和示范应用具有一定的基础，但产业管理和产业发展的支撑作用尚未充分发挥。但在技术研发端，我国无人驾驶汽车技术目前已经取得一定的成果性突破。例如，2021 年 8 月 18 日，百度发布了"汽车机器人"，是目前全球首款具备 L5 级自动驾驶技术特征的车辆。在设计理念上，汽车机器人采用了自动鸥翼门、全玻璃车顶与外部传感器融为一体的设计风格，车内没有方向盘、踏板，且拥有超大曲面屏、智能控制台、变光玻璃、零重力座椅等智能化配置。在车辆道路控制上不仅无需人类驾驶，而且比人类驾驶更安全。在车内人因与人机交互上，具备了语音、人脸识别等多模交互能力，分析用户潜在需求，主动提供服务。此外，汽车机器人还具备自我学习和不断升级能力，是服务各种场景的智慧体。未来 10~20 年，智能网联汽车将逐步取代人类驾驶操作，这不仅会改变人们的出行方式和生活方式，也会改变传统的物流业，对经济和社会产生深远的影响。智能网联汽车普及后，将消除因疲劳、分心、酒后驾驶等人为因素造成的交通安全风险，使人类出行更加安全。

1.2.2   汽车网联化

汽车网联化的发展关键在于车联网技术。车联网是基于网络信息物理融合通信和信息交换的系统。在一定程度上，车联网是集内网、移动互联网和车间网络为一体的"三网"网络。车内网络是指通过应用成熟的总线技术建立的标准化的车辆网络；车内移动互联网是指车载终端通过 3G/4G/5G 通信技术无线接入互联网的网络；DSRC 技术（IEEE 802.11 系列无线局域网协议）和 LTE-V 动态网络是车辆与车辆之间信息交互的桥梁。

车联网是物联网的典型应用,车(智能汽车)、网(通信)、路(智能交通)、牌(车辆智能管理)和电子产品五大重点领域的标准都分为感知层(端)、网络层(管)和应用层(云)三个层次,如图1-5所示。

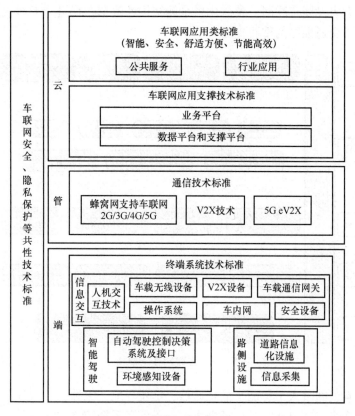

图1-5 "三网"融合概念(一)

第一层(端系统):端系统是汽车的智能传感器,负责采集和获取汽车的智能信息,感知驾驶状态和环境。端系统是一个无所不在的通信终端,具有车内通信、车间通信,以及车辆网络通信等功能,是一种允许车辆具有车联网寻址和网络可信识别等功能的设备。

第二层(管系统):解决车辆与车辆(V2V)、车辆与道路(V2R)、车辆与网络(V2I)、车辆与人(V2H)的互联,实现车辆自组织网络,保证网络间各种异构通信和漫游的实时性、功能和性能方面的可用性和网络普遍性,它是公网和专网的统一。

第三层(云系统):车联网是一个基于云技术的汽车运营信息平台,其生态链包含与汽车相关的各种服务内容,它是一个围绕车辆数据聚合、计算、调度、监控、管理和应用的复合系统。

虽然智能网联汽车已成为汽车行业的发展趋势,但要实现完全自动驾驶,必须从辅助驾驶开始,经过部分自动驾驶、条件自动驾驶、高度自动驾驶,最终实现完全自动驾驶。同时,无论是在关键技术的瓶颈、道路环境的建设,还是人们观念的转变,都需要逐步突破。汽车的现代化(电气化、智能化、网络化和共享化)正在给当今社会带来一场技术变革。汽车的使用、交通法规、交通管理和交通基础设施都在发生变化,不仅汽车行业将发生巨大的变化,未来整个交通体系将得到重建,社会形态也将发生新的变化。

车联网的技术架构如图 1-6 所示，其产业是一个集汽车、电子、信息、交通、定位导航、网络通信、互联网应用于一体的新型产业，是全球创新热点和未来发展制高点。我国在《中国制造 2025》中将智能网联汽车与节能汽车、新能源汽车并行作为中国汽车工业发展的重要战略方向。大力发展车联网，是深化供给侧结构性改革，促进新老产业升级，建设制造强国、网络强国、交通强国的重要支撑。

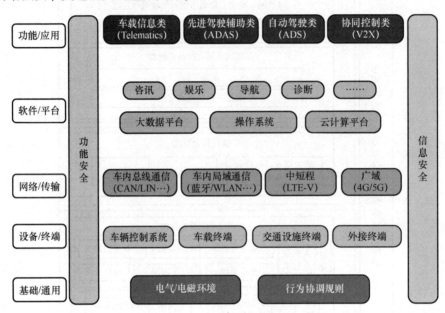

图 1-6　车联网技术架构

从技术角度看，随着人工智能、信息通信、定位导航、大数据、云计算等技术在汽车领域的广泛应用，汽车正加速从手动机械操作向电子信息系统控制的转变。

从产业角度看，产业发展呈现出智能化、平台化、网络化的特点，传统汽车产业也在顺应融合趋势，加快信息通信、智能交通等跨领域合作的全面发展，汽车产业链正面临着重组，价值链在不断拓展。

从应用层面看，汽车的功能和使用都发生了极大的变化，汽车从单纯的交通运输工具逐渐具备智能移动空间、移动家居、娱乐休闲等功能，并不断加快共享出行、共享货运等的发展，推广社会生产、生活新模式。

在未来智能时代，以 5G、云、AI 为核心代表的新技术将赋予连接智能升级的核心动能，通过数据与知识驱动，可以打造出一个自动、自愈、自优的自治网络，基于车联网技术融合的 L4 级高度自动驾驶网络架构应该具备以下四个特征：

1）网络知识和专家知识数字化，从被动的人工运维走向预测性的智能运维。

2）极简架构的网络基础设施，网元走向智能化。

3）分层的单域自治和跨域协同，网络走向在线实时闭环。

4）统一的云端 AI 训练、知识管理和运维设计平台，支持电信网络迭代演进。

随着智能汽车的快速发展，系统功能越来越复杂，实时性要求越来越高，安全性水平越来越高。传统的基于 CAN 总线的汽车分布式控制体系已不能满足未来的需要。多域控制的新型电子电气体系结构正成为未来智能汽车发展的最佳选择。为了实现智能驾驶系统高性能、高安全性的控制要求，智能汽车计算平台汇集了多项关键技术，加强共同核心技术研究迫在眉睫。对于智能汽车的发展愿景，从人工智能和数据分析的角度可以预见，自动驾驶将实现自我执行、自适应和社会化。

图 1-7 从服务流和资金流的角度简要说明了车联网产业链中各个角色之间的相互关系。

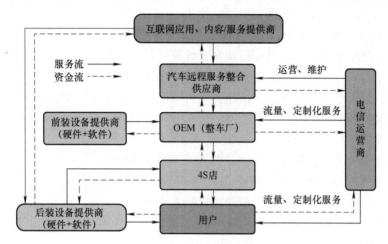

图 1-7 "三网"融合概念（二）

设备预装按照主机厂的要求开发相关的硬件和软件，网络应用服务提供商向主机厂提供软件和服务，远程服务提供商负责构建一个平台，集成原始设备制造商或车主所需的各种服务内容和信息，在平台上以最佳状态运行。售后在车辆售出后，根据车主的要求提供新的或改造过的设备服务，并依赖网络服务商的相关支持。

车联网给车企带来的业务主要有：

1）质量设计。在车联网收集消费者数据的基础上，汽车企业通过对大数据的分析，有能力保持顺畅的客户关系，优化产品，如功能增加或减少，设计美观或丑陋，价格增加或减少，对智能系统有什么新的需求等。这样得到的设计结果不仅可以用于产品生命周期的优化，还可以应用于未来新产品的开发设计。

2）精准销售。车联网的大数据不仅监控汽车本身的工作状态，还记录着车主的各种行为特征、驾驶偏好甚至生活习惯。经销商通过分析相关数据，了解客户对产品的需求，准确划分市场人群，提高销售效率。

3）质量跟踪。通过对车辆运行数据的收集，形成零部件和消耗品使用情况报告，使汽车企业和经销商能够及时掌握零部件质量的第一手信息，对存在质量问题的零部件进行分析，对可能出现故障的零部件进行预测和更换。这样，不仅提高了汽车企业的售后质量分析能力，也为用户安心使用产品提供了可靠的保证。

4）售后服务。车联网系统可以监控和保存车辆的运行数据，它不仅为经销商的售后维修提供帮助，也为车企的售后索赔业务和故障统计反馈提供准确的数据。当车辆发生故障或遇险时，还可以准确记录当时的情况，为车主、维修人员、保险公司等提供准确的报告。

5）新业务。在车联网产业链中，服务是极具价值的环节，在业务方面，可以通过合作、租赁甚至自营等形式增加新的服务商业务，形成产品和服务的有序和差异化，并提供可视化管理服务。在新的业务模式下，可以合作开发或投资生活服务应用软件、地图，搭建租车平台，提供旅游服务、二手车运营、保险金融等。

随着车载系统的数量和复杂性不断增加，对网络安全的需求也在迅速增长。车辆与制造商之间的通信（如OTA、监控等）、车辆与车辆之间的通信（V2V）、车辆与基础设施之间的通信（V2I）以及与第三方供应商的智能手机和设备之间的通信，企业新的业务服务模式将对智能网联汽车的网络安全管理提出新的要求。

随着V2X技术的推广应用，周边车辆、基础设施等协同工作，甚至参与感知、决策和控制，网络安全风险更加突出。外围终端和云计算平台可能参与感知、决策，甚至控制，也会面临责任划分的问题。同时，智能网联汽车可以采集车辆数据、用户数据、地图数据、位置数据、路况数据、业务数据等数据信息，并可以向云端发送海量数据，这也会带来数据安全和个人信息保护等问题，因此，智能网联汽车技术的发展不能影响国家重要信息的安全，包括重要的地理信息与个人信息。

为解决上述相关问题，推动智能网联汽车产业高质量发展，工信部于2021年08月12日发布《关于加强智能网联汽车生产企业及产品准入管理的意见》，要求加强汽车数据安全、网络安全、软件升级、功能安全和预期功能安全管理，保证产品质量和生产一致性。从加强数据和网络安全管理、规范软件在线升级、加强产品管理、保障措施等方面提出11项具体意见。

在强化数据安全管理能力方面，明确应当建立健全汽车数据安全管理制度，依法履行数据安全保护义务；建设数据安全保护技术措施，确保数据持续处于有效保护和合法利用的状态，依法依规落实数据安全风险评估、数据安全事件报告等要求。并提出，在中华人民共和国境内运营中收集和产生的个人信息和重要数据应当按照有关法律法规规定在境内存储，需要向境外提供数据的，应当通过数据出境安全评估。企业应当建立数据资产管理台账，实施数据分类分级管理，加强个人信息与重要数据保护。

在加强网络安全保障能力方面，明确了企业应当建立汽车网络安全管理制度，依法落实网络安全等级保护制度和车联网卡实名登记管理要求，明确网络安全责任部门和负责人。具备保障汽车电子电气系统、组件和功能免受网络威胁的技术措施，具备汽车网络安全风险监测、网络安全缺陷和漏洞等发现和处置技术条件，确保车辆及其功能处于被保护的状态，保障车辆安全运行。依法依规落实网络安全事件报告和处置要求。

在软件的技术升级管理方面，需要强化企业管理能力。明确了企业生产具有在线升级（又称OTA升级）功能的汽车产品的，应当建立与汽车产品及升级活动相适应的管理能力，具有在线升级安全影响评估、测试验证、实施过程保障、信息记录等能力，确保车辆进行在线升级时处于安全状态，并向车辆用户告知在线升级的目的、内容、所需时长、注意事项、升级结果等信息。企业实施在线升级活动前，应当确保汽车产品符合国家法律法规、技术标准及技术规范等相关要求并向工业和信息化部备案，涉及安全、节能、环保、防盗等技术参数变更的应提前向工业和信息化部申报，保证汽车产品生产一致性。未经审批，不得通过在线等软件升级方式新增或更新汽车自动驾驶功能。

对于智能网联汽车产品而言，安全是红线。自动驾驶功能汽车产品的研发与生产应当确保汽车产品具备人机交互功能，显示自动驾驶系统运行状态。在特定条件下需要驾驶员执行动态驾驶任务的，应具备识别驾驶员执行动态驾驶任务能力的功能。车辆应能够依法依规合理使用灯光信号、声音等方式与其他道路使用者进行交互。为了有效复盘事故，汽车产品应具有事件数据记录系统和自动驾驶数据记录系统，用于事故重建、责任判定及原因分析等。另外，企业应当确保汽车产品具有安全、可靠的卫星定位及授时功能，可有效提供位置、速度、时间等信息，鼓励支持智能网联汽车产品接收北斗卫星导航系统信号。

1.2.3 汽车共享化

汽车共享服务是汽车公共交通发展的新模式，它在车联网技术的支持下，提高了车辆的使用效率，如图 1-8 所示。车联网的概念受到物联网的启发，主要是通过提取车辆的相关信息，如静态和动态信息，借助射频等相关识别技术，对所有车辆进行监控，并根据不同用户的实际需求提供专业的服务内容。目前的车联网技术已经成功地应用于现实生活中，按照数据交互和通信协议等标准，在汽车与互联网、汽车与道路、汽车与人之间交换信息和数据，这也是实现智能动态管理和智能网联车辆控制的主要措施。

图 1-8　共享汽车租赁的流程

车联网其技术架构可以分为感知层、传输层和应用层三个不同的方面。其中，感知层负责收集基础信息，利用红外技术、蓝牙技术、传感器和车辆定位技术实时感知当前的道路环境，主要用于车联网的基本服务信息。传输层也可以根据不同的具体功能划分为支持层、接入层和网络层，需要为感知层提供统一的网关接口。车联网涉及通信、网络传输、数据处理、传感等多个领域的信息，具体技术分类如下：

1）整体感知定位技术：GPS 技术和全息成像系统（RHD）技术。

2）车内控制和传感技术：车载网络技术和车内传感器。

3）车辆通信网络：车载自组网技术（VANET）等技术。

4）辅助安全驾驶：ESP 技术、驾驶员状态监测技术和巡航控制技术。

5）数据处理技术：大数据存储、云计算及多处理相关技术。

6）无线网络通信技术：WiFi 技术、DSRC 等技术。

从用户的角度来看，车联网技术已经实现了以下功能：

1）网上订车。

2）在线注册会员。

3）站点分布查询。

4）起动车辆。

5）剩余使用时间提醒。

6）自动计费系统。

从汽车共享运营公司的角度来看，车联网技术的应用可分为以下四个方面。

1）各种车载设备，如导航和智能卡读卡器。

2）无线通信和智能手机等。

3）共享服务运营管理下的数据处理。

4）充电装置中的电池电量检测和状态监测。

汽车共享服务能够实时获取大量的反馈数据，特别是一些车站的车辆数量、停车位数量和闲置车辆数量，并对空置场地的数据进行实时监控，了解停车场数量的变化及后续订单。例如，在订单数据中，共享服务可以获得以下信息：会员身份、取车时间和地点、还车时间和地点、使用里程、车辆实时位置。这些是共享服务获得的最基本的数据，也可以用这些数据来优化和调整站点之间的车辆。

以智能电动汽车为例，电动汽车在提供共享服务的过程中，借助车联网技术，使电动汽车服务公司能够通过信息终端获取电池、电力等相关信息。利用信息采集终端获取共享电动汽车的速度信息，包括状态诊断、车辆状态、加减速等相关信息。借助互联网数据处理技术，会员可以享受节能驾驶体验。同时，可以利用这些信息，让会员更好地驾驶汽车，减少会员在驾驶过程中不合理的驾驶习惯对电动汽车造成的不利影响。

在使用共享电动汽车的过程中，会员需要使用地图导航，地图导航也是车联网提供的基本服务之一，包括当前实时路况、路线导航、充电桩查询、位置查询等。运营商需要在预订时向会员展示共享电动汽车的当前位置。但是电动汽车补充电能的速度不如燃油车，需要在特定充电地点充电一段时间。

汽车共享服务通过开放共享各类出行数据，实现城市数字化交通和运营，能真正实现数字化、智能化、智能化交通。传统的出租行业正在逐步实现车辆位置、车辆状态、用户画像、车辆定位、移动支付等的数字化，未来的交通出行必将出现在生活的各个领域，为消费者提供更多的出行选择，这种联运服务方式极大地改善了用户的驾驶体验。

车联网的发展逐步实现了车辆数据、用户数据、交通数据的实时采集，使共享服务企业拥有了大量的数据储备。未来，这些共享服务公司可以利用收集到的数据优化车辆调度，帮助车主实现个性化服务。随着数据平台上数据的不断采集，以及无人驾驶技术的成熟和市场形势的发展，网络租车和分时租车将逐步融入未来的需求，无人驾驶车队也将成为公共交通的一部分。目前，越来越多的汽车制造商提出从单一的汽车制造商向出租服务提供商转型。无论是国际厂商还是国内厂商，都在网上租车服务、分时租赁等方面进行了市场布局。

互联网租车服务可分为分时租车服务和长短期租车服务。其中，长短期租车服务起步早，相对成熟。分时租车服务是一种新型的互联网租车模式，目前正处于快速发展时期，具有非常广阔的市场前景。随着互联网的普及，我国传统的长短期租赁市场已经开始进行互联网化改革。

总体而言，我国汽车分时租赁市场的发展可分为四个阶段，即探索期、市场推出期、高速发展期和应用成熟期。目前，我国互联网汽车分时租赁市场正处于市场推出期。

互联网代驾服务主要包括出租车综合服务、代驾服务和公交服务。出租车综合服务是典型的网上租车服务。网上出租汽车是出租汽车与汽车平台合作，安装出租汽车软件，通过消费者的移动互联网终端为消费者提供汽车服务；网上搭车/拼车是由网上租车平台招募私家车主加入，通过移动互联网终端为消费者提供汽车服务。出租车综合服务的发展，有助于积累消费大数据，有助于更好地了解消费者的使用和消费习惯，获得新的收入来源；同时，有助于推动定制出行、智能网联、无人驾驶等新技术的发展。

目前，网上租车服务市场的发展正处于市场启动阶段，汽车租赁市场的竞争日趋激烈。随着消费者对出行方式提出了更高的需求，互联网拼车服务将逐渐渗透到各个领域。同时，在政府对共享经济和技术创新的积极支持下，未来的在线拼车服务模式也将得到政策的支持和快速发展。

思 考 题

本项目的学习目标你已经达成了吗？请通过思考以下问题的答案进行结果检验。

序 号	问 题	自 检 结 果
1	什么是汽车智能网联技术？其技术特征主要有哪些？	
2	什么是车联网技术？其技术特征主要有哪些？	
3	请详细说明我国对智能网联汽车的等级划分。	
4	车联网标准体系主要有哪些？	
5	智能网联汽车涉及的核心技术主要有哪些？	
6	美国汽车工程师学会对无人驾驶汽车的等级是如何定义的？	
7	请说说我国汽车智能化的发展方向主要有哪些。	
8	请说说我国车联网给车企带来的业务主要有哪些。	
9	从汽车共享的角度来看，车联网的应用可分为哪几个方面？	
10	请说说互联网代驾服务是如何运营的。	

第2章 无人驾驶汽车传感器技术

学习目标

1. 能够说出各类常用车载传感器的技术原理与检修方法。
2. 能够解释视觉传感器的类型与工作原理。
3. 能够说出惯性传感器的类型与工作原理。
4. 能够解释声音感知与音频识别的技术原理。

2.1 常用车载传感器在无人驾驶汽车中的应用

感知功能的实现既需要合适的感知设备，也离不开相应的感知技术。交通环境感知是车辆对外界环境信息的捕获和处理，主要基于车载传感器和传感感知技术。智能网联汽车搭载的传感器很多，通常可以分为常用类型传感器与环境感知类型传感器，其中，环境感知传感器是指获取智能网联汽车环境及定位等信息，为环境感知融合和决策控制系统提供信号输入的器件或装置，主要包含激光雷达、毫米波雷达、视觉相机、超声波雷达、惯性传感器与惯性导航等。

2.1.1 车速传感器

车速传感器是一种用于检测汽车车速的装置，控制计算机使用该输入信号来控制发动机怠速、自动变速器的变矩器锁、自动变速器换档、发动机冷却风扇的打开和关闭以及巡航定速等功能。车速传感器的工作原理如图 2-1 所示。

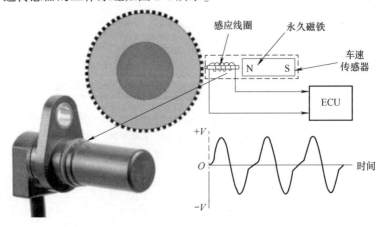

图 2-1 车速传感器及工作原理

18

车速传感器的输出信号可以是磁电交流信号、霍尔型数字信号或光电数字信号。车速传感器通常安装在驱动桥壳或变速器壳体内。车速传感器信号线的屏蔽层的作用是消除电子设备产生的电磁和射频干扰。磁电传感器和光电传感器是应用最广泛的两种车速传感器。磁电传感器常用于车速（VSS）、曲轴转角（CKP）和凸轮轴转角（CMP）的控制，也可以用来感知压缩机离合器等其他转动部件的转速和位置信号。磁电式车速传感器是一种模拟交流信号发生器，通常由磁心和线圈组成。

车速传感器出现故障时，有两种方法可以进行检测：

1）拔下车速传感器线束，用万用表电阻档检查车速传感器两端子之间的电阻，在检测时应查看维修手册，测量的结果应符合标准要求。不同车型的车速传感器的阻值并不完全相同，一般在几百欧到几千欧之间。如果感应线短路、断裂或电阻值不符合标准，应予以更换。

输出脉冲的测量方法：向上推一侧驱动轮，将变速杆置于空档。用手转动浮动驱动轮，用万用表测量车速传感器的两个端子之间是否有脉冲感应电压。测量时，应将万用表选择开关拨到直流档位，如果转动车轮时万用表指针摆动，说明传感器有输出脉冲，工作正常，否则应更换传感器。测量输入轴转速传感器输出脉冲时，应将传感器拆下，用铁棒或磁铁快速接近或离开传感器。同时，用万用表测量传感器的两个端子之间是否有脉冲感应电压。如果没有感应电压或感应电压很低，说明传感器有故障，应更换新的传感器。

2）转动变速器输出轴，用汽车示波器检测车速传感器的信号电压波形。该传感器具有交流波形，在检测时，如果波形的幅值和频率随输出轴转速的增加而增大，说明传感器性能良好。

2.1.2 曲轴位置传感器

曲轴位置传感器的工作原理如图 2-2 所示。曲轴位置传感器的功能是确定曲轴的旋转角度和发动机转速，通常与凸轮轴位置传感器一起工作，以确定基本点火正时。发动机在压缩行程结束时开始点火。通过曲轴位置传感器，可以知道哪个气缸活塞位于上止点。通过凸轮轴位置传感器，可以知道哪个气缸活塞处于压缩行程。

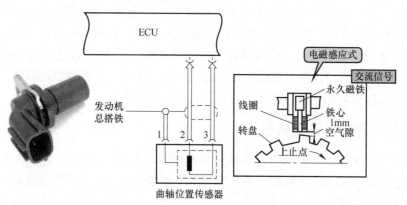

图 2-2 曲轴位置传感器及工作原理

曲轴位置传感器通常安装在曲轴的前端（带轮处）、曲轴后端靠近大飞轮或曲轴中间。早期的型号也安装在配电器中。它的作用，一是检测发动机转速，所以又叫转速传感器；二是检测活塞上止点的位置，所以又叫上止点传感器。如果曲轴位置传感器损坏，发动机控制单元在起动时无法接收参考信号，点火线圈也不会产生高压电。打开点火开关 2s 后，如果发动机未起动，发动机控制单元切断燃油泵继电器的控制电压，并停止燃油泵和点火线圈的供电，导致车辆无法起动。

曲轴位置传感器主要有三种类型：磁电感应型、霍尔效应型和光电型。

（1）磁电感应型

该传感器由一个永磁感应检测线圈和一个随分电器轴旋转的转子（正时转子和转速转子）组成。正时转子有一个、两个或四个齿和其他形式，转速转子有 24 个齿。永磁感应检测线圈固定在分电器本体上，如果已知曲轴位置传感器信号，以及各气缸的工作顺序，则可以知道各气缸的曲轴位置。磁电感应式曲轴位置传感器故障的常见现象是发动机无法起动。

（2）霍尔效应型

霍尔效应式传感器是一种利用霍尔效应的信号发生器，霍尔信号发生器安装在配电器内，与配电器同轴，由封装的霍尔芯片和永磁体整体固定在配电器板上。触发叶轮上的槽口数与发动机气缸数相同，当触发叶轮上的叶片进入永磁体和霍尔元件之间时，霍尔触发器的磁场被叶片绕过，此时不产生霍尔电压，传感器无输出信号；当触发叶轮上的间隙进入霍尔元件之间的永磁体时，磁力线穿过霍尔元件，霍尔电压升高，传感器输出电压信号。霍尔效应式曲轴位置传感器对发动机执行顺序喷射、点火正时和爆燃控制。当发生故障时，可以检查永磁体、导磁板和集成电路是否正常。

（3）光电型

光电式曲轴位置传感器一般安装在分电器内，由信号发生器和带光孔的信号板组成。信号板与分电器轴一起旋转。信号板外圈有 360 个光刻狭缝，产生 1° 曲柄角的信号；6 个光学孔间距 60° 均匀分布，产生 120° 曲柄角信号。其中一个信号较宽，用于产生相对于 1 缸上止点的信号。信号发生器安装在分电器壳体上，由两个发光二极管、两个光电二极管和一个电路组成，发光二极管正对着光电二极管，信号板位于发光二极管和光电二极管之间。由于信号板上有光孔，所以出现了交替透光和遮光的现象。当发光二极管的光束击中光电二极管时，光电二极管产生电压；当发光二极管的光束被阻挡时，光电二极管的电压为 0。这些电压信号经电路部分整形放大后，将曲轴转角为 1° 和 120° 时的信号发送到电子控制单元，电子控制单元根据这些信号计算发动机转速和曲轴位置。光电式曲轴传感器故障会导致发动机加速不良，发动机起动时会自动熄火，有时会出现高压火花。

2.1.3 线性节气门位置传感器

节气门位置传感器的主要功能是检测发动机的工作状态，无论是减速状态还是加速状态，无论是处于负载状态还是怠速状态。节气门位置传感器是一个可变电阻器和几个开关的组合，安装在节气门体上。

电阻器的转轴与节气门相连，有怠速触点和加速触点。当发动机处于怠速状态时，怠速触点闭合，节气门位置传感器向发动机控制单元输出怠速工况信号；当发动机处于加速状态时，怠速触点断开，加速触点闭合。根据节气门开度不同输出不同的电压信号，发动机控制单元根据电压信号值计算发动机负荷；根据电压信号在一定时间内的变化率计算加减速条件。发动机控制单元根据这些工作条件校正燃油喷射量、进行燃油供应和燃油切断控制。节气门位置传感器及工作原理如图 2-3 所示。

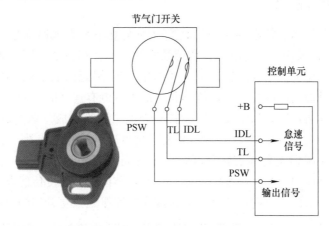

图 2-3　节气门位置传感器及工作原理

当节气门位置传感器故障时，发动机将出现抖动和怠速不稳定，急速加速时，会感觉动力不足。节气门位置传感器具体故障类型包括：节气门位置传感器滑动电阻损坏，接触不良，输出信号不稳定；节气门位置传感器内部断开，无信号输出；传感器电源线或接头接触不良；传感器信号输出线断裂或接头接触不良；传感器电源线因磨损和搭铁而损坏；传感器信号线因磨损和搭铁而损坏；电子控制单元内部电路故障。

节气门位置传感器故障会导致起动困难、加速无力、熄火等，但其他故障也会导致这种现象。只有用诊断仪读取故障码和数据流，才能明确故障范围。在清洗节气门后要注意节气门的匹配。

节气门位置传感器常见故障检查方法如下：

1）信号电压检测。信号电压的正确性是节气门控制总成工作是否正常的标志。节气门位置传感器应首先检测节气门控制总成输出的信号电压。起动发动机至工作温度，将数字万用表调至 20V 直流电压档，检测传感器信号输出脚电压约为 0V，踏板位置传感器信号输出脚电压约为 5V。踩下加速踏板时，踏板位置传感器端子电压相反变化。踩下加速踏板时，踏板位置传感器端子的电压为 2.8V。

2）电源电压测试。如果节气门控制单元输出的信号电压不正确，则应检测节气门控制单元的电源电压。节气门控制单元的电源电压分别包括节气门电机和节气门电位计的电源电压。打开点火开关，测量节气门控制单元插接器步进电机线束侧端子之间的电压，应为 12V 左右，即节气门电机的电源电压；测量节气门控制单元插接器侧端子电压，应为 5V 左右，即节气门电位计的电压。

3）线束导通性测试。检测信号电压是否异常，电源电压是否正常。将数字万用表设置为电阻档 200Ω，根据电路图，分别测试节气门控制单元端子对应的 ECU 端子之间的电阻，所有电阻应小于 1Ω。

4）线束短路测试。将数字万用表设置为电阻档 200kΩ，测量节气门控制单元的端子与电子控制单元的相应端子之间的导线电阻，该电阻应为无穷大。

5）信号波形检测。节气门位置传感器的输出波形是一个模拟信号，它是一个随节气门开度正变化的曲线，波形可用于确定是否存在滑动电阻故障或接触不良故障。

2.1.4　车身高度传感器

车身高度传感器的功能是检测车身的高度（车身和下悬架或减振器下支架在垂直方向上的相对位移）。通常采用光电传感器，传感器本体安装在车身上（图2-4），通过控制连杆将悬架的上下运动转化为盘槽的旋转运动，利用光电断路器输出的变化来检测车辆的高度，并将其转换成电信号输入控制装置。在传感器内部，一侧有连杆驱动的传感器轴，传感器轴上固定有多个窄槽的圆盘。快门由发光二极管和光电二极管组成。盘的旋转可以打开/关闭快门的输出，并通过信号线将开/关转换信号发送到悬架电子控制装置。依靠这种开关转换，电子控制装置可以检测到光盘的旋转角度。当车身高度变化时，盘在传感器轴的驱动下旋转，使电子控制装置检测到车身高度的变化。在实际结构中，高度传感器固定在车架上，传感器轴的外端装有导向杆，导向杆的另一端通过连杆连接到独立悬架的下摆臂上。

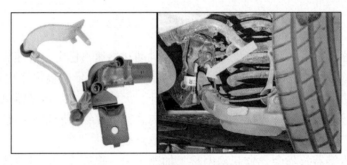

图2-4　车身高度传感器安装位置

进行电源检测时，拔下传感器插头，打开点火开关，检测线束插接器上的电源端子电压，应为12V。

检测信号电压时，拔下车身高度传感器连接插头，用电线连接插头两端的电源，使传感器外壳搭铁，打开点火开关，慢慢转动传感器轴，用万用表测量插头上的信号插孔的输出电压。如果电压在0~1V之间变化，则表示传感器工作正常，否则，应更换车身高度传感器。

需要用汽车专用示波器检测信号电压波形，输出信号应为矩形方波。

2.1.5　进气压力传感器

进气压力传感器通常安装在节气门后部的进气歧管上，根据信号产生原理，主要有电压和频率式两种。电压式进气压力传感器分为电磁式进气压力传感器和压电效应式进气压力传感器；频率式进气压力传感器又分为电容膜片式和表面弹性波式进气压力传感器。目前，市场上应用最多的是压电效应式和电容膜片式进气压力传感器。

压电效应式进气压力传感器主要由压力转换元件和放大压力转换元件输出信号的混合集成电路组成。压力转换元件是利用半导体的压电效应制成的硅膜片。硅膜片一侧为负压区，另一侧为进气歧管压力，如图2-5所示。

进气压力传感器是燃油喷射系统用来控制燃油喷射的主要信号。故障现象表现为信号电压过低、信号电压过高、信号电压不合理三种。

1）当信号电压过低时，由于控制单元接收到的信号较弱，燃油喷射系统将进行少量的燃油喷射。此时，进气量相对于信号较大，会导致发动机混合气过稀，导致发动机怠速抖动。此故障的主要原因可能是进气歧管真空管结冰和堵塞、传感器本身损坏、线束损坏等。

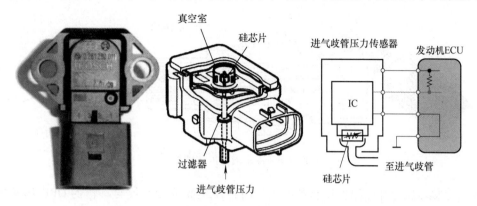

图 2-5　进气压力传感器及工作原理

2）当信号电压过高时，由于控制单元接收到的信号较强，燃油喷射系统会喷射更多的燃油量，这将导致发动机怠速故障。当出现此故障时，由于控制单元无法判断信号出现了什么异常，它将启动一个备份程序来控制燃油喷射量。造成这种故障的主要原因可能是进气歧管漏气、传感器本身损坏、线束损坏等。至于信号电压不合理的，需要深入判断。

传感器的检测可以通过测量电压值、电阻值和波形来分析判断。

1）进气压力传感器电压检测。市场上常用的传感器线束多为三线和四线。三线传感器线束为电源线（5V）、信号线（0.2~4.8V）和搭铁线（0V）。四线传感器线束为电源线（5V）、进气压力信号线（0.2~4.8V）、进气温度信号线（0.2~4.8V）、搭铁线（0V）。

2）进气压力传感器电阻检测。线束测量时，每根导线的电阻应小于 0.5Ω。

3）进气压力传感器波形检测。在波形分析中，典型的进气压力传感器在真空度为 0 时的输出电压为 2.6~2.8V；当真空度升至 17kPa 时，传感器电压降至 3.75V；当真空度再次升至 67kPa 时，传感器电压降至 1.1V。

无论进气压力传感器的类型如何，在实际的维修过程中都必须了解传感器每条线的电压。例如：传感器的电源线电压基本上是 5V，搭铁线电压是 0V。

2.1.6　发动机冷却液温度传感器

冷却液温度传感器的结构如图 2-6 所示。冷却液温度传感器安装在发动机缸体或气缸盖的水套上，与冷却液直接接触以检测发动机冷却液的温度。它配有负温度特性的热敏电阻，温度越高，电阻越小；温度越低，电阻越大。

冷却液温度传感器的信号是一个校正信号，其功能是检测发动机冷却液的温度并将信号传输到电子控制单元。电子控制单元根据测量到的温度信号修正喷油量，当冷车起动或预热过程中，电子控制单元将修正浓混合气的喷射，当热车时，电子控制单元将修正稀混合气的喷射；同时，电子控制单元根据检测到的发动机冷却液温度信号控制冷却风扇的开闭。

冷却液温度应在 85~105℃。当冷却液温度传感器的参数为-40℃时，表示冷却液温度传感器或电路开路。当参数值超过 185℃时，表示冷却液温度传感器或电路短路。其电压变化范围为 0~5V，当温度参数为-40℃时，对应电压为 4.98V，当温度参数为 185℃时，对应电压为 0.02V。

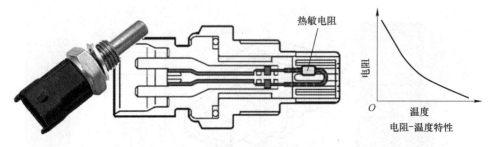

图 2-6　冷却液温度传感器

在进行发动机冷却液温度传感器的检测时，使用故障诊断仪与车辆的 OBD 诊断接口连接，将点火开关转到 ON 位置，启动诊断仪，读取冷却液温度传感器的值（电压值），并记录当前值，或用万用表检测冷却液温度传感器的电阻，并记录当时值。起动车辆，观察冷却液温度传感器的电压值，会发现随着发动机工作时间的延长，冷却液温度升高，其电压值会越来越小，否则说明冷却液温度传感器损坏。如果发动机运转 1min 会停止运转，然后检查冷却液温度传感器电阻，会发现其电阻值变小，否则说明冷却液温度传感器损坏。

2.1.7　氧传感器

氧传感器的结构如图 2-7 所示。氧传感器中有可变电阻器，其电阻值随周围混合物的浓度变化而变化。混合气体稀时，氧气浓度高，氧传感器电阻大，输出到控制单元的电压低。混合气浓时，氧浓度低，氧传感器电阻小，输出电压信号高。

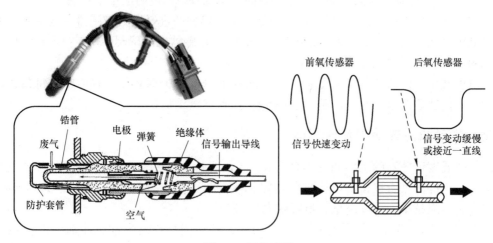

图 2-7　氧传感器

氧传感器故障检查的方法如下：

1）测量加热器电阻。使用数字万用表的电阻档测量氧传感器的加热电阻。首先，拔下氧传感器的线束接头，测量氧传感器两端之间的电阻值，应为 5~7Ω。如果阻值为无穷大，则表示加热器电阻已损坏。

2）检查氧传感器和加热器的电源电压。打开点火开关，用万用表电压档测量传感器的电源电压，通常为 1V，测量加热器的电源电压，标准值为 12V。

3）氧传感器的反馈电压。打开点火开关，起动发动机并以怠速运转，氧传感器的反馈电压应在 0.2~0.8V 之间变化，当发动机转速升高时，电压值应在 0.6~1.0V 之间，否则应更换氧传感器。

4）动态测试。发动机完全预热后，拔下燃油压力调节器真空软管，插入进气管使混合气更浓（空燃比降低）。在怠速状态下，测量电子控制单元插接器的端子电压。氧传感器上的电压应高于 0.5V，否则应更换氧传感器。

另外，通过观察氧传感器上表面的颜色（普通氧传感器的颜色应为浅灰色），还可以判断氧传感器是否因过量积炭、铅中毒、硅中毒而损坏。

1）顶部工作面为白色。这是由"硅中毒"引起的传感器故障。

2）顶部工作面为棕色。这种颜色是由"铅中毒"引起的。氧化钛型氧传感器和氧化锆型氧传感器都害怕废气中铅化合物和碳化物的污染和黏附。如果汽车使用含铅汽油或发动机"烧机油"，由于铅和碳化物的附着，氧传感器电压信号的突然变化会发生错误，10s 内响应速度降低到 8 次以下，此时应更换氧传感器。

3）如果发动机排气中有更多的烟雾和积炭，则氧传感器顶部会留下黑色积炭。

2.1.8 空气流量传感器

空气流量传感器又称空气流量计，是电喷发动机的重要传感器之一，它将吸入的空气流量转换成电信号并发送到电子控制单元（ECU）。作为确定燃油喷射的基本信号之一，它是一个测量进入发动机空气流量的传感器。为了获得各种工况下混合气的最佳浓度，电控汽油喷射发动机必须精确测量每一时刻吸入发动机的空气量，作为电控单元计算（控制）喷射燃油量的主要依据。如果空气流量传感器或电路发生故障，且电子控制单元无法获得正确的进气量信号，则无法正常控制燃油喷射量，从而导致混合气过浓或过稀，导致发动机运转异常。电控汽油喷射系统有多种空气流量传感器。常见的空气流量传感器按其结构类型可分为叶片（翼板）型、芯型、热线型、热膜型、卡门涡旋型等。热线式与热膜式空气流量传感器如图 2-8 所示。

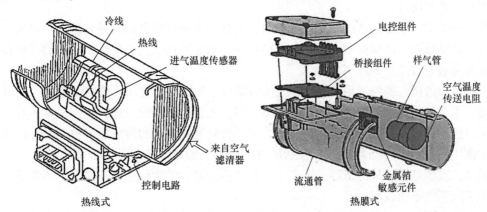

图 2-8　热线式与热膜式空气流量传感器

空气流量传感器的故障分为两类，一类是信号超出规定范围，说明空气流量传感器有故障。现代电子控制车辆具有自动保护功能，当某个传感器的信号出现故障时，电子控制单元（ECU）将用一个固定值来替换它，或者用另一个传感器的信号来替换故障传感器的信号。空气流量传感器出现故障后，电子控制单元用节气门位置传感器的信号代替。另一类是不准确的信号（即性能漂移）。空气流量传感器信号的不准确可能比没有信号更有害。因为信号没有超过规定的范围，电子控制单元（ECU）会根据这个不准确的空气流量信号来控制燃油喷射量，因此经常会导致混合气过稀或过浓。

如果空气流量传感器出现故障，在检查时可以通过拔下空气流量传感器接头来判断性能。

1）如果故障现象没有改变，说明空气流量传感器已损坏。这是因为在电子控制单元确认空气流量传感器出现故障后，已使用节气门位置传感器信号。此时，是否有空气流量传感器的结果是一样的，所以故障现象没有改变。

2）如果故障现象得到缓解，则意味着空气流量传感器的性能发生漂移，信号出现偏差。由于空气流量信号在有效范围内，电控单元根据失真信号控制喷油量，造成明显的故障现象。在拔下空气流量传感器的接头后，ECU认为空气流量传感器完全无效，而用节气门位置传感器的信号来代替，因此发动机的工作状态得到了改善。

3）如果故障现象恶化，说明空气流量传感器正常。这是因为在拔下插头之前，电子控制单元根据正常的空气流量传感器信号控制燃油喷射量。拔出后，电子控制单元利用节气门位置传感器信号控制燃油喷射。由于后者的控制精度不如前者，故障现象更加严重。

另外，可以用红外废气分析仪测量发动机在怠速和 2000r/min 稳定工况下的废气成分，如果与标准值相差过大，则可能是空气流量传感器性能不佳导致的故障。

2.1.9 MENS 惯性传感器

MEMS 惯性传感器是智能时代的核心交互器件，它集成了微型传感器、执行器、信号处理器、控制电路、接口电路、通信和电源，体积小，功耗低。惯性传感器具有灵敏度高的优点，被广泛应用于汽车电子领域，主要用于汽车安全气囊系统、防滑系统、汽车导航系统和防盗系统，包括防抱死制动系统、车身稳定程序、电控悬架、电动驻车制动、车辆倾斜度测量、惯性导航系统等。

惯性运动信息包括加速度和角速度信息，通过对加速度信息的有效处理，可以从中提取出相应的运动信息，从而推断动作执行者的意图。基于惯性信息的动作模式识别技术在智能人机交互领域有着广泛的应用。

根据传感器所在的控制系统，MEMS 传感器可分为四类：发动机控制传感器、底盘控制传感器、车身控制传感器和电气设备传感器；根据传感器的测量原理，MEMS 传感器可分为机械量传感器和磁性量传感器、热传感器、化学传感器和微生物传感器五种类型。目前汽车电子中使用的 MEMS 传感器很多，包括压力传感器、加速度传感器、温度传感器、角速度传感器等，大多是物理量传感器。事实上，化学传感器、生物传感器和无线传感器正逐渐广泛应用于汽车电子领域。

典型的应用如监测车辆侧翻状态。新型 MEMS 陀螺仪将角速度传感器与微电子信号处理电路集成，可以用来控制车辆的姿态并发出侧翻警报，大大提高了汽车的安全性，增强了驾驶员的安全感。其原理是将陀螺仪输出的传感器信号与低加速度传感器的输出信号结合起来，通过对两个传感器的信号进行处理，系统算法确定了车辆 Z 轴与垂直线之间的夹角，以及车辆在每个时刻的角速度。车辆侧翻感测算法及时确定准确的时间点和位置，从而引爆特定安全气囊或主动收紧系在乘员身上的安全带，以起到保护作用。

电子稳定程序系统也是 MEMS 传感器的一个重要应用，它可以提高车辆在各种驾驶情况下的行驶稳定性。通过传感器测量车辆的横摆角速度，并与转向角、车速等其他参数逐一比较，可以检测到转向过度或转向不足等驾驶状况。如果在行驶过程中需要 ESP，系统将自动单独制动车轮，以提高驾驶稳定性。

偏航传感器在汽车安全系统应用中的发展趋势是具有高偏移稳定性、振动鲁棒性和全数字信号处理功能，可以在不同的车辆方向上监测横摆角速度和加速度。

MEMS 传感器种类繁多，其工作原理也各不相同。具体的应用如下：

1）MEMS 压力传感器：主要用于检测汽车气缸的负压和吸气压力、涡轮发动机的增压比和机油压力。硅压力传感器能在高温环境下工作，并能保持较高的测试精度，被用来测量汽车气缸的压力。此外，微机械硅压阻传感器也被广泛应用于测量废气再循环系统和涡轮增压发动机的油压。MEMS 压力传感器也可用于监测汽车轮胎压力。汽车轮胎气压过低或漏气容易造成交通事故。在轮胎中嵌入微型压力传感器，可以避免轮胎充气不足或过度。

2）MEMS 加速度传感器：安装在汽车前部和侧面，在汽车碰撞时及时打开安全气囊，取代了传统的机械式安全气囊开关。一些 MEMS 加速度传感器可以用来测量汽车发动机的振动状态，并通过点火提前角控制对其进行调整，以防止发动机爆燃。

3）MEMS 角速度传感器：主要用于控制车辆姿态、发出侧翻警报和汽车导航。

2.2 视觉传感器在无人驾驶汽车中的应用

视觉传感器的功能相当于人的眼睛，人类在驾驶过程中所接收到的信息大多来自视觉，如交通标志、道路标志、交通信号等，这些视觉信息成为人类驾驶者控制车辆的主要决策依据。视觉传感器利用光学元件和成像器件获取外部环境图像信息。

2.2.1 视觉传感器种类

在智能驾驶中，相机（摄像头）取代了人眼视觉系统，成为交通环境感知的传感器之一。与其他传感器相比，视觉传感器的安装方法简单、获取的图像信息量大、输入成本低、作用范围广。然而，在复杂的交通环境中，视觉传感器仍然存在着目标检测困难、图像计算量大、算法难以实现等问题。数字图像处理技术的飞速发展和计算机硬件性能的提高，使视觉传感器的应用日趋成熟。

1. 视觉传感器认识

视觉传感器在汽车前视识别的应用如图 2-9 所示，智能驾驶中配置的视觉传感器主要是工业相机，具有比民用相机更高的图像稳定性、传输能力和抗干扰能力。根据输出的数据信号，工业相机可以分为模拟相机和数字相机。模拟相机的输出是模拟电信号，数字信号的转换需要借助视频采集卡等部件完成。这种相机接线简单、成本低，但转换速度慢。数字相机采集的图像直接通过内部感光元件、控制元件转换成数字信号。这种相机采集速度快、数据存储方便，但价格相对昂贵。

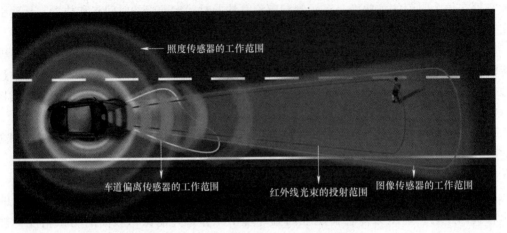

图 2-9 视觉传感器在汽车前视识别的应用

汽车摄像头产业链涉及三个主要环节：上游材料、中游零部件和下游产品。上游材料产业链环节中，光学透镜、滤光片和保护膜用于制造透镜组，晶片用于制造 CMOS 芯片和 DSP 信号处理器；中游透镜组产业链环节中，CMOS 芯片和胶料组装成模块，DSP 信号处理器封装成相机产品；在下游产业链中，摄像头和软件算法一起形成了汽车摄像头解决方案，主要用于自动驾驶汽车。

视觉传感器（图 2-10）是利用光电转换原理将光信号转换成图像信号的图像采集装置，主要分为 CCD（电荷耦合器件）和 COMS（互补金属氧化物半导体）两种传感器。CCD 相机由光学镜头、定时同步信号发生器、垂直驱动器和模拟/数字信号处理电路组成，它具有无烧伤、无滞后、低电压、低功耗等优点。

a) CCD视觉传感器

b) COMS视觉传感器

图 2-10 视觉传感器

CCD 镜头的特点：覆盖在 CCD 表面的硅半导体光敏元件捕获光子并产生光生电子，这些电子首先聚集在 CCD 下面的绝缘层中，然后由控制电路串行输出到模拟电路，通过成像电路（如 DSP）传输形成图像。快速扫描和低速扫描最大的区别是快速扫描输出速度非常快，可以达到视频级的刷新率，但这会导致电子损耗、噪声和光生电子的增加。相反，低速扫描侧重于光生电子的积累，提取频率不高，但在传输过程中电子损耗最小，模数转换器的动态范围和灵敏度极高，保证了信号转换过程不失真，同时降低热效应。

COMS 相机集光敏元件阵列和图像信号放大器、信号读取电路、模数转换电路、图像信号处理器和控制器于一体，具有高传输速率、宽动态范围、可编程局部像素随机存取等特点。

除了以上两种常用的分类方法外，工业相机还可以根据传感器的结构特点分为线阵相机和面阵相机；根据输出图像的颜色分为黑白相机和彩色相机；按响应频率范围分为普通相机、红外相机和紫外相机；按扫描方式分为逐行扫描相机和隔行扫描相机；按接口类型分为网络相机、1394 相机和 USB 相机。

COMS 视觉传感器主要包括以下部件：

1）COMS 图像光敏阵列：光电转换器件，负责接收外部光信息并将其转换为电信号。

2）模拟信号模块：主要包括放大器和 A/D 模数转换模块，负责放大光电元件转换的电信号，将模拟信号转换成数字信号。

3）数字图像处理模块：随着 CMOS 集成电路技术的成熟，提供嵌入传感器芯片的图像处理功能，如自动白平衡、自动曝光、自动增益控制等，越来越多最初由相机控制器执行的图像处理功能集成到视觉传感器中。

4）I^2C 接口模块：通过 I^2C 主机模块，控制器可以配置视觉传感器的内部寄存器来控制视觉传感器的工作状态。

5）时钟模块：主要负责线路控制信号和像素采样时钟的产生。

2. 车载相机的类型

在汽车智能驾驶中，通过不同焦距、不同仰角的相机，可以获得不同位置的交通标志、信号灯和各种路标的检测和识别能力。例如，通过双目相机成像，广角近焦和窄角远距相机可以获得近高仰角的交通标志信息和足够分辨率的远距离交通标志成像。在远距相机的成像中，100m 处的红绿灯足够大，100m 处交通标志上的数字也清晰可见。在短焦距相机的成像中，100m 处交通标志上的数字完全不清楚。夜间成像的性能降低是夜间可见光成像的低信噪比造成的。在这种情况下，前端远红外系统需要在夜间探测生物和热成像物体。

如图 2-11 所示，根据汽车相机模块的不同，目前使用的相机分为单目相机、双目相机、三目相机和全方位视野相机。为了完成 ADAS 任务，视觉规划通常需要测量车辆与前方障碍物之间的距离并识别障碍物，除了单目和双目外，还需要安装监测周围环境和远距离目标检测的多个相机平台，在某些情况下，还需要采用远距广角相机与 ADAS 主相机匹配以实现 ADAS 功能。

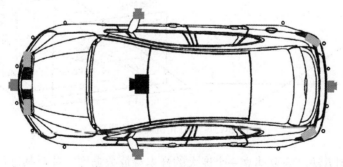

图 2-11　车载相机安装的位置

（1）单目视觉技术

单目相机使用单个相机来完成环境感知任务。单目相机主要用于智能网联汽车的车道水平定位、道路几何的识别、车辆或行人等障碍物的检测、红绿灯和交通标志的识别，主要包括车道检测和跟踪技术、障碍物检测和跟踪技术、红绿灯和交通流标志识别技术、基于视觉的 SLAM 技术、视觉里程表技术等。

单目相机的算法是先识别后测量距离，再通过图像匹配识别图像，并根据图像的大小和高度进一步估计障碍物和车辆的运动时间。在识别和估计阶段，需要与建立的样本数据库进行比较。要识别各种模型，需要建立一个模型数据库；如果想识别动物，需要建立一个动物数据库；同样对于人类，需要建立模型数据。单目相机的识别原理如图 2-12 所示。

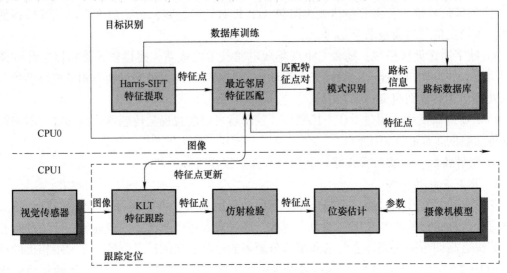

图 2-12　单目相机的识别原理

单目相机测距的原理如图 2-13 所示，首先利用图像匹配进行各种车型、行人、物体等目标识别，然后根据图像中目标的大小来估计目标距离。在 ADAS 应用场景中使用的单目相机的识别距离为 40~200m。单目相机的视角越宽，检测到的距离越精确，检测到的距离越短，视角越窄，检测到的距离越长。

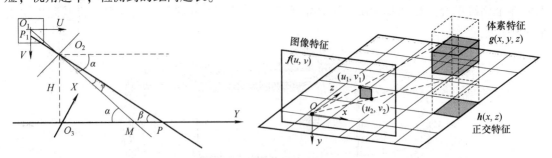

图 2-13　单目相机测距的原理

基于单目识别方法，需要建立一个庞大的样本特征数据库，并对其进行持续的维护，以保证该数据库包含待识别目标的所有特征数据。例如，在某些特殊区域，为了专门检测大型动物，必须首先建立大型动物数据库；而在其他一些存在非常规模型的区域，必须首先将这些模型的特征数据添加到数据库中。如果缺少待识别目标的特征数据，系统将无法识别这些车辆类型、物体和障碍物，因此无法准确估计这些目标的距离，这将导致 ADAS 对物体的识别错误。

单目相机也有自己明显的问题，例如依赖于训练样本，再则，感知范围有限，无法获取场景目标的深度信息。

应用案例：日产奇骏的远光辅助系统如图 2-14 所示，其原理是智能远光灯辅助系统通过摄像头传感器对当前驾驶环境进行判断，自动实现远光灯激活或解除控制。

当车辆发生碰撞事故或传感器被重新拆装时，或拆下车道摄像头和相关零件后，应校准摄像头。

（2）立体视觉技术

如图 2-15 所示，立体视觉技术的基本原理是利用两台（或两台以上）相机从不同的角度观察同一目标，通过计算图像像素之间的位置偏差来恢复三维场景。其难点是在多幅相机图像中寻找匹配的对应点。立体视觉技术常用于相机标定、图像匹配和障碍物检测。

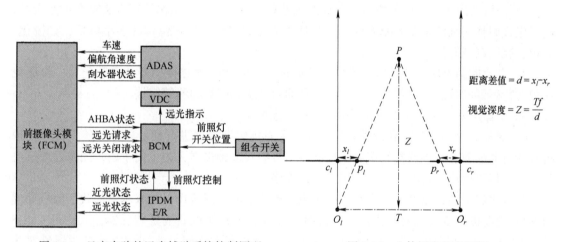

图 2-14　日产奇骏的远光辅助系统控制原理　　　　图 2-15　立体视觉基本原理

汽车双目相机（图 2-16）首先利用视差直接测量物体与汽车之间的距离。这个原理与人眼相似，当两只眼睛看着同一个物体时，就会产生视差，出现感觉位移。这种位移可以进一步测量目标物体的距离。双目相机部件主要由两个水平放置的相机组成，可以同时采集左右两幅立体图像。两幅图像拍摄后，通过图像校正和匹配步骤计算出图像的视差信息，从而恢复目标的深度信息。首先，对相机采集的图像进行灰度化处理，根据车辆相机的角度截取感兴趣区域（ROI），截取 ROI 消除天空、路边等非相关物体的干扰；车辆检测通过训练的分类器，用矩形框标记检测到的车辆。基于双目视觉系统的交叉检测方法是通过检测左边的结果

图 2-16　双目相机

来检测和匹配右边的图像，以保证检测结果在两幅图像上的准确性和一致性。一旦检测到有效车辆，利用双目视觉测距原理，即可获得车辆前方的距离信息。在成像过程中，如双目系统的成像平面没有完全对齐，则不能直接计算视差，图像必须进行三维校正，也称为极线校正。立体校正可以重新投影左右图像，使它们准确地落在同一平面上。

在识别阶段，双目相机仍然采用相同的特征提取和深度学习算法来进一步识别障碍物。相机标定方法包括传统标定方法、主动视觉标定方法和自标定方法。三种标定方法在鲁棒性、计算精度和算法复杂度等方面各有利弊。图像匹配包括区域匹配法、特征匹配法和相位匹配法，图像的量化程度不同。障碍物检测方法包括反投影变换法和 V 视差图法。前者对相机参数更敏感，后者需要更高的视差图。

车载相机控制芯片主要包括以下几个主要部分：

1）内部 CPU：使用的芯片按照 ROM 中预先编程的固件运行，控制整个控制器芯片的工作。

2）视觉传感器接口模块：该模块负责传感器数据信号与控制信号格式的统一，以便后续处理，它将视觉传感器发送的图像格式数据统一成相同的格式。

3）图像处理模块：该模块负责图像效果处理，通过一系列图像处理算法提高图像质量，同时生成调整视觉传感器的配置参数，实时调整视觉传感器。它包含许多小模块，如锐化、颜色、亮度调节等。

4）自动控制模块：通过对图像信号的分析，实时调整视觉传感器的参数配置，自动控制视觉传感器的状态。它包括自动曝光、自动白平衡和闪烁检测等模块。

5）图像压缩模块：图像压缩采用 JPEG 压缩标准。

6）传感器接口模块：传感器接口模块除了对传感器数据进行预处理外，还负责与各种视觉传感器的兼容，传感器数据和线场同步信号格式多种多样，为了便于后续图像处理模块的设计，接口模块需要将各种输入统一成标准格式输出。

随着集成电路集成度的提高和 CMOS 视觉传感器的广泛应用，越来越多的数字信号处理（DSP）功能被集成到视觉传感器中。目前，大多数车载相机的视觉传感器，无论是 CMOS 还是 CCD，都是单色的，即只有灰度变化。为了获得彩色图像，常用的方法是用聚酰亚胺掩模的滤色片覆盖传感器的表面。彩色滤镜有多种格式，通常采用棋盘格式。

双目相机的安装要求很高。例如，相机之间的距离在 10~20cm 之间。这个距离需要非常精确，因为它直接关系到测距的精度。由于汽车环境复杂多变，要求工作环境温度在 -40~85℃ 之间。另外，传统设备材料必然存在热膨胀和热收缩问题，这将影响两个镜头之间的距离。从理论上讲，双目相机的误差可以小于 1%，但从实际应用层面来看，1% 和 3% 在现有的应用环境中差别不大。特别是在单目相机上安装毫米波雷达等传感器，可以达到类似的精度，满足 L1、L2 和部分 L3 级场景的功能要求。

（3）三目视觉技术

三目视觉包括一个单目相机，加上一个用于远程探测的长焦相机和一个用于增强近距离探测能力的鱼眼相机，使视野更宽。三目相机分为 25°视野、50°视野和 150°视野。25°视野用于检测前车道线和红绿灯；50°视野负责一般路况监测；150°视野用于检测平行车道、行人和非机动车的行驶状况。

在汽车行驶过程中，要满足自动驾驶的要求，需要对前方 200m 左右的道路环境进行精确测量，才能做出相应的控制决策，三目相机的目的是解决汽车的前向测距问题。

三目相机的特点是可以获得全方位的覆盖角度，路况、行人、红绿灯等信息一目了然。在判断和测量障碍物的距离时，由于相机的精度有限，三种不同相机检测障碍物的精度会有一定的差异。在不同相机覆盖距离的交点处，相邻两个相机测量的距离很可能不同，会有10m左右的误差。同样的场景，两次拍摄得到的图像可能不同。不同的相机在同一场景中采集不同的数据，这些数据需要融合到后台中，后台算法随时进行处理，操作结果将直接反馈给中央控制器调整车辆的驾驶行为。汽车驾驶的动态环境不断变化，如何理解人类的意图，如何与汽车进行人机交互是一个巨大的挑战。

（4）全景视觉技术

汽车全景系统的最终目标是提供鸟瞰全景图像。为了便于后续的图像拼接算法，需要使两个相邻相机拍摄的图像具有重叠区域。普通相机的视角一般在30°~60°之间，不符合全景环绕视野系统的规格。因此，为了获得视野更大的图像，通常使用视角接近180°的鱼眼相机。

全景视觉技术具有更宽的成像范围，但图像失真较大，分辨率较低。全景视觉技术一般分为4类：单相机360°旋转成像、鱼眼镜头相机成像、多相机拼接成像和折反射全景成像。其中，单相机360°旋转成像对系统可靠性要求较高。鱼眼镜头相机成像需要标定和畸变校正，这两种技术可以获得宽视角的图像。多相机拼接成像可以实现全景实时拼接，但标定复杂、成本高；折反射全景成像具有自动化、小型化、集成化的特点，成像特性取决于镜面的形状。

如图2-17所示，汽车全景视觉系统通过安装在汽车前、后、左、右四个鱼眼相机捕捉周围图像信息，并在电子控制单元中通过复杂算法进行处理。最后，四幅图像被拼接成一幅全景俯视图，显示在屏幕上供驾驶员参考。

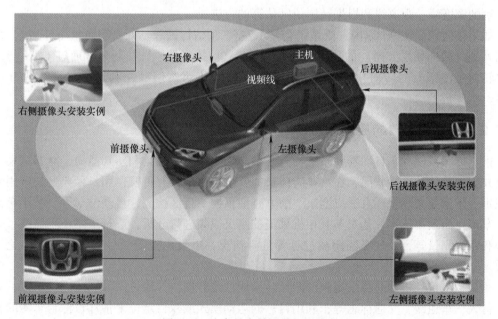

图2-17　汽车的全景视觉相机分布

鱼眼透镜是由各种不同形状的透镜组合而成的，它有一个典型的反向长焦结构，与其他普通的广角和超广角镜头相比，鱼眼镜头的结构并不是为了抑制图像的失真效果，因此会产生过度失真。为了实现正投影，大口径前透镜采用了非球面透镜。前两个凹透镜减少了180°广角视野滤光片、光圈和成像凸透镜。由于透镜的折射作用，平行于光轴的光线经过透镜后会在透镜的焦点处汇聚。因此，焦点离镜头越近，也就是说，焦距越近，光线通过镜头时发生的折射程度就越大，从而使这幅图像有更大的视角。

普通镜头的焦距一般在50mm左右，鱼眼镜头的焦距在16mm以下，因此与普通镜头相比，鱼眼镜头可以拍摄视角更大的图像。然而，鱼眼镜头捕捉到的图像牺牲了准确性。

在汽车全景视觉系统中，如果直接用鱼眼相机拍摄图像，图像失真较大，会给驾驶员的观察带来不便。因此，在后续算法之前，必须对鱼眼图像进行校正。

应用案例：日产奇骏全景智能监控系统的应用。

日产奇骏的全景智能监控系统在车辆前后和左右外后视镜上装有广角高清摄像头，拍摄图像以监测车辆周围情况。在该系统中，声呐指示器与倒车雷达系统一同在显示屏上显示，对接近的障碍物发出警告，当倒车雷达系统检测到障碍物时，显示屏上显示摄像头图像。通过前、后视角进行观察时，车辆宽度、距离线和预估行进路线将会叠加后进行显示，车辆距离线和宽度线在前侧视角图像中显示。车顶视角将来自四个摄像头的图像转换成鸟瞰视图并在显示屏中显示车辆状态，系统采用了移动物体监测（MOD），能根据摄像头图像检测移动物体，并通知驾驶员。

全景智能监控系统还采用了前/后方广角视图功能，改善了包含不可见区域的左右可见性。全景智能监控系统屏幕合成并显示行车方向视图和"鸟瞰视图""侧前方视角"，并显示声呐指示器。AV控制单元负责在显示屏上显示视角图标和警告消息，当变速杆处在倒档以外的档位时，按下"摄像头"开关可以显示180°角的前视角影像，在车前视角影像中显示车辆的宽度线、距离线和根据转向角度估算的行进线。

如果转向角度在90°以内，则系统会显示左/右预估行进线。如果转向角超过90°，则仅显示外侧（转向相反方向）的预估行进线。全景式监控影像系统控制单元通过CAN与通信接收转向角传感器的转向角度信号，并根据转向角传感器信号控制预估行进线的方向和距离。

2.2.2 视觉传感器的应用

视觉传感器使汽车自动驾驶系统拥有几乎与人类一样的视觉和感知能力，能够采集环境信息并识别物体和危险状况，在汽车防碰撞的安全应用中具有重要作用，最典型的应用如车道识别、车道偏离预警、自适应巡航、前方碰撞预警、盲区检测、自动泊车等。基于车载相机的车辆碰撞预警技术，是对车载相机采集的路况视频进行分析，进行道路环境监测、车辆检测和距离测量等，发现车辆距离过近等危险情况，以发出报警信号提醒驾驶员避免交通事故。

车载相机识别机理是将采集到的图像转换成二维数据，并通过图像匹配进行识别，如车辆、行人、车道线、交通标志等，利用目标的运动模式或双目定位来估计目标与车辆的相对距离和相对速度。交通场景的视觉识别如图2-18所示。

CCD和CMOS对光信号的处理步骤相同，工作原理有所差异。CCD是通过光照射每个像素产生电荷并积累电荷，CCD 只有一个读出端口，使得每个像素需要串行在一起，每个像素的电荷进行转移，传到输出端口变为电压，再进行放大和模数转换得到图像。

图 2-18　交通场景视觉识别案例

CMOS 则是将景物成像聚焦到图像传感器阵列上，阵列的每个像素上包括一个光电二极管。光电二极管的作用是使阵列表面的光强转换为电信号，选择电路将像素上的电信号读取后放大，交相关双采样 CDS 电路处理，最后信号送到模拟/数字转换器上完成数字信号输出。

在实际应用中，ADAS 和行车记录器对相机参数有不同的要求。行车记录仪使用的相机需要检查车辆前部周围尽可能多的环境信息。安装在后视镜中的相机观察两个前轮的水平视角约为 110°。在驾驶辅助功能中，相机可以独立实现多种功能。这些功能强调对输入图像的处理，从视频流中提取有效的目标运动信息进行进一步分析，给出预警信息或直接调用控制机制。表 2-1 显示了汽车 ADAS 相机的功能。

表 2-1　汽车 ADAS 相机功能

操控方式	预警功能	控制功能
横向	车道偏离警告	车道保持功能
纵向	前车碰撞警告	紧急制动功能
	行人碰撞警告	
	—	自适应巡航

如图 2-19 所示，机器视觉是利用相机获取图像信息，然后用处理器对图像信息进行处理，最后得到识别结果的系统。机器视觉环境感知设备，即各类相机，将目标的光信号转换成图像模拟电信号，由图像处理系统根据像素分布和亮度等信息将这些电信号转换成数字信号，对这些信号进行相应的处理，例如特征匹配，以获得相应的识别信息。

机器视觉的应用需要满足车辆行驶环境的特点和车辆自身的行驶条件，影响机器视觉的主要因素有天气条件、相机安装位置、车速、车辆轨迹、车身晃动等。天气变化会影响场景中的光强度和场景的反射；相机越向下安装，对地面光越敏感，越容易造成曝光过度或曝光不足，但相对而言，图像精度也会提高；随着车速的提高，图像质量和前后帧匹配的重叠率会降低；当车辆沿曲线行驶时，相机角度会因车辆的侧倾效应发生改变，影响场景的特征形状，进而影响前后帧的匹配重叠率；抖动主要是由地面颠簸、车轮打滑和加速度引起的，车身抖动会影响安装在车身上的相机，造成拍摄图像的模糊，降低图像采集的质量。

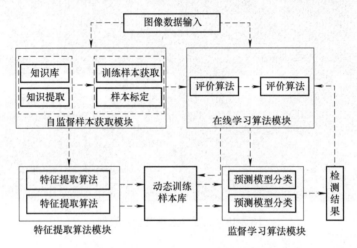

图 2-19　基于机器视觉的特征匹配流程

高级驾驶员辅助系统（ADAS）是一种帮助驾驶员驾驶汽车并提高车辆和道路安全性的系统。ADAS 利用安装在汽车上的各种传感器、视觉和摄像系统，在第一时间收集汽车内外的环境数据，并对静态和动态物体进行识别、检测和跟踪等技术处理，提醒驾驶员在最短的时间内可能发生的事情。如图 2-20 所示，典型的应用如梅赛德斯-奔驰推出的一种快速、实时的障碍物检测方法，尤其适用于行人检测，它可以达到每秒 150 帧或 200 帧。

图 2-20　奔驰推出的长条状障碍物视觉检测方法

随着智能驾驶水平的提高，传感器的数量和需求也会增加。从激光雷达和视觉传感器的测量精度来看，一些视觉传感器可以通过多次拍摄积累数据，所能达到的测量精度甚至可以超过激光雷达。以目前的特斯拉为例，纯视觉图像感知系统可以在大范围内替代毫米波雷达和激光雷达，这应该是特斯拉取消毫米波雷达配置的主要原因。与纯视觉图像感知系统相比，毫米波雷达固有的两个缺点（低图像数据/点云/像素密度、非金属表面物体的低反射率）几乎是不可能克服的，其优点已经可以被纯视觉图像所克服并替代。纯视觉图像感知系统的相机具有一个非常重要的特性，它每一帧感知像素有非常多的数据点，空间分辨率非常高，能清楚地看到路标（速度标志、警示标志等）、路线（实线、虚线、斑马线等）、红绿灯等。同时，由于是 RGB（多波长、多色）相机，对各种物体表面具有良好的反射效果。现在纯视觉图像感知系统的距离感知已经足够远（大于 150m，通常可达 300m 甚至1600m），还可以直接测量距离（精度可达厘米级），而且它还可以"穿透"雾、雨、雪、眩光等，可以替代毫米波雷达和激光雷达。不过，单从视觉上看，仅仅依靠环绕视野或二维视觉很难满足 L3 级及以上的需求，智能网联汽车对多维立体视觉的需求将越来越突出。

应用案例 1：2021 年下半年年，荣威 i5 搭载的 720°智能环景影像系统集成 360°超清全景影像和 360°智能视觉安全辅助。其中，360°智能视觉安全辅助包括后视信息辅助、视觉开门提醒和视觉盲区警示等强大安全功能，即使车辆在狭窄或复杂的道路场景中，也能通过显示终端消除视野盲区。

应用案例 2：智能交通标志识别系统通过安装在风窗玻璃上部的多功能摄像单元扫描限速道路标志和附加信息（图 2-21），并在集成信息显示屏（MID）和平视显示屏上显示信息，以将道路标志下的辅助标志传达给驾驶员，使驾驶员能够识别当前速度限制和附加信息。例如，当前速度限制和超车禁止，如果车辆刚刚通过，信息将显示在多信息显示屏和抬头显示屏上。系统工作原理：当后视镜背面的摄像头在驾驶时捕捉到交通标志时，系统将显示已识别的车辆标志。徽标图标将显示一段时间，直到车辆达到预定的时间和距离。在以下情况下，徽标图标也可能切换到其他图标或消失：检测到车速限制或其他规定限制的结束，或是在十字路口通过转向灯改变方向等。并不是所有的标志都会展示出来，但是在路边竖立的任何标志都不应该被忽视。交通标志智能识别系统仅用于提供驾驶辅助，驾驶员仍必须注意路况并遵守所有道路法规。

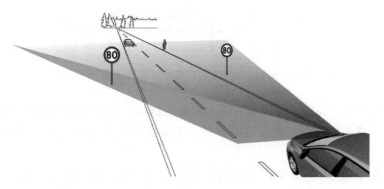

图 2-21　交通标志智能识别

交通标志识别包括两个过程：交通标志的检测和识别。检测就是在图像中找到并定位感兴趣的目标，识别就是对感兴趣的目标进行分类。交通标志识别可以通过准确检测和判断出现在道路前方的警告标志、禁止标志和指示标志，规范驾驶行为，维护交通秩序；车道是车辆行驶过程中最重要的参考对象，车道检测是通过摄像头采集的道路图像进行的，可以快速、准确地监控车辆前方的车道线，确保车辆在安全区域行驶。

以福特探险者 SUV 为例，当车辆行驶时，系统使用光学传感器识别车辆行驶方向道路两侧的交通信号标志，并在仪表模块（IPC）中显示识别信息（图 2-22）。

通过安装在汽车前风窗玻璃上的光学摄像头实时监控道路两侧的交通信号标志，同时进行分析和处理。采集的识别信息通过车载 CAN 网络传输至 IPC，IPC 向驾驶员显示信息，提醒驾驶员注意交通安全。当系统正常工作时，光学摄像头可

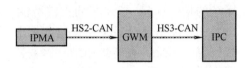

图 2-22　福特探险者交通信号标识信号传输

以识别车辆前方 100m 范围内的道路交通标志。交通标志识别系统不同于导航系统的车速限制提示功能。交通标志识别系统基于摄像头的实时监控结果，可识别 65% 以上的交通标志，而导航系统则通过电子地图的航路点实现。

应用案例 3：图像控制驻车辅助系统可在倒车时为驾驶员提供视觉辅助，驾驶员可以通过多功能显示屏控制和设置系统。此功能在显示屏上提供固定和可移动的观察线，以帮助驾驶员调整车辆，倒车摄像头通过 LIN 线连接至车身控制模块。以福特探险者为例，其工作原理如图 2-23 所示。

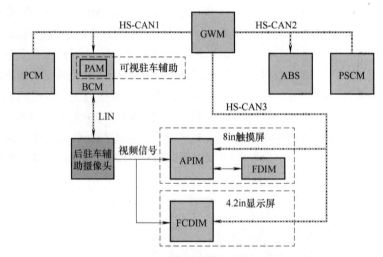

图 2-23　福特探险者影像控制停车辅助系统工作原理

打开点火开关后，摄像头可以随时接收到电压信号，但视频信号仅在特定条件下产生。当倒档接合时，摄像头会产生连续视频信号。如果摄像头配置不正确，某些功能可能无法工作。

在上述工作原理图中，车辆电气控制中的网关（gateway）的作用是在不同通信协议或不同网络速度总线的模块之间进行通信时，建立连接并解码信息、重新编译并将数据传输到其他系统和网关模块（GWM）。由于车辆网络中存在不同通信速度的 CAN 网络，如果没有网关，则很难实现所有控制模块之间的信息共享。

车身控制模块（BCM）的功能是实现车身电气系统的电源控制和分配，同时 BCM 控制车身电气系统功能的实现。BCM 可以控制车身的大部分电气功能，并通过模块中存储的软

件程序为电器提供配电和控制。工作期间电路或电器短路会对控制模块造成致命损坏，因此车身控制模块设计为使用场效应晶体管（FET）为电路、电气和车身控制模块本身提供必要的保护。例如，监测输出负载电流是否过大（通常为短路），并在检测到故障事件时将其关闭（切断模块的电源和接地线）。短路故障诊断码将存储在故障事件中，故障发生次数将记录在车身控制模块计数器中。当不再需要输出时，模块将重置 FET 电路保护功能，以便电路能够工作。当驾驶员下一次请求激活被短路（FET 保护）中断的电路时，如果电路仍处于短路状态，FET 保护将再次切断电路，累积计数器值将增加。如果电路过载故障频繁发生，模块将关闭输出，直到维修完成。

应用案例 4：在现代汽车智能照明系统的应用中，通过内后视镜上的摄像头可以发现道路上的其他车辆。如果发现前方有车辆或迎面而来的车辆，系统将通过前照灯的远光进行部分阻挡，并阻挡周围其他车辆上的灯光，除被阻挡部分外，远光灯的强度不会受到影响。如果发现前方同时有车辆和会车车辆时，这两个区域的灯光将被遮挡。可变配光功能有三种配光调整模式："城市模式""乡村模式""高速公路模式"。"城市模式"具有较宽的灯光分布，适合城市交通条件。当以更高的速度行驶时，系统会自动切换到"乡村模式"，与标准近光灯相比，增加道路左侧的亮度和照明范围。从 110km/h 开始，光束范围自动增加并调整为"高速公路模式"。

应用案例 5：特斯拉的全自动驾驶（FSD）主要用于其公司的 L2 级别汽车产品，是一种典型的基于视觉传感器的技术。通过 FSD 芯片强大的学习能力，它可以实现在通过十字路口时自动避开行人。为了逐步提高驾驶能力，通过 FSD 可以使用车辆上传感器捕获的数据创建数据库，通过捕获车道线、车道、交通状况、障碍物、交通标志等，结合里程表和其他类似传感器捕获的车辆运行数据，将捕获的数据集传输至培训服务器，以创建培训数据集，用于训练机器熟悉模型，以形成高精度的机器学习结果。在该技术的组成中，每台 FSD计算机包含 8 个视觉传感器、12 个超声波传感器和雷达。每个 FSD 包含两个芯片，每个芯片有两个专门设计用于运行神经网络的加速器。

无论是使用激光雷达还是计算机视觉，目的都是让自动驾驶汽车清楚地看到周围环境。特斯拉的计算机视觉系统（摄像头+数据+神经网络）在性价比和技术实现方面比激光雷达更易于实现。然而，在道路障碍物识别的距离和精度方面，激光雷达是优于视觉识别技术的。自动驾驶的最大前提是安全，在各种条件下应确保感知的稳定性和准确性。激光雷达可以精确测量视场中物体轮廓边缘与车辆之间的相对距离，这些信息形成点云并绘制精度为厘米的三维环境地图，从而能更好地提高道路障碍物测量的精度。

2.2.3　视觉传感器标定

计算机视觉的基本任务是从相机获取的图像信息中计算出物体在三维空间中的几何信息，并对物体进行重构和识别，而空间物体表面某一点的三维几何位置与其在图像中的对应点的相互关系是由相机成像的几何模型决定的，这些几何模型参数就是相机参数。在大多数情况下，这些参数必须通过实验和计算得到。无论是在图像测量还是机器视觉应用中，相机参数的标定都是一个非常关键的环节，标定结果的准确性和算法的稳定性直接影响到相机工作结果的准确性。

注意：前部摄像头安装在风窗玻璃的上方，固定座有安装前部摄像控制盒的卡槽，使用工具可以直接从玻璃上方便地取出。当系统被激活后，车载蓄电池的电压应不低于12V，否则将出现该系统工作不正常。

相机标定的目的是寻找相机的内外参数和畸变参数。同时，由于每个镜头的畸变程度不同，可以通过相机标定来校正镜头的畸变，生成校正后的图像，从而根据得到的图像重建三维场景。

相机标定过程分为三个步骤。一是将世界坐标系转换为相机坐标系，包括相机外部参数R、t（以确定世界坐标系如何旋转和转换；二是将相机坐标系转换为图像坐标系，即将三维点转换为二维点，包括相机内部参数K（确定如何继续通过相机镜头，通过针孔成像并转换为像素点）等参数；最后，由于相机的内外原因，生成的图像往往失真。为了避免由数据源引起的错误，需要确定失真参数D，以便确定在理论计算下降位置时像素没有下降的原因。

相机标定方法有传统相机标定方法、主动视觉相机标定方法、相机自标定方法、张正友平面标定方法，其中，张正友平面标定方法是一种介于传统标定方法和自标定方法之间的方法。它不仅避免了传统方法设备要求高、操作繁琐等缺点，而且比自标定方法具有更高的精度。因此，张正友标定方法在计算机视觉中得到了广泛的应用。

（1）基于ROS系统的前部相机标定方法：

1）打开车辆电源，确保相机正常工作，单击屏幕界面光标，按Ctrl+Alt+t打开终端，在命令行输入［rosls-ros-motional-camera-calibration］，确保系统安装了相机校准程序包，即ros-motional-camera-calibration，程序可显示文件。

2）校准板规格为0号纸板（841mm×1189mm）9行7列，如图2-24所示，将校准板直接固定在相机前面。

图2-24　相机校准板

3）运行命令［roslaunch robot_vision usb_cam. launch］启动相机。

4）运行命令［rosrun camera_calibration cameracalibrator. py--size 8x6--square 0. 0245 image：=/usb_camera/image_raw camera：=/usb_cam］开始校准过程（在该命令中：size表示黑白网格交叉数；square表示黑白网格边长，单位为米），启动后界面如图2-25所示。

5）开始校准。将校准板放在相机正前方的视野中，如图2-26所示，移动校准板并沿不同方向旋转，使校准板出现在视野的左、右、上和下。校准板既有倾斜的也有水平的。最好确保所有进度条（X，Y，Size，Skew）都是绿色满格的。

图 2-25　相机标定界面

图 2-26　标定方位

6）如图 2-27 所示，观察屏幕界面。当"校准"按钮亮起时，单击"保存"按钮保存。需要等 1~2min。结果将显示在命令行窗口中。

图 2-27 中：

image_width、image_height 代表图片的长宽。

camera_name 为相机名。

camera_matrix 规定了相机的内部参数矩阵。

distortion_model 指定了畸变模型。

distortion_coefficients 指定畸变模型的系数。

rectification_matrix 为矫正矩阵，一般为单位矩阵。

```
1   image_width: 640
2   image_height: 480
3   camera_name: head_camera
4   camera_matrix:
5     rows: 3
6     cols: 3
7     data: [644.9871208555877, 0, 331.7351157700301, 0, 647.3085714349502, 248.5058450461932, 0, 0, 1]
8   distortion_model: plumb_bob
9   distortion_coefficients:
10    rows: 1
11    cols: 5
12    data: [0.2483720478627449, -0.4360360704160953, -0.008073532467450732, -0.0004951782308249399, 0]
13  rectification_matrix:
14    rows: 3
15    cols: 3
16    data: [1, 0, 0, 0, 1, 0, 0, 0, 1]
17  projection_matrix:
18    rows: 3
19    cols: 4
20    data: [669.4783935546875, 0, 331.064954159061, 0, 0, 669.2264404296875, 245.2322330954958, 0, 0, 0, 1, 0]
```

图 2-27　标定所得文件格式

projection_matrix 为外部世界坐标到像平面的投影矩阵。

（2）基于 360°环视摄像头的标定方法

校准前调整摄像头角度并固定摄像头，摄像头的高度不应小于 50cm。如果小于 50cm，对摄像头的角度、平场、匀光等条件都会有更高的要求。为了使角度调整准确，可以打开校准操作界面，参照屏幕上的绿线网格调整摄像头角度，放大查看单通道图像。在调整摄像头角度之前，尽量避免放置校准布。用于校准的棋盘格布由 30cm 左右四边的黑白方格、前后八条线和 5cm 宽的内外边组成。注意，标定的场地要求地面平整，光线均匀。

如图 2-28 所示，调整前后摄像头时，注意：①地面不能下沉；②左右两侧要平；③中间角度要直。

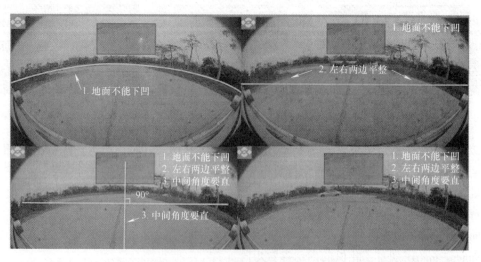

图 2-28　调整前后摄像头（一）

如图 2-29 所示，调整左右摄像头时，注意：①车身与视频中心点要有一定距离；②车身应与侧线平行；③车身前后应能看到远处。

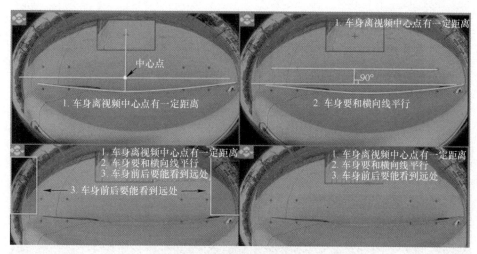

图 2-29 调整前后摄像头 (二)

1) 铺好棋盘格。如图 2-30 所示,将摄像头安装在校准区域的中心,停车,将棋盘对半打开并对折,然后抬起一侧盖住车顶,将其平放在地面上,并将棋盘弄平。网格的间隙是对称的。也可以先把棋盘放在平地上,然后把车开上去,这样一个人就可以操作了。应该注意的是,汽车最好开进去,以避免车轮在棋盘上转动和反复滚动,导致棋盘有褶皱或破损;同样的道理,把棋盘收起来,直接开出去,不要转向或反复碾压。

图 2-30 铺好棋盘格

2) 确定车后的定位点。后定位点位于棋盘网格第一行附近的白色网格中,并与左右第一行相交。

3) 进入校准菜单。如图 2-31 所示,启动主机,进入校准菜单或从系统设置菜单进入校准设置菜单,单击"开始"按钮进入校准操作界面,可以看到前、后、左、右摄像头的原始图像,界面上有校准操作菜单,选择菜单进行操作并查看每个通道的状态。

4) 确定车前定位点。如图 2-32 所示,在标定操作界面中,首先仔细检查后视图像,视频中的两个后定位点应清晰可见,排底与车身之间的距离应小于一格 (30cm),若不可见,需要将车辆向前移动,如果大于一个正方形,则需要将车辆向后移动;前面的定位点放置在白色网格上,在该网格中,棋盘格前面可以显示的第一行与左右第一行交叉,因为车辆的长度不同,视频中的前定位点可以是图片前面的第一行,也可以是第二行,最接近车身的线的底部与车身之间的距离小于一个网格;视频图片中的前边缘与整个棋盘格的底边的距离应大致相等。

图 2-31　校准菜单

图 2-32　确定车前定位点

在定位点的定位过程中，车长是指车身的长度加上前后摄像头盲点占用的空间数。例如：一辆车长 4m、盲区各 20cm，则全长 4.4m。15 格定位点（每格 30cm），4.8m 长的车，前后盲区各 25cm、全长 5.3m，选择 18 格定位点，如图 2-33 所示。

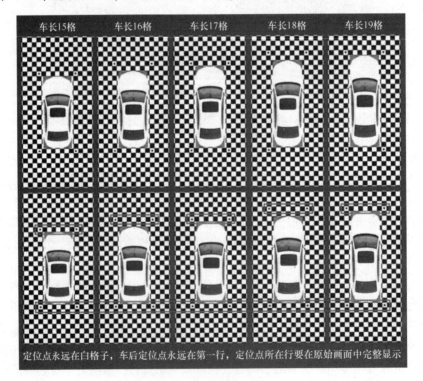

图 2-33　不同车辆的定位点

5）操作标定菜单。如图 2-34 所示，调整车辆和棋盘的定位点后，观察四通道图像。棋盘的显示区域应没有明显的反射或模糊，棋盘上也没有大的异物，单击"校准"按钮进入自动校准模式。校准顺序为左、右、前、后，每次通过通道都被半透明的绿色覆盖，如果不通过，则被半透明的红色覆盖。当红色叠加频道出现时，可以单击"校准"按钮重复操作，每次校准过程只需几秒钟。

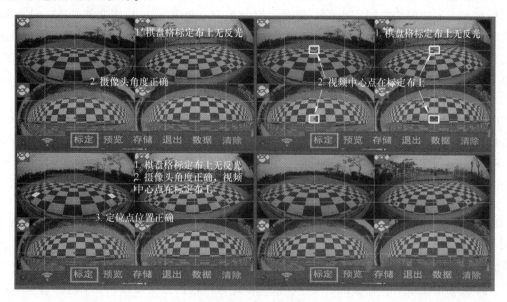

图 2-34 车辆的标定

在标定过程中，可以在标定显示屏上观察图像，以帮助安装和调整摄像头，使之更容易通过标定，或者如果发现标定失败，可以根据观察点判断如何进行调整，以获得良好的标定效果。

6）预览校准效果。四个屏幕被半透明的绿色覆盖，表示校准完成。在存储校准结果之前，可以单击"预览"按钮查看效果。如果校准结果令人满意，则可以存储校准数据。存储过程大约需要 2s，然后退出校准菜单；如果预览结果中有明显错误，可以返回校准界面，重复步骤 5）甚至步骤 4）。直到标定完成，最后，收起棋盘校准布。

常见校准问题处理如下：

1）前后摄像头安装问题。前后摄像头离地高度过低，前后摄像头光轴接近水平，前后摄像头不对称，会导致标定失败。注意检查前后摄像头，高度应不小于 50cm；调整前后摄像头的角度，使视频中心的红点在棋盘中间，确保棋盘离车身较远的地方清晰可见；左右摄像头车身前后角度是平衡的，中心点在棋盘的范围内。

2）环境光问题。棋盘格上的一些区域反射严重，或者棋盘格区域的光与影之间存在较大差异，这使得图像难以识别，校准无法通过。检查反射光源是否被遮挡，如果校准点光线不理想，建议更换校准点。

3）图像不清楚。摄像头系统不正确，镜头有水或灰尘，摄像头聚焦不好，可能造成视频图像不清晰，黑白网格边缘模糊，或无法区分远处的黑白网格，找不到定位点。如果标定不能通过，应确认四个摄像头的格式相同；擦拭每个镜头；如果靠在车上左右摄像头的定位点不清晰，则返回标定设置菜单，输入车长，车长是实际的车身长度和盲区占用的棋盘数量，即两个定位点之间的棋盘数量；如果前后摄像头两角棋盘不清晰，应降低摄像头角度，摄像头视频中心点向车身靠近；更换不清晰的摄像头。

以上介绍了几种常见的视觉传感器校准方法，也有些厂家推出了不同的操作方法，例如某 SUV 使用的前置摄像头模块（FFCM），其校准的方法在操作上虽然不同，但也应用了前面的标定原理。在 ADAS 中，自适应巡航控制系统是一种驾驶员辅助系统，该项功能是通过 ACC 模块和 FFCM 模块共同实现的，集合了巡航控制功能和前车距离监测功能，使车辆保持设定车速和车距，同时无需踩制动踏板和加速踏板。当 FFCM 被拆装或更换风窗玻璃时，可能会改变其安装角度，从而导致其监测的初始角度出现偏差，此时必须进行校准，才能正常使用。需要注意的是，FFCM 和 FFCM 支架不可调节或维修，如果失效或损坏则必须更换。当车道偏离预警系统出现故障时，也需进行校准。

FFCM 为独立的单目摄像头，其安装在风窗玻璃内侧的中央位置，在车辆行驶过程中，其可实时捕捉和处理道路视频图像，从而实现自动远光控制、正面碰撞警告和车道偏离警告等功能。FFCM 具有数据融合的物体探测功能，其可以为 ACC 模块提供所需的物体、车道和环境情况等信息，以满足 ACC 模块的冗余检查，并检验探测到的信息是否精准，从而实现 ACC+功能。同时，正面碰撞警告功能也是通过 FFCM 与 ACC 模块之间的数据融合监测实现的。

使用 wiTECH 校准的目的是对于 FFCM 视频传感器的监测程序和角度进行校准。但是，该 SUV 的 FFCM 校正需要执行外出驾驶校准，建议由两位技师共同完成校准。在执行驾驶校准时，需要将 wiTECH 设备联网到路由器或者无线热点。FFCM 视频传感器自动校准是否成功，取决于轮胎压力、底盘悬架高度和前风窗是否被遮挡。所以在驾驶前应当确认车轮胎压正常、一致，车内没有其他可能增加车辆重量的物品，确认风窗玻璃干净明亮，前摄像头不阻挡视线。

行驶测试与校准对于道路有较高的要求，如道路必须笔直、道路两侧必须有清晰的车道标记以及道路不得有岔路口，车道上不得有网格线或文字标记。对路面的要求也比较高，例如，不得是不统一的柏油碎石路面或混凝土路面，不能有阴影。此外还有天气要好，光照好等要求，并要求车辆的行驶速度必须保持在 40~120km/h 之间。

非驾驶技师需要时刻检查车辆的驾驶状态，确认 FFCM 校正进度百分比从 0% 开始增加，以提示驾驶员。假如百分比未增加，应当重新检查车辆和行驶的道路情况，并让车辆处于必须遵守的条件内。当"FFCM 校正"的条件满足后，其进度百分比显示应持续增加。按照进度百分比的提示，完成校准后，必须试车验证 FFCM 功能与 ACC 功能是否正常。

在执行 FFCM 诊断与校准时应当注意如下事项：

1）如果出现 FFCM 或者 ACC 功能无法使用时，须同时重点考虑这两个系统是否工作正常。

2）需要特别注意的是，FFCM 与 ACC 模块之间通过专用 CAN 网络进行通信，从而实现 ACC 和 FCM 功能。专用 CAN 网络与传统 CAN 网络的诊断方法一致，这里不做赘述。

2.3　听觉传感器在无人驾驶汽车中的应用

2.3.1　声音感知

对声音的感知和处理是实现自动驾驶不可或缺的一部分。自动驾驶汽车技术的核心是智能行为决策，实现智能决策的前提是车辆行驶时对周围环境的感知，目前，大多数智能网联汽车获得环境感知的途径是通过雷达、GPS、计算机视觉等技术。听觉感知也是智能网联汽车智能行为决策的重要基础，听觉感知信息可以补充视觉感知信息，特别是在黑夜、隧道等视觉感知效果不理想的情况下，通过两种信息的融合，可以更准确地感知车辆行驶周围的环境信息。听觉感知可以分析所听到的声音信息，相当于人耳的作用。智能行为决策可以基于人的声音判断所表达的信息，做出正确的决策。

基于传声器阵列的声源定位利用安装在车身上的传声器阵列，获得较高声源质量的声音信号，并结合声源与阵列结构的关系，得到目标车辆（无人驾驶汽车）的位置。声音传感器包含对声音敏感的电容式驻极体传声器，声波使传声器中的驻极体薄膜振动，导致电容发生变化，从而产生与变化相应的微小电压。然后将该电压转换为 0~5V 的电压，在 A/D 转换后由采集器接收并传输到计算机，它能显示声音的振动图像，但不能测量噪声的强度。目前，基于传声器阵列声源定位技术的方法主要有两种：基于波束形成的定位算法和基于时延差分的定位算法。在波束形成定位算法的基础上，假设目标信号源在局部空间具有明显的能量优势，主要由控制传声器阵列的波束形成器对局部空间进行扫描。波束形成器的功能类似于空间滤波器，通过从特定方向增强每个传声器的输出，同时降低噪声信号并抑制其他方向的干扰信号源，找到估计目标信号源方向的最高能量值。利用两个传声器阵列，通过它们估计的信号源方向，可以确定声源位置。

在真实的汽车驾驶环境中，有很多声音传递着重要的信息，这就要求智能汽车能够感知甚至做出反应。这些声音中的信息通常不能通过视觉获得，需要依靠智能网联汽车的听觉系统。

智能网联汽车通过设置在车上的传感器，采集单个完整的短时连续声音信号，如喇叭声、周围人群的喊叫声等，得到相应的事件，从而对不同的事件做出智能行为决策，达到人类听觉和感知的目的。声学事件检测的关键内容是声学特征提取、分类模型选择和训练。车辆周围最重要的声音信号是警报器信号，当消防车在无人驾驶汽车周围时，无人驾驶汽车应能识别汽笛信号并做出正确判断，例如，是否变道、减速等一系列决策动作。

根据智能网联汽车位置区域，听觉传感器可分为三类：

1）单域听觉感知，即"听"到车内的声音，主要是根据感觉到的异常声音判断发动机等车内部件的工作情况。

2）局部听觉感知，通过识别车身周围一定范围内的相关声音并做出反应。

3）广域听觉感知，即在电磁波中感知音频，获取最新的道路信息等。

单域听觉感知和局部听觉感知一般通过传声器阵列采集车身内部和外部环境的声音信息，而广域听觉感知主要通过车载收音机、手机等平台获取无线通信系统携带的音频、网络终端信息。

听觉感知系统主要涉及三大关键技术：声源定位技术、音频识别技术和软件无线电技术。声源定位是一种接收声场信息，利用电子设备确定目标声源位置的被动声探测技术，主要目的是计算信号源相对于传声器阵列的方向和距离。目前常用的声源定位技术按其定位原理可分为三类：

1）基于最大输出功率的可控波束形成技术，关键在于接收信号的滤波和加权和，并控制阵列波束指向与最大输出功率对应的方向。

2）基于高分辨率谱估计的定位技术，通过求解接收信号与阵列的相关矩阵来确定信号源的方向和位置。

3）基于声到达时差的定位技术，主要是利用声源信号对每个传声器阵列单元的时差估计来实现测向和测距。

2.3.2 音频识别

音频识别技术是对输入的音频信号进行识别和理解，并将其转换成相应的文本或命令。传统的音频识别一般分为训练和识别两个阶段：首先对采集到的音频信号进行预处理和提取，然后通过训练生成一个输入模板库，并利用模式匹配等方法对待测信号与识别时的模板进行比较，库中的参考模板最终采用最佳匹配作为识别结果。

人机交互在自动驾驶汽车中的应用是多方面的，在驾驶过程中，可以通过语音命令对智能网联汽车进行加速、减速、停车等操作；可以通过语音命令播放自己喜爱的音乐；在停车场可以通过语音信息发送位置，汽车将按照指示到达目标位置。

自然环境下的语音感知包括语音识别和语音合成。语音识别的目的是使用自动算法（深度学习）将语音转换成文本并理解文本的内容。

在汽车的驾驶环境中，音频信息非常复杂，智能驾驶只需要关注与驾驶活动相关的信息，有用的音频信息包括语音和汽车警报器。语音识别主要涉及语言识别、人说话识别、语音关键字识别等。汽笛声识别的目的是通过不同的基频模式，区分消防车、救护车、警车等特种车辆，以提供自动变道与自动车辆道路避让。

语音识别主要有四个过程：语音输入、信号处理、解码和文本输出。在这些过程中，解码是最重要的核心部分。解码器由两个模型组成：声学模型和语言模型。声学模型是语音图谱与文本之间的对应关系，它是语言学和声学的矢量表示。语言模型是根据人类语言的特点和声学模型的结果来匹配语义对应关系的，它是一组知识序列的表达式。

所谓语音识别，实际上是利用声学模型将语音的声学特征划分为音素或词语等最小单位，然后利用语言模型将词语翻译成一个完整的句子的过程。语音识别的过程与系统架构如图 2-35 所示，包括特征提取、模型匹配、语言处理三个部分。

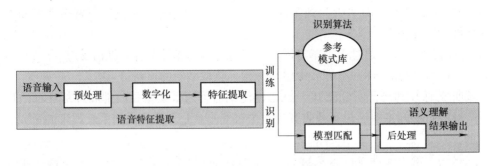

图 2-35　语音识别的过程与系统架构

语音识别模型通常由语言模型和声学模型组成，对应于两个概率，即一个识别单元对一个单词的概率和一个语音对一个识别单元的概率。其中，语言模型表示识别单元与语言之间的概率关系，声学模型表示声学单元与识别单元之间的关系。目前，流行的语音识别技术普遍采用基于隐马尔可夫模型的方法来建立声学系统模型。声学系统模型首先需要训练大量的语音数据，形成数学模型。在实际应用中，不同的环境、地区、用户群体、使用习惯等因素直接影响语音识别的准确性。因此，在制作语音系统时，需要专门针对特定的使用场景和用户群进行训练，这样可以大大提高系统识别的准确性。

在车辆的语音识别技术中，软件无线电是一种利用软件对硬件平台进行操作和控制的数字通信方法，软件无线电平台通常由宽带/多波段天线、宽带 A/D 或 D/A 转换器、数字信号处理（DSP）处理器和实时操作系统组成。该技术的基本思想是使宽带模数转换器和数模转换器更接近射频天线，建立一个开放的、可编程的模块化通用硬件平台。通过在平台上安装不同的软件模块来实现无线电台的各种功能，如语音的信道分离、语音通信频段选择、语音信息收发、调制解调方式选择、不同安全结构和网络协议的实现等。

随着智能网联汽车技术的发展，"语音助理"逐渐成为人机交互的重要方式，在未来的自主驾驶中，语音交互技术有了更高的地位。比如小鹏 P7 的辅助驾驶具有高速 NGP 功能，其语音系统具有全场景语音功能。大部分汽车语音助理只是将文本转换成语音，"基调"是平和不变的，但"新小 P"会转换成快乐的、温柔的、深情的、抒情的、严肃的、不满的、愤怒的、害怕的、悲伤的等 14 种强烈情绪的语音，可以实现情绪转换、语速变化、回旋和挫折等，这些将增强语音助手的拟人属性，更加拟人化，有情绪、有情感的语音系统从人机情感交流的角度大大提升了用户体验。

应用案例：以福特探险者 SUV 为例，声控停车辅助系统由停车辅助模块（PAM）、车身控制模块、前部停车辅助传感器、车载音响系统扬声器、后部停车辅助传感器等元件组成，能够实现后方停车辅助、前方停车辅助、主动泊车三个功能。声音控制停车辅助系统工作原理如图 2-36 所示。

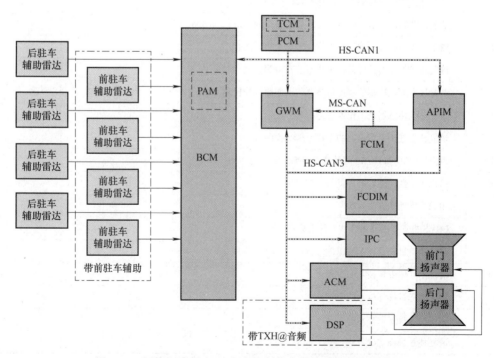

图 2-36　福特探险者 SUV 声音控制停车辅助系统工作原理图

对于后驻车辅助功能，当车辆变速杆置于 R 位并缓慢倒车时，后驻车辅助传感器监测车辆后部范围内的障碍物与车辆后保险杠之间的距离，并使用音响系统的后扬声器更改语音频率提示驾驶员。可通过仪表模块（IPC）的设置功能关闭或打开系统。后传感器可检测汽车后保险杠后 1.8m 范围内的障碍物。倒车时，当车辆缓慢接近障碍物时，扬声器的提示音频会相应增加。当后障碍物距离汽车后保险杠 30cm 时，扬声器会发出连续的声音。

对于前驻车辅助功能，该功能可在除 N 位和 P 位之外的所有档位工作。当车速低于 12km/h 时，前传感器可检测车辆前保险杠前方 70cm 范围内的障碍物，并通过音响系统前扬声器发出警告声。当障碍物与汽车之间的距离达到 30cm 时，扬声器将发出持续的"嘟嘟"声。影响驻车辅助系统正常工作的因素包括传感器安装或调整不当、传感器脏污或结冰、大雨或大雪。

对于主动驻车功能，其使用角度信号、车轮转速和方向、主动驻车传感器的输入信号、驻车辅助传感器的输入信号、变速器的档位信号，计算车辆位置和离开停车位的距离。语音控制驻车辅助系统使用输入信号控制转向系统，以帮助控制车辆停在选定的停车位。

思 考 题

本项目的学习目标你已经达成了吗？请通过思考以下问题的答案进行结果检验。

序 号	问 题	自检结果
1	请复述车速传感器的工作原理与检测方法。	
2	请复述曲轴位置传感器的工作原理与检测方法。	
3	请复述节气门位置传感器的工作原理与检测方法。	
4	请复述车身高度传感器的工作原理与检测方法。	
5	请复述进气压力传感器的工作原理与检测方法。	
6	请复述发动机冷却液温度传感器的工作原理与检测方法。	
7	请复述氧传感器的工作原理与检测方法。	
8	请复述空气流量传感器的工作原理与检测方法。	
9	请说出 CCD 和 COMS 两种视觉传感器的区别。	
10	请说出惯性传感器的种类与工作原理。	
11	图像去噪处理方法有哪些？	
12	COMS 视觉传感器由哪些部件组成？	
13	请说出单目视觉技术的原理。	
14	请说出立体视觉技术的原理。	
15	请说出三目视觉技术的原理。	
16	请说出环视视觉技术的原理。	
17	请复述相机标定的方法。	

第3章 雷达传感器在无人驾驶汽车的应用

学习目标

1. 能够说出超声波雷达的类型与工作原理。
2. 能够说出毫米波雷达的类型与工作原理。
3. 能够掌握毫米波雷达的标定方法。
4. 能够说出激光雷达的类型与工作原理。
5. 能够掌握激光雷达的标定方法。

雷达主要是通过接收目标反射的回波，获得目标的距离、方位、距离变化率等信息。由于其主动探测环境的探测方式，雷达感知比视觉感知受外界环境的影响小。雷达一般由发射机、发射天线、接收机、接收天线、显示器、处理部件以及电源设备、数据记录设备、抗干扰设备等辅助设备组成，根据电磁波段的不同，雷达可分为三类：超声波雷达、毫米波雷达和激光雷达。

3.1 超声波雷达

超声波指频率在 20kHz 以上的机械波，具有穿透性较强、衰减小、反射能力强等特点。超声波雷达是利用传感器中的超声波发生器产生超声波，然后接收探头接收障碍物反射的超声波，并根据超声波反射接收到的时差计算到障碍物的距离。超声波测距器件一般由发射器、接收器和信号处理装置三部分组成。工作时，超声波发射器不断发出一系列连续的脉冲，并给测量逻辑电路提供一个短脉冲。最后由信号处理装置对接收的信号依据时间差进行处理，自动计算出车与障碍物之间的距离。在驾驶员倒车时，能从数码显示器上了解汽车尾部与障碍物之间的距离。

超声波雷达常用的工作频率有 40kHz、48kHz、58kHz 三种。当超声波雷达工作时，可以通过声音或更直观的显示来通知驾驶员周围的障碍物，避免了驾驶员在停车、倒车和起动车辆时的左视、右视、后视，帮助驾驶员消除盲点和模糊视觉缺陷，提高驾驶安全性。目前，该传感器在许多 ADAS 或 L1 级、L2 级和 L2.5 级汽车中使用，广泛应用于倒车、自动泊车、盲点检测等功能。

汽车超声波雷达主要分为两类：超声波泊车辅助（UPA）和自动泊车辅助（APA）。UPA 是一种短程超声波，探测范围为 25cm~2.5m，由于探测距离大，多普勒效应和温度干扰小，探测精度高。APA 是一种远程超声波雷达，主要用于车身侧面，探测范围为 35cm~

5m，可覆盖一个停车位，其强指向性与探测波的传播性能优于UPA，且不易受到其他APA和UPA的干扰。当然，探测距离越远，探测误差也越大。

UPA通常安装在汽车的前后保险杠上，用来测量汽车的前后障碍物。由于近程超声波雷达的生产成本低于远程超声波雷达，现代汽车多采用UPA型超声波雷达。APA安装在汽车侧面，用于测量侧面障碍物的距离。APA的探测距离优势使得它不仅可以探测左右两侧的障碍物，还可以根据超声波雷达返回的数据判断是否存在停车位。随着智能汽车环境感知的性能要求越来越高，基于APA技术的远程超声雷达具有更多的应用优势。

基于传感器的汽车测距工作原理如图3-1所示，其结构由信号输入部分、自动控制部分和信号输出部分组成。

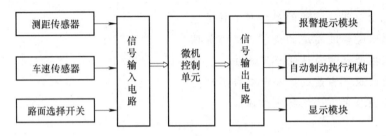

图3-1　基于超声波传感器的汽车测距原理

超声波雷达的结构如图3-2所示。压电超声发生器是超声波雷达中最常用的，其工作原理是利用压电晶体的共振特性。探头内部有两个压电晶片和一个共振板。当脉冲信号等于压电晶片的振荡频率并作用于其两极时，压电晶片将产生共振，并驱动谐振器板振动，从而产生超声波。如果两个电极之间没有电压，当共振板接收到超声波时，压电晶片振动，机械能转换成电信号，此时成为超声波接收器。超声波雷达利用压电效应原理将电能和超声波进行转换，即当超声波传播时，电能转换成超声

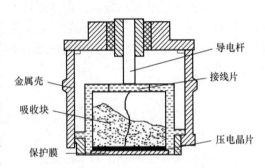

图3-2　超声波雷达探头的内部结构

波，一旦接收到超声波，振动就转换成电信号。

车载测距系统分别具有发射和接收两种功能，通过发射端将超声波向对象物发送，通过接收端接收这种反射波，来检测对象物的有无，以及通过从超声波发射到接收所需的时间和声速的关系，来计算雷达和对象物之间的距离。按照安装方式分类，超声波雷达可以分为直射式和反射式，反射式又可以分为发射头、接收头分体和收发一体两种形式。

超声波雷达的优点是信号收发速度快、外界干扰小、在具体安装过程中操作简单、应用成本低廉，通常在车辆上可以安装更多的超声波雷达传感器。例如，如图3-3所示，在超声波雷达的配置上，车后盲区面积相对较大，如果传感器数量较少，则无法覆盖某些盲点。传感器的发射角度为15°时，距离4m处的最大射程仅为1.06m。如果使用两个超声波雷达，虽然测量范围有所增大，但盲区仍然很大，有些区域仍然无法探测。理想的做法是，超声波雷达增加到4个，它们间隔相等，可以看出此时盲区已经很小了。也就是说，总共需要12个超声波雷达（前4个，后4个，车身两侧各为2个）。

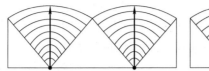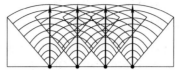

图3-3 超声波雷达数量配置与探测范围覆盖图

超声波雷达的主要性能指标包括：

① 工作频率。指压电晶片的共振频率。当两端的交流电压频率等于晶片的谐振频率时，雷达波的传输能量输出最大，灵敏度也最高。

② 工作温度。超声波雷达的工作温度取决于应用条件。超声波雷达功率低，工作温度相对较低，能长时间工作无故障。有些应用条件会产生大量热量，需要单独冷却。

③ 敏感度。超声波雷达的灵敏度与硅片的制造方式有关，机电耦合系数越大，灵敏度越高。

3.2 毫米波雷达

3.2.1 车载毫米波雷达种类

在智能驾驶感知过程中，毫米波雷达和超声波雷达的主要功能是测距和测速。毫米波雷达作为 ADAS 或自动驾驶车辆空间感知系统的重要组成部分，可以向宿主车辆提供目标车辆的距离、方位角和相对速度等多种高精度的道路空间信息。这些信息对于车辆主动控制车速，避开其他车辆，甚至实施应急安全措施具有重要意义。毫米波雷达目前广泛应用于盲点检测、自适应巡航、前后碰撞报警等技术中。世界各国车载毫米波雷达的频带主要集中在 23~24GHz、60~61GHz、76~79GHz 三个频段。我国将 76~77GHz 频段分配给车载测距雷达。2012 年，工信部发布《工业和信息化部关于发布 24GHz 频段短距离车载雷达设备使用频率的通知》，将 24.25~26.65GHz 频段用于近距离车载雷达业务。各国毫米波雷达频段分布不一致，使得产品系统的供应链不完善，限制了车载毫米波雷达的发展和应用。24GHz 和 77GHz 毫米波雷达的性能比较见表 3-1。

表 3-1 24GHz 和 77GHz 毫米波雷达的性能比较

频率	24GHz	77GHz
应用场景	短距离，中距离	中距离，长距离（200m 以上）
特点	探测距离短，探测角度（FOV）大，在中短距离有明显优势	探测距离长，角度小，天线是 24GHz 的三分之一，雷达本体可缩小，识别精度更高且穿透能力更强
最大适配速度	150km/h 以下	250km/h
频段应用	24GHz 频段与其他无线电设备共享，因而必须限制发射功率	独占频段

毫米波雷达利用电磁波探测目标，由于发射功率和探测距离、天线排列和探测角度的限制，雷达很难同时具有大角度和远距离性能。因此，根据探测需求的不同，毫米波雷达可分为三种类型：远程雷达（LRR）、中程雷达（MRR）和短程雷达（SSR）。前视雷达使用

LRR 支持自适应巡航功能，在高速行驶时，驾驶员必须看到足够远的距离，以确保车辆有足够的减速时间和制动距离，但 LRR 光束集中限制了其视角。MRR 主要支持变道辅助等功能，它可以预先检测出目标车道的路面，并确定其他车辆的位置和速度，车载计算机可以通过计算动作策略来计算换道时机、切入角和速度。SSR 与许多车辆的超声波雷达功能有一定的重叠，主要支持车身环视、自动停车和障碍物检测功能。SRR 探测范围大，能准确定位车身周围行人或障碍物的位置。

无人驾驶技术包括环境信息和车内信息的采集和处理，并且城市道路更加复杂，需要更多的环境传感技术。高速行驶时，主要采用长距离 77GHz 毫米波雷达结合相机图像处理，实现前向防撞报警、车道偏离报警和减速制动。77GHz 频段频率较高，带宽高达 800MHz，性能优于 24GHz 频段雷达，主要安装于车辆的前部，以检测车辆前方的距离和速度，实现自动跟车、紧急制动等主动安全功能，如图 3-4 所示。盲区主要采用 24GHz 毫米波雷达实现变道辅助报警和修正指令操作，可以安装在车尾、车头和侧面。

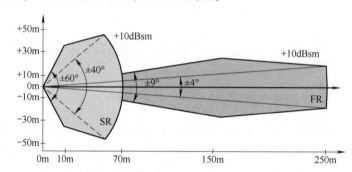

图 3-4 77GHz 毫米波雷达频段的频率

原理上 77GHz 毫米波雷达和 24GHz 毫米波雷达基本相似。对于连续波（FMCW）雷达系统，主要包括收发天线、射频前端、调制信号、信号处理模块等，毫米波雷达通过对接收信号和发射信号的相关处理来实现探测目标的距离、方位角和相对速度。24GHz 雷达系统主要实现短程探测，77GHz 系统主要实现远程探测。77GHz 毫米波雷达的频带比 24GHz 毫米波雷达的法定频带宽，物理波长短，分辨率可提高 3 倍以上，雷达体积可缩小。目前，24GHz 毫米波雷达只能识别 50cm 以上的目标，而 77GHz 毫米波雷达可以识别 20cm 以上的目标，更容易识别 50cm 以下的行人。但是 77GHz 毫米波雷达波束带宽小，在短距离内，覆盖范围不如 24GHz 雷达广，数量需要增加。

79GHz 的前视毫米波雷达系统主要在日本使用，探测距离超过 200m。它的作用是在驾驶过程中自动调整车速，以保持与前车的适当距离。79GHz 毫米波雷达频带的最大特点是带宽比 77GHz 毫米波雷达高出 3 倍以上，在没有相控阵的情况下，79GHz 毫米波雷达具有很高的分辨率，可以大大提高道路上各种障碍物的分辨和检测能力，而无需携带强大的相控阵天线。但 79GHz 毫米波雷达也是一种电磁波雷达，当频率越来越高时，在雨雪条件下传感器的性能将不可避免地衰减。例如，对于行人行为检测，在没有下雨的情况下，雷达可以看到 50m，下雨时，只能看到 40m。

为满足国内行业对 79GHz 毫米波雷达的使用需求，我国在 2021 年 11 月发布了《关于印发汽车雷达无线电管理暂行规定的通知》，规划了 76~79GHz 频段用于汽车雷达，并明确指出，有关于汽车雷达的使用要求，在76~79GHz频段内设置、使用汽车雷达，无需申请取得无线电台执照，但应当遵守国家道路交通安全、市场监督管理等行政管理部门有关汽车性能、安全驾驶、产品质量等法律法规和国家标准的要求，并符合国家有关电磁环境辐射限值的规定。

有关于毫米波雷达的使用要求，在我国的汽车雷达无线电管理暂行规定中有明确的规定：

1）选择符合国家安全技术要求的汽车雷达，若使用非法加改装的汽车雷达则自行承担相关法律责任。

2）在使用过程中，应按照汽车雷达使用说明，避免不当操作。

3）当遇到干扰情况时，应以驾驶员的个人判断为主，做出正确的选择。

4）杜绝使用不符合规定的汽车雷达产品，防止不规范操作而产生无线电干扰。

在无人驾驶汽车的传感器应用中，固态激光雷达、毫米波雷达和相机传感器通常需要分成三个独立的域，每个域都有一个单独的域控制器。同一类型的多个传感器或雷达连接到域控制器，多个收发机通过级联技术串联，在一定方向上增加收发机天线数。域控制器的同步使得该方向的雷达具有更大的视场和探测能力，其数据接口直接连接到融合控制器，而不经过域控制器的分支，这种以控制融合单元为核心的拓扑结构可以扩展多域控制器。该单元对不同类型雷达或传感器采集到的空间数据进行融合计算，最终建立三维空间地图，实现安全预警、变道、自动停车等ADAS功能。

3.2.2 车载毫米波雷达工作原理

根据毫米波雷达对电磁波辐射方式的不同，将毫米波雷达分为脉冲系统和连续波系统。脉冲毫米波雷达主要用于近程目标信息的测量，但当目标距离较近时，脉冲收发时间较短，需要高速信号处理设备对信号进行回波处理。车载毫米波雷达最常用的系统是线性调频连续波（FMCW）系统，如图3-5所示，连续波雷达利用连续变化的调制信号来控制连续变化的发射波信号的产生，根据采集到的频差、相位差等信息，对发射的连续波进行频率调制来测量目标信息。但是三角FMCW要测量发射信号和接收信号之间的频率差，这就需要在雷达收发器中加入一个混频器，将收发信号进行混频得到频率差（也可称为IF中频信号）。

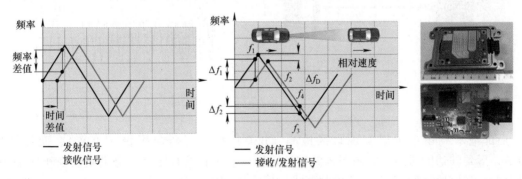

图 3-5　毫米波雷达线性调频连续波

连续波雷达分为恒频连续波、频移键控连续波、调频连续波。恒频连续波可以检测目标速度，但不能检测距离。频移键控连续波虽然检测时间短、精度高，但不能同时测量多个目标。调频连续波能同时测量多个目标的距离和速度信息，并能连续跟踪和检测目标，该系统灵敏度高，误报率低，体积小，重量轻，适合在汽车上组装。

车载毫米波雷达主要采用合成孔径雷达技术与阵列天线成像技术，能够准确地描述目标在实际场景中的位置。当汽车高速行驶时，发射信号的窄波束宽度会引起多普勒频移的差异，导致图像失真。使用合成孔径雷达技术目前是一种较好的解决方案。但合成孔径雷达只能在正面或斜视的情况下工作，如果将其用于车辆前视成像，图像会出现左右模糊的问题，解决雷达前视成像问题的有效方法是阵列天线成像技术。

技术案例：博世公司生产的第四代远程雷达传感器（LRR4）是一种单基地六固定天线多模雷达，四个中央天线可以探测车辆在更高速度下的周围环境。传感器通过形成一个开口度为±6°的聚焦光束模式，在相邻车道交通干扰最小的情况下提供出色的远程检测。在近距离内，LRR4 的两个外天线可以在 5m 处将视野扩大到±20°，从而快速检测出进出车道的车辆。

毫米波雷达的安装位置分为前后安装两种方式。

前端雷达可实现前方碰撞预警（FCW）、行人碰撞预警（PCW）等驾驶辅助预警功能。结合汽车电子控制功能，可实现自适应巡航（ACC）、自动紧急制动（AEB）、行人保护（PP）等驾驶辅助功能。前端雷达可分为远程雷达和近程雷达。远程雷达的测距原理如图 3-6 所示，探测距离可达 250m，适用的最大巡航速度可达 250km/h。由于探测角度较小（12°~40°），远程雷达往往难以满足复杂路况的要求。为了扩大探测角度，有时会在雾灯位置安装两个远程雷达。前中近程雷达探测距离 160m，适用于巡航速度小于 150km/h，探测角度为 12°~84°，一般安装在前保险杠中部。

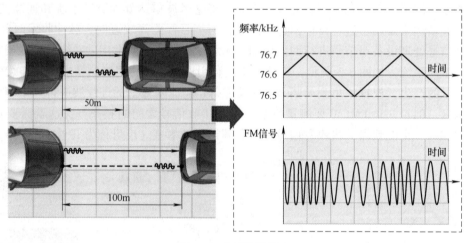

图 3-6　车距测量原理

后部毫米波雷达可以实现盲区检测（BSD）和追尾碰撞报警（RCW）、变道辅助（LCA）等驾驶辅助功能。后部毫米波雷达采用中、近程两种雷达，分别安装在车辆的左、右尾部，以满足车辆侧面盲角的检测要求。后中近程雷达的探测角度约为 150°，探测距离约为 80m，远大于超声波雷达的探测距离，可实现追尾报警驾驶辅助功能。但是，目前毫米波雷达的探测主要是水平方向的，在垂直方向上，为了减少地面回波和空中干扰（如高架桥和路标的干扰），天线基本上是窄波束设计，即毫米波雷达探测区域是一个平坦的扇形探测区域。对于底盘较高的车辆，可能会出现检测不到的情况。

车载毫米波雷达的主要功能是检测前方目标的距离和方位角，而目标的成像和识别是未来车载毫米波雷达的发展方向，其技术发展特征有如下几点：

1）通过改变车载毫米波雷达微带阵列发射天线相邻阵元之间的相位差，可以将发射波束组合成小波束角，天线的增益增大了探测距离，提高了微带阵列的传输性能。

2）通过控制波束线的偏角，可以对目标进行三维波束扫描，即三维探测，扩大了雷达的探测范围。

3）通过改变微带阵列接收天线相邻阵元之间的相位差，接收天线可以在相同的偏转角度接收扫描波束的反射信号，实现近距离目标的三维成像，可识别距离目标，对距离目标进行遥感成像。

目前，ADAS 各子系统的开发比较成熟，将从目前的自动驾驶辅助阶段发展到高度自动化阶段，并将具备紧急制动和自动停车等功能，在高度自动化的过程中，ADAS 的各种功能需要多传感器融合才能实现，多传感器融合的方法如图 3-7 所示。

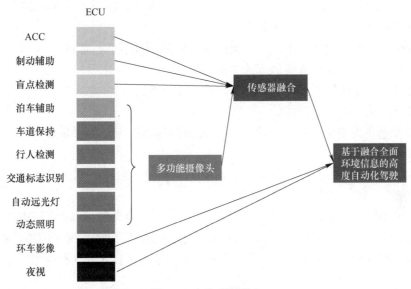

图 3-7　多传感器融合

毫米波雷达传感器不同于红外传感器和微波传感器，在智能网联或车联网的车端，它可以准确地设置传感区域，避免一些误报问题，有效地识别静止物体，减少传感器的盲区识别。但是，在设置算法时，毫米波雷达有时会过滤掉一些静止物体，例如交通标志、突出路表面的地标、低于路面的物体等。如果所有信息都报告的话，将会导致车辆不停地制动。但是如果前方有一个真正的静态障碍物，毫米波雷达算法就有一定的可能性将其过滤掉；由于车辆是在不停地高速移动，在行驶过程中会出现不同的情况，并且会出现雷达扫描问题而引发事故。因此，在车联网或智能交通的应用场景中，如果能够融合安装在路边的毫米波雷达的信息，则可以提高车端的毫米波雷达识别精度。

3.2.3　毫米波雷达校准与标定

雷达安装的准确性是有效控制车距的保证，因此汽车主机厂在出厂前会对装有 ACC 雷达的汽车进行校准。根据各汽车厂的实际情况，ACC 雷达校准一般集成在四轮定位试验台上，或集成在其他驾驶辅助设备的校准设备中（如 360°环视），通常在功能检测线上进行校准。由于雷达本身的特点以及校准设备成本、周期时间和场地要求的限制，校准方法也有所不同，下面以毫米波雷达的主动校准与被动校准为例介绍毫米波雷达标定的方法。

1. 主动校准

毫米波雷达标定原理如图 3-8 所示，主动校准的作用是确定雷达轴和车辆驱动轴的水平和垂直偏差，然后将它们调整到一致或在允许范围内。校准反射器在垂直方向上倾斜三个角度（-2°、0°、2°）。雷达利用反射器作为目标，测量目标的距离和角度，同时测量雷达主波束的信号强度。三个倾斜角度的信号强度用于垂直校准。

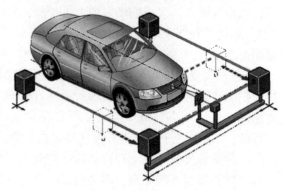

图 3-8　毫米波雷达标定原理

毫米波雷达必须在以下条件下校准：

1）对毫米波雷达进行拆卸、重新安装或更换。

2）安装保险杠时，毫米波雷达的支架或雷达传感器被不小心碰到。

3）前保险杠在追尾碰撞或类似事故中损坏。

4）拆卸并重新安装或更换前保险杠、雷达支架或卡盘。

5）后轴已经重新进行了调整。

6）ACC 控制单元中的"偏移角度"指示传感器超出范围。如果超过 -0.8°~+0.8°，则必须进行校准和调整。

毫米波雷达的电平调整不正确会导致 ACC/前扫描系统故障，在这种情况下，仪表板上将显示以下信息：ACC/前扫描系统不存在。

脏污或天气状况，如大雨、降雪、传感器结冰等，可能导致 ACC/前扫描系统暂时故障或失效。在这种情况下，组合仪表上显示以下信息：ACC/前扫描系统无传感器数据。另外，如果保险杠重新喷漆时金属油漆或金属原子灰施涂过厚，也会导致这种现象，更换新的保险杠即可。

雷达校准还需要考虑雷达阵列法向与机体纵轴的夹角，即雷达的机械安装角。安装传感器时，插头应指向左侧（朝向正 y 轴）。未跟踪目标的输出位置以距离和角度表示，被跟踪目标的输出位置以 x 和 y 坐标表示。在标定前要将雷达安装角度进行校正。在汽车左右两侧放置两个目标，并分开一定的距离，这两个目标的连线与汽车的纵向轴线平行。利用两侧的雷达测量两个目标的距离、角度输出，可以确定汽车纵向轴线与雷达法线方向的夹角，进而得到雷达的真实安装角。理论上只需要一个目标就可以得到该安装角，增加一个目标可以增加标定的准确性。

校准毫米波雷达之前，必须检查传感器、支架和固定元件是否损坏以及它们是否固定牢固。检查传感器插头连接，任何损坏的零件都必须修理。以奥迪车型为例，奥迪校准毫米波雷达之前的车辆检查界面如图 3-9 所示，车辆起动前会自动检查车载 CAN 网络工作是否正常，车载电源电压是否正常（约 12V），必须读取故障记忆并排除现有故障。将诊断仪接入车身的 OBD 接口，在诊断仪上设定预先设置的选项，这些选项包括选定预处理流程、切换会话模式、提升安全等级。

图 3-9 奥迪校准毫米波雷达之前的车辆检查

如图 3-10 所示，将校准仪的固定支架调整至水平状态，确认车辆四轮定位参数调整正确，并检查车辆整备质量。如果车辆尚未进行四轮定位，则需要先对后轮进行偏移补偿。

启动标定程序，按照预先设置好的标定程序进行标定并不断地查询标定结果，当标定成功后，读取标定优化因子并评判标定的效果；当标定不成功时，将会分析标定失败的原因。整个过程由模块自动完成，标定结果在诊断仪上输出显示。

主动校准方法是通过可调位置反射镜实现的，反射镜的位置可以通过手柄改变。在反射镜的三个摆动位置下，雷达主动发送雷达波并接收反射的雷达波。雷达与反射镜之间的距离是恒定的，反射镜的摆角也是恒定的。雷达控制器对这三组雷达波进行分析，计算出雷达轴与车辆轴之间的水平和垂直角度。最后，通过四轮定位仪的显示界面，显示雷达两个调整螺栓的编号和旋转方向。

如图 3-11 所示，将 ACC 反射镜平行中心安装，使 ACC 反射镜安装在距毫米波雷达 120cm±2.5cm 的中心。注意，反射镜锚定点的高度应为毫米波雷达中点的高度。

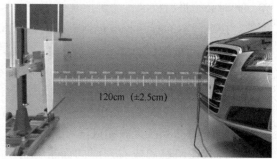

图 3-10 将校准仪的固定支架调整至水平状态 图 3-11 ACC 反射镜与毫米波雷达的距离

将前轮测量传感器安装在校准光束上，并调整反射板，使激光束移动到距离控制单元传感器的中心。左右移动反射镜，将激光束移动到距离控制单元传感器的中心，然后将其放置在校准光束上，并确保反射镜上的水平面是水平的。

拧动微调螺钉，直到四轮定位仪上的显示在公差范围内，必要时进行调整以调平水平。检查反射镜的激光束是否位于自动距离控制单元传感器的中心。如果激光束与传感器中心不一致，则必须重复校准反射镜。

打开目标板中的激光发射器，由于传感器的安装和校准架的长期运行，会出现误差。为了确保激光点位于校准镜的中间，需要手动调整。因此，校准靶板需要有上下左右调节装置。

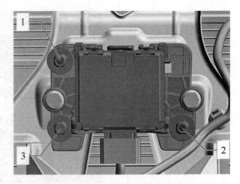

使用四轮定位仪校准和调整：在操作界面中，选择车辆品牌→选择车型→选择车型年份→选择发动机配置→选择地址→距离控制→选择导向功能→ACC校准→根据诊断仪屏幕上的提示操作，直到屏幕显示：毫米波雷达校准成功，可以选择在四轮定位仪上打印报告。如图3-12所示，在校准过程中，毫米波雷达

图 3-12　毫米波雷达的校准

的调整螺钉1和2需要根据定位器的显示进行微调，直到校准成功，其中螺钉3仅用作旋转点且不能调整。最后，根据诊断仪上输出的结果确定是否重新标定，或结束并完成标定。

如果是针对左右两侧雷达，每一侧各需要一大一小角反射镜。通过支架固定在地面上。支架表面也需要用吸波材料包裹，角反射镜在支架上的高度可调且能锁紧，调节范围为0.5~1m；角反射镜在支架上可旋转且能锁紧；支架与地面的相对位置纵向可调，调节范围±0.1m。

基于以上的校准原理，下面介绍某SUV的校准方法。前面的章节中我们已介绍了该车型自适应巡航（ACC）的视觉传感器的校准。ACC模块即毫米波雷达，被安装在前保险杠的位置。通常自适应巡航系统的安全提升离不开毫米波雷达的测距。ACC模块以40°视野发射77GHz的电磁脉冲信号。其信号被所覆盖到的物体散射，从而改变了信号的强度和频率。ACC模块天线接收并解读返回的信号，探测车辆所行驶的路线上存在的物体、物体速度和方向。

当ACC模块被拆装或碰撞时，会改变其安装角度，从而导致其监测的初始角度出现偏差，此时必须进行校准，才能正常使用。如果更换新的ACC模块或有相关故障码时，也必须进行校准。ACC模块校准包括机械垂直校准，以及通过wiTECH诊断仪执行相应程序和电子水平校准。在执行机械垂直校准时，需要使用自适应巡航控制传感器校准专用工具（图3-13），不同车型所使用的专用工具不同，但其原理相同，区别在于外形尺寸等。

ACC模块校准和视觉传感器校准都使用了wiTECH校准设备，目的是水平对准ACC传感器。执行校准需要进行外出驾驶校准，通常由两位技师共同完成。

为防止ACC系统无法完成学习，检查与ACC模块支架有关的车身部件是否完好无损，检查是否有任何松动或有裂缝的面板部件，其可能会妨碍传感器的视野。检查任何影响底盘装载高度的因素，如轮胎气压和悬架变形等，这些因素会影响ACC的监测角度。

车辆必须停放在平面度不超过±2°的平面上，否则会影响调整ACC的角度。拆下ACC饰板，并安装校准专用工具。使用工具调整ACC右上角或左下角的角度调整螺栓，以使校准专

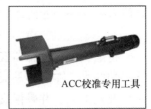

ACC校准专用工具

图 3-13　水平气泡仪

用工具上的气泡水平仪保持在规定的中间位置。调整完成时，先不要拆下专用工具，首先连接 wiTECH 诊断仪，检查调整是否到位，然后再拆下。

待满足下一步校准的条件后，执行如下操作：

1）连接诊断仪，然后选择 ACC 模块，在功能菜单栏里选择"ACC 目标模式"下的"自动校准"选项，单击"继续"。

2）执行目标的自动校准。ACC 传感器自动校准是否成功，取决于气泡水平仪工具校准传感器的精确度。对 ACC 传感器执行整个自动校准流程之后，才能确定是否需要做进一步调整。单击"继续"进入下一步。

在执行下一步操作前，必须使用气泡水平仪工具完成垂直校准程序。ACC 传感器自动校准是否成功取决于气泡水平仪工具校准传感器的精确度。对 ACC 传感器执行整个自动校准流程之后才能确定是否需要做进一步调整。如果传感器未校准，可能需要多次运行校准程序。为获得最佳结果，应使用气泡水平仪工具尽可能准确地校准 ACC，然后启动自动校准程序。继续前应当确认 USB 线缆已连接 wiPOD 和计算机，因为该程序要求车辆起动。更正并清除所有需要调整的 DTC（ACC 传感器除外），然后再继续进行 ACC 目标模式-自动校准。点火开关必须处于"运行"位置。

3）诊断仪会显示"是否使用气泡水平仪工具完成垂直校准"，根据窗口提示，选择"YES"，并单击"继续"。

4）根据窗口内表格里的数据提示，检查是否满足条件，单击"继续"，否则执行气泡水平仪调节。如果失准角度距零度在±2°以内，则在面对传感器时，根据下列数据调整左上角的螺钉，然后再继续，否则请忽略下列数据并继续。

5）做好驾驶准备，并单击"继续"。

6）非驾驶技师需要时刻检查车辆的驾驶状态，确认是否满足所有"ACC 目标模式-自动校准"条件，从而提示驾驶技师，否则完成进度百分比不会增加。

7）当"ACC 目标模式-自动校准"内的数据满足条件后，所有数值均显示"OK"状态，并且进度显示"88%"。按照进度百分比的提示，完成校准后，必须试车验证 ACC 功能正常。

经过以上的校准，ACC 系统应正常，但是自动巡航系统不一定可以正常工作，还需要进行 FFCM 模块的校准，具体请参考前面的内容。

2. 被动校准

被动校准是通过光学测量确定校准镜轴与驱动轴的偏差，然后读取校准镜与雷达轴的偏差角，并调整水平和垂直校准螺栓，使雷达轴与驱动轴重合或在允许范围内，要求在雷达传感器表面安装一面反射镜，反射镜的尺寸约为 $1cm^2$。要求反射镜轴线与雷达传感器轴线基本重合。镜轴与雷达传感器轴之间的偏差需要事先写入雷达传感器，并在诊断时读取。在校准过程中，外部光源会照射到雷达传感器的反射镜上，由车载前摄像头记录反射镜反射的光斑，并由计算机和相应的算法计算其偏差，实际位置将与最初校准的标准位置进行比较。操作员将在虚拟光成像指导下调整传感器以纠正错误，从传感器读取并记录校正值。

车辆通过毫米波雷达和视觉融合检测障碍物时，需要标定雷达坐标系与相机坐标系、相机坐标系与车辆坐标系、相机坐标系与图像坐标系之间的相对坐标值。毫米波雷达的安装位置校准包括传感器位置（参考点）相对于车辆轴的水平和垂直位置的描述，如图 3-14 所示。

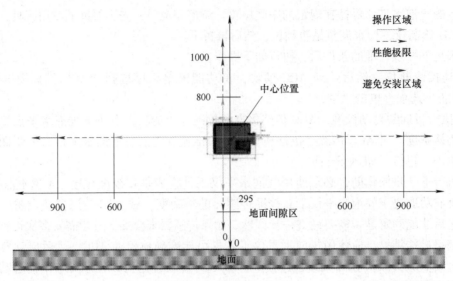

图 3-14　毫米波雷达参考系

基于车辆轴线（LatPos）的水平偏差限值：距车辆中心 600～900mm。

与路面的垂直偏差限值：路面高度 800～1000mm。

毫米波雷达的坐标系如图 3-15 所示。毫米波雷达安装角的校准，必须在两个方向上手动调整方位角（水平方向）和仰角（垂直方向）。

角度误差包括传感器和机械夹具在传感器基准面和传感器测量方向之间的公差引起的静态偏差，以及负载和安装架变化引起的动态偏差。在调整过程中，用方尺保证水平和垂直方向的误差不超过±2°。

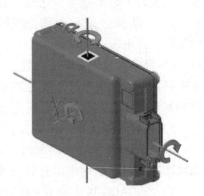

图 3-15　毫米波雷达坐标系

接通车辆电源，打开毫米波雷达人机交互界面软件，读取毫米波雷达软件的距离数据，并将数据填入软件校准输入框中进行正确配置。移动车辆检查毫米波雷达探测到的障碍物信息，并能在人机交互界面左侧正确显示障碍物的距离和大小。

测量毫米波雷达与障碍物的距离、大小与人机界面显示的值是否一致。如果相差较大，则重复校准以校准毫米波雷达的安装位置和角度误差。

基于 ROS 操作系统的毫米波雷达人机交互界面软件的操作方法如下：

1）按［Ctrl+Alt+t］打开终端。

2）在此终端上输入［sudo chmod+777/dev/ttyUSB＊］，按 Enter 键，赋予毫米波雷达通信接口可读写的执行权限，完成数据传输。

3）然后输入［cd optimus_autodriver］并按 Enter 键，进入毫米波雷达工作区（可以首先输入 ls 命令查看路径下的文件夹和文件名）。

4）再次输入［cd script］，按 Enter 键进入毫米波雷达功能包。

5）输入 ls 检查此功能包下的雷达启动文件是否具有可执行权限。如果没有权限，可以在文件上单击鼠标左键，然后单击鼠标右键，选择"属性"，然后单击鼠标左键打开权限设置页面，确认后退出。然后在终端启动毫米波雷达，打开人机交互界面软件。在该界面中，可以完成毫米波雷达警告距离设置、障碍物检测类别显示、障碍物编号显示、障碍物标定等功能。

6）毫米波雷达打开后，需要配置硬件参数。重新打开终端接口，输入［Ctrl+Alt+t］将其打开。

7）类似地，需要在这个终端中输入［cd optimus_autodriver］，然后按 Enter 键进入毫米波雷达工作区（可以先输入 ls 命令来查看路径下的文件夹和文件名）。

8）再次输入［cd script］，按 Enter 键进入毫米波雷达功能包脚本文件夹。

9）然后输入［/conti_radar_start］并按 Enter 键完成毫米波雷达硬件参数的自动配置。

注意：雷达传感器的校准可能受到振动或者碰撞的影响，使系统性能下降。在这种情况下，雷达传感器需要被重新检查，可能需要对传感器进行重新校准。

3.3 激光雷达

3.3.1 车载激光雷达应用类型

车载激光雷达在车辆检测与智能交通信号控制中有很多应用，如路口交通信号灯的智能控制、道路交通流的检测、交通密度和排队长度的分析，还可以向交通信息显示牌输出道路通行信息，从而改善交通堵塞问题、疏导拥堵、提高道路通行能力。

车载激光雷达通过机械式旋转来实现激光扫描，多束激光竖列而排，纵向叠加后呈现出三维立体图形。激光雷达是自动驾驶车辆对外部环境感知最重要的智能传感器之一，常用于物体检测、道路分割和高精度地图构建。激光雷达工作在红外和可见光波段，是一种以激光为工作光束，采用光电探测技术的主动遥感装置。由于激光雷达使用的是红外激光，因此激光雷达不受外部光线的影响，无论白天黑夜、阴天还是晴天，都能正常工作。

车载激光雷达如图 3-16 所示。激光雷达由发射系统、接收系统和信息处理系统组成。它的探测和测距类似于无线电雷达的无线电探测和测距。激光雷达是激光、全球定位系统（GPS）和惯性测量装置（IMU）技术相结合的系统。与普通雷达相比，激光雷达具有分辨率高、隐蔽性好、抗干扰能力强等优点，可以区分真实的行人，并在三维空间中精确进行目标距离的测量，形成高达厘米级精度的三维环境图。

图 3-16　车载激光雷达

车载激光雷达应用的优点是在阴雨天气或雨雪等恶劣天气仍能正常稳定的工作。视频监控的最大弱点是在阴雨天气和夜晚，而激光不受外部光源、阴影和太阳高度角的影响，在夜晚工作可以获得与白天一样稳定的工作性能。激光雷达具有分辨率高、隐蔽性好、抗干扰能力强、定向性好、测量距离长、测量时间短等特点；缺点是技术门槛高、成本高，在雾、雨、雪等恶劣环境下衰减严重，在雾、雨、雪等恶劣天气的影响下，抗天气干扰能力不如毫米波雷达，图像识别能力也不如相机传感器。但是，除了距离和速度之外，激光雷达还可以精确地获得目标的形状和深度等信息。

随着激光雷达性能的提高，相应的激光雷达传感技术也在不断发展。目前常用的主要传感技术如下：

1）障碍物的检测与跟踪，关键在于同时对障碍物进行聚类和不同时刻的障碍物匹配。

2）路面检测，主要是将路面与道路上的其他目标障碍物区分开来，通过检测路面材料和坡度，为智能驾驶车辆的决策和控制提供数据参考。

3）智能网联汽车基于激光雷达的定位导航系统，通过检测路边障碍物的位置来判断道路的方向，实现基于雷达的自主导航。

4）三维重建，利用激光雷达获取的深度信息，可以实现智能网联汽车周围环境的三维场景重建。

激光雷达按行数分为单线激光雷达和多线激光雷达。单线激光雷达主要用于避障，扫描速度快，分辨率高，可靠性高。但是，单线雷达只能在一个平面上扫描，不能测量物体的高度，这有一定的局限性。多线激光雷达主要用于汽车的雷达成像，与单线激光雷达相比，在尺寸改进和场景恢复方面都有质的变化，并且可以识别物体的高度信息。多线激光雷达通常是2.5D，可以是3D，共有4线、8线、16线、32线、64线、128线和300线等几种，激光雷达线数越多，覆盖角越大。2.5D激光雷达与3D激光雷达最大的区别是激光雷达的垂直视场。前者的垂直视场一般不超过10°，而后者可达到30°~40°，所以，这两种激光雷达在车上的安装位置与要求不同。

根据扫描方法，可以分为机械旋转式激光雷达和固态激光雷达。机械旋转式激光雷达技术相对成熟，但机械式旋转激光雷达系统结构非常复杂，每个核心部件的价格也相当昂贵，包括激光器、扫描仪和光学部件。其中，光电探测器、接收芯片、定位导航设备等由于硬件成本高，批量生产难度大，稳定性有待提高。

三维扇形扫描激光雷达又称固态激光雷达，主要用于辅助驾驶，可以与毫米波雷达互补。三维扇形扫描激光雷达实现的驾驶辅助功能与激光雷达的安装位置有关。在车前中心位置安装可实现自适应巡航（ACC）、前方碰撞报警（FCW）、自动紧急制动（AEB）、行人碰撞预警（PCW）、行人保护（PP）等驾驶辅助功能；在左前角和右前角或左后角和右后角安装可实现盲点检测（BSD）和车道变换辅助（LCA）等驾驶辅助功能；在后中心安装可实现追尾碰撞警告（RCW）和其他驾驶辅助功能。

固态激光雷达具有数据采集速度快、分辨率高、对温度和振动适应性强等优点。通过光束控制，检测点（点云）可以任意分布，例如在高速公路上，主要是扫描前方的距离。侧方扫描是稀疏的，但侧方稀疏扫描不能完全忽略，侧方扫描可以在交集处增强。机械激光雷达只能以恒定的速度旋转，不能进行精细的操作。固态激光雷达通常分为三种类型：相控阵固态激光雷达、Flash固态激光雷达和MEMS固态激光雷达。

如图 3-17 所示，典型的应用如奥迪 A8 在保险杠处安装的四线固态激光雷达。在不需要旋转的前提下，可以实现 145°的水平视角和 80m 的探测距离。激光二极管每秒可发射近 10 万个红外脉冲，控制系统根据红外脉冲的反射情况计算出前方物体的详细轮廓。

图 3-17　奥迪 A8 激光雷达

如图 3-18 所示，奥迪 A8 激光雷达的内部结构包括一个带加热功能的前盖和顶盖、一个外壳、一个激光单元、一个透镜单元、一个主控制板和一个主板支架，总尺寸只有手掌大小。具体布置上，主控板紧靠后面的壳体放置，激光装置放在侧面。上部是发光二极管和透镜。下面是更大的接收镜头和内部四线接收激光二极管，激光单元正对着负责旋转和完成扫描的镜模块。后视镜模块由伺服电机驱动，以 750r/min 的速度进行激光扫描。模块间采用大量柔性电路板连接，保证了信号传输的质量和可靠性。车辆周围物体的精确位置数据通过高速总线 Flexray 传输到中央控制单元。

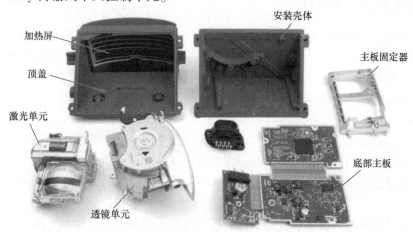

图 3-18　激光雷达内部零部件组成

如图 3-19 所示，激光单元的内部包括激光单元外壳、激光单元反射器、聚光透镜和支架、发射透镜和支架。聚光透镜具有较大的接收尺寸，并且在与发射透镜相同的水平范围内变黑。接收到的激光束被透镜凝聚，经反射镜 90°转换，送到主控板附近的四线接收激光二极管。

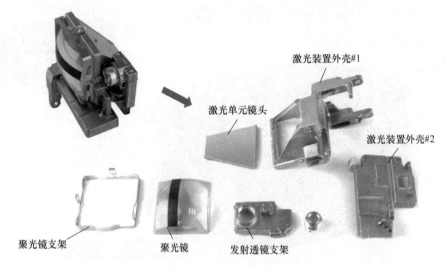

图 3-19 激光单元零部件组成

激光雷达具有测量距离长（200m）、精度高（2cm）、三维点云覆盖信息全面、实时性好、气象影响小等优点。同时，为了提高在各种操作条件下的可用性，法雷奥斯卡拉激光雷达还计划配备类似于前照灯清洗的刮水器清洗系统，以提供光照效果。

固态激光雷达也分为单线激光雷达和多线激光雷达。单线激光雷达扫描一次只能产生一条扫描线，而获得的数据是二维数据，如果想要获得区分目标物体的三维信息，必须是多线固态激光雷达才能实现。如果想要获得车辆的 360°全景环视信息，需要在车身的四周安装多个激光雷达。

3.3.2 激光雷达工作原理

激光雷达的工作原理是将电脉冲转换成光脉冲，然后由光接收机将目标反射的光脉冲还原成电脉冲。通过测量发射脉冲与一个或多个回波脉冲之间的时差，获得距离、目标材料等参数。由于激光雷达在不进行波束合成的情况下具有很小的波束探测角度，并且具有优异的空间相干性和方向性，因此具有极高的垂直和水平角分辨率和测距精度，这是毫米波雷达和超声波雷达等不具备的。

激光雷达采集的三维数据通常称为点云，在深度学习普及之前，主要是用传统的机器学习方法对激光点云进行分类和检测。点云图中最明显的规则是地面上的"环"，根据点云成像原理，当激光雷达平置在地面上时，与地面成负角度的"线"在地面上会形成一圈一圈的环形结构。

激光雷达对道路基础设施和道路目标进行三维激光扫描或三维检测，接收到三维扫描反射激光后，可以获得目标的轮廓和位置信息。机器学习可以实现对车辆环境的感知和识别。激光雷达的距离测量是通过向被测物体发射激光束，接收激光束的反射波，记录时间差来确定被测物体与测试点之间的距离。

激光雷达测量值包含了距离信息和强度信息，所谓的强度信息即是从物体表面反射的强度。强度值取决于物体反射率、到物体表面的距离以及入射角，所以，相同反射率的路标值相对于传感器的不同距离和入射角，将会得到不同的强度值。

如图3-20所示，激光发射器接受工作指令后以预设的时间间隔向被测物发射第一激光光束和第二激光光束，被测物接收多个光束，多个光束中至少包括所述第一激光光束经被测物反射得到的第一回波光束，以及第二激光光束经被测物反射得到的第二回波光束。接收单元对接收到的每个光束进行处理，获得目标光束对应的电压信号，目标光束为符合预设条件的光束，确定每个所述目标光束的飞行时间。飞行时间为获取到该目标光束对应的电压信号的时刻与发射第一激光光束的时刻之间的时间差，根据时间间隔，从确定出的飞行时间中确定第一激光光束对应的飞行时间和/或第二激光光束对应的飞行时间。根据第一激光光束对应的飞行时间和/或第二激光光束对应的飞行时间，确定激光雷达与被测物之间的距离，最后将测量的结果信息反馈给控制单元。

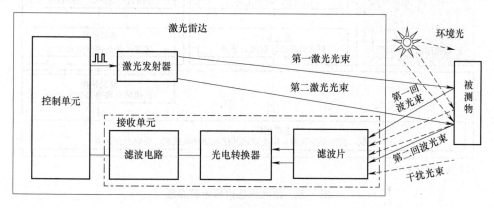

图3-20 激光雷达测距原理

激光雷达的速度测量是对物体运动速度的测量，在一定的时间间隔内对被测物体进行两次激光测距，得到被测物体的运动速度。激光雷达测速方法主要有两种。一种是基于激光测距原理，即在一定的时间间隔内连续测量目标距离，将两个目标距离之差除以时间间隔，即可知道目标速度。速度值和速度方向可以根据距离差的符号来确定。另一种测速方法是利用多普勒频移，多普勒频移是指当目标与激光雷达之间存在相对速度时，接收回波信号的频率与发射信号的频率之间存在频率差，这个频率差就是多普勒频移。

激光三维成像雷达实际上需要获取两个核心信息：目标距离信息和目标角度信息。如果需要确定目标的三维坐姿标准，就需要得到它的距离、方位角和俯仰角信息，然后根据距离、方位角和俯仰角三个信息计算目标的三维坐标点。激光三维成像雷达可以通过直接测距和直接测角技术获得目标的三维点云数据，获得的数据本身就是三维数据，生成目标三维图像不需要大量的计算和处理，激光测距具有很高的精度。因此，激光三维成像雷达是目前获得大范围三维场景图像最有效的传感器，也是获得最高精度三维场景的传感器。

当激光雷达进行数据扫描时，激光发射器发射激光脉冲。当激光束击中接触物体时，产生反射波和散射波，接收器接收返回的激光波。激光接收器记录从发射到接收的飞行时间，并计算它与反射镜之间的距离。激光雷达发射器可以在电机的驱动下旋转360°，形成全景视野。通过改变发射器的安装角度，可以测量不同角度范围内一系列反射点到激光雷达的距离。通过水平旋转和垂直多角度，激光雷达可以获得环境的三维信息。

激光雷达按照测距原理（图 3-21），可以分为 ToF 和 FMCW，其中 ToF 路线是大多数汽车 OEM 厂商采用的主流技术方案。ToF 原理的激光雷达，按照部件来划分，可分为发射模块、接收模块、扫描模块和数字处理模块。发射模块和接收模块统称为收发模块，其功能是通过激光器发射激光，探测器对返回的光进行接收，是一个光电转换＋复杂的信号处理模块，本质是电子部件。扫描模块通过不断改变光的传播方向，实现用有限的收发通道来满足覆盖视场角（FOV）的要求。

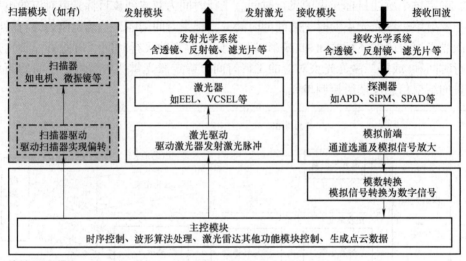

图 3-21　激光雷达内部电控原理

点频是可以全面地反映激光雷达感知能力的指标，点频指的是激光雷达每秒完成探测并获取的探测点的总数目，也叫出点数或每秒点数，类似摄像头的总像素的概念。点频计算的方法为：水平方向和垂直方向的平均点数，分别等于水平方向和垂直方向的视场角，除以对应方向的角分辨率。点频越多，激光雷达对目标物的感知能力越强。当然，如果要得到更多的点频数量，则需要通过增加激光器的总数量来实现激光雷达更高的点频。

由于点云结构具有很强的规律性，许多目标检测算法的做法是先进行地面分割，然后进行聚类，最后对聚类得到的目标进行识别。为了提高算法的速度，许多算法并不直接作用于三维点云数据，而是先将点云数据映射到二维平面，然后再进行处理。随着图像目标检测算法的发展，点云目标检测正逐渐转向深度学习。

点云规整性影响了点云处理算法的适配难度，其性能指标的分值主要由扫描部件决定。在点云规整度上，能够形成横平竖直矩阵效果的扫描方式对算法是最好的，例如机械式、一维转镜。对于二维转镜方案，则一方面需要用多个激光器拼接视场角，边缘处会有变形；另一方面二维运动形成的扫描很难做到绝对平整的矩阵效果，最终对点云规整度造成影响。

以 Velodyne 的 VLP-16 线激光雷达为例。该激光雷达使用电机旋转来收集周围数据，并用于检测 360°范围内的环境信息。16 线激光雷达上下两组各有 8 条扫描线，上下两侧各有一个激光接收器。每条扫描线都有一个固定的俯仰角。VLP-16 线激光雷达探测范围：水平视场 360°、垂直视场 30°；探测距离可达半径 100m；旋转频率可设置为 5Hz、10Hz、20Hz，相应的水平分辨率为 0.1′、0.2′和 0.4′；垂直分辨率为 2°、−15°~+15°。激光雷达探测周围环境时，每秒可探测 30 万个点，并可获得丰富的点云数据信息。激光雷达的水平分辨率与雷达的旋转频率密切相关，激光雷达旋转越快，水平分辨率越高，相邻两个扫描点之间的间隔越大，导致同一辆车在同一位置的扫描点越少。

激光雷达采用极坐标法计算激光雷达的水平分辨率，利用多线激光雷达采集障碍物的三维点云数据，利用长、宽、高特征进行车辆识别。为了节省数据存储空间，提高算法的实时性，首先要对道路边界进行识别。其次，将车载 3D 激光雷达采集的结构化道路环境点云数据投影到二维栅格地图上进行处理。结合雷达点云数据的扫描和分布特点，确定聚类数 P，然后采用改进的 Ikmeans 算法，根据分类数确定聚类点云数据。最后，提取聚类目标的内部特征点，通过计算特征点形成向量的角度或模块的长度来准确识别车辆目标。

自动目标识别（ATR）技术是指从成像的传感器数据中自动检测和识别感兴趣的目标。如图 3-22 所示，自动目标识别技术与传感器密切相关，根据传感器的不同，ATR 技术分为红外成像 ATR 系统、激光成像 ATR 系统、可见光成像 ATR 系统、微波成像 ATR 系统等。目前，基于红外成像和可见光成像的目标自动识别技术相对成熟，基于雷达成像的目标识别技术，如激光雷达成像和合成孔径雷达成像，是当前精确制导技术的主要发展方向之一。ATR 处理一般包括数据采集、数据预处理、目标分割、目标检测、特征提取、分类识别等。

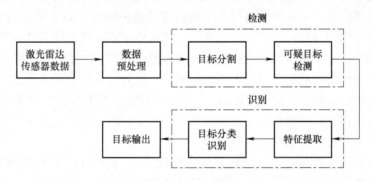

图 3-22   ATR 流程

首先，根据传感器数据的特点对采集到的原始数据进行预处理，常见的预处理操作包括去除异常点和噪声点。然后分割整个场景，目标分割是指将场景中的点分成不同的类别，如地面点、异常点和目标点，目标分割后，从中提取目标点，通过一定的准则对目标点进行检测和筛选，形成可疑目标，对检测到的可疑目标，提取其特征，识别目标分类，最后输出结果。准确地发现目标是识别目标的前提。只有检测到目标后，才能用于后续的目标识别。

车载激光雷达系统主要采用三种技术：激光测距、全球定位系统（GPS）和惯性导航系统（INS）。车载激光雷达通过三种技术，可以高精度定位激光束击中目标的光斑，获得三维空间数据。结合激光的高度、激光扫描角度、GPS 获得的激光位置以及 INS 获得的激光发射方向，可以精确计算出各地面点的 x、y、z 坐标。

车载激光雷达系统在完成激光扫描飞行任务后，可以获得大量具有精确三维坐标的离散点数据。三维激光雷达点云数据包括点的空间三维坐标、回波强度、回波数量以及扫描角度、颜色通道等信息，点云簇的信息丰富程度取决于激光雷达的线束，图 3-23 显示了 16 线激光雷达与 300 线激光雷达采集到的环境信息点云的比较。

图 3-23　16 线激光点云与 300 线激光点云的比较

车载激光雷达的点云数据具有离散性和不连续性。如果点云的密度分布不均匀,采用线性扫描,将呈现"中间密集,两端稀疏"的分布特征。随着激光雷达传感技术的进步,点云数据也呈现出另一个特点,即在同一数据点上存在多个回波信号。早期的激光雷达只能获得一个回波,而今天的激光雷达可以获得四个甚至五个回波,数据量特别大。扫描面积为 $1000m \times 1000m$,假设点云密度为 $10pts/m^2$,则需要 1000 万点。如果每个点只存储三个 4B 浮点坐标信息,则需要 120MB 数据。激光雷达数据具有精确的高程信息和较高的垂直分辨率,但缺乏图像的光谱信息。与其他传感器几十帧的成像速率相比,激光雷达的成像速率不高,而且场景的成像过程相对耗时。此外,激光雷达数据中还存在数据间隙和遮挡。

在车载激光雷达采集的结构化道路环境三维海量点云中,为了消除道路边界两侧障碍物对智能网联汽车感兴趣区域车辆目标识别的影响,首先对结构化道路边界进行识别。基于结构化道路边界三维点云数据中的 z 坐标值,与路面三维点云数据中的 z 坐标值相比,高程有明显的突变。利用局部均值变化点统计算法对这些突变点的 z 坐标值进行标记,并提取相应的点,即结构化道路边界点数据的粗提取。

激光雷达在路面上扫描的点在坐标系原点附近的 x、y 轴方向上基本均匀、紧密分布,且距离较小;在道路边缘上扫描的点是同一层的相邻点,z 轴方向呈增大趋势分布。采用分段双阈值滤波方法,对不同激光层扫描的两相邻道路边界点之间的距离小于某一阈值、两相邻道路边界点的曲率在某一阈值内的候选道路边界点进行滤波。如果满足约束条件,则提取满足约束的点数据,如果不满足则删除。

每个车企的激光雷达,在应用时考虑的因素很多,如激光雷达的角度,承受的温度、振动,激光雷达体积的大小等,激光雷达的体积越小,越方便整车造型的设计。

案例:2021 年 3 月,AEye 实现了能够在雨中、安装在风窗玻璃后面探测 1000m 范围内情况的远程激光雷达传感器。该测试在密歇根州 Ypsilanti 的美国移动出行中心(ACM)进行,测试结果得到了主动安全与自动驾驶技术研究机构 VSI Labs 的验证。该传感器能够安装在风窗玻璃或格栅等第一表面后方进行探测,同时几乎对性能没有什么影响。此种能力对于汽车 OEM 而言非常重要,能够让 OEM 灵活地在汽车设计中安装传感器,同时不会影响车辆美观或改变车辆的空气动力学性能。

此种设计由 AEye 的双基架构实现。与传统的同轴激光雷达系统不同,该架构将发送和接收路径分离,实现了光学隔离,确保任何反射回来的光都不会使传感器"失明"。该架构还能够确保即使在最糟糕的天气条件下，仍可实现最佳性能。AEye 采用的 1550nm 波长，能够更好地穿透遮蔽物，在雨、雪和烟雾中实现优越的探测性能，也进一步提升了其激光雷达的性能。

3.3.3 激光雷达的标定

1. 全站仪的使用方法

全站仪在激光雷达标定过程中的作用是测量物体的坐标，校正激光雷达的安装位置和激光雷达的角度。激光雷达和全站仪都采用极坐标测量，虽然两者的结构组成和力学形式不同，但轴线关系相同。因此，激光雷达测角采用全站仪轴系误差修正模型，可以减小轴系误差对测角的影响，修正测角单元误差和装配误差引起的水平角和垂直角测量的相关性。

全站仪（图 3-24）有角度测量、距离测量、三维坐标测量、导线测量、交点定点测量、放样测量等多种用途。使用全站仪测量水平角、距离、三维坐标的操作方法如下：

（1）水平角测量

1）按测角键，全站仪进入测角模式，对准第一个目标 A。

2）将 A 方向的水平刻度盘读数设置为 0°00′00″。

3）瞄准第二个目标 B。此时显示的水平刻度盘读数是两个方向之间的水平角。

（2）距离测量

瞄准目标棱镜的中心并按下测距键。距离测量开始。距离测量完成后，将显示倾斜距离、水平距离和高度差。全站仪有三种测量方式：精密测量方式、跟踪测量方式和粗测量方式。精密测量方式是最常用的距离测量模式，测量时间约为 2.5s，最小显示单位为 1mm。

（3）坐标测量

1）设置测量点的三维坐标。

2）设置后视点的坐标或将后视方向的水平刻度读数设置为其方位角。全站仪在设置后视点坐标时，会自动计算后视方向的方位角，并将后视方向的水平刻度读数设为其方位角。

图 3-24　全站仪

3）设置棱镜常数。

4）设置大气修正值或空气温度和气压值。

5）测量仪器高度和棱镜高度，并输入全站仪。

6）瞄准目标棱镜，按下坐标测量键，全站仪开始测距，计算显示测量点的三维坐标。

2. 激光雷达测试与标定

激光雷达对前方障碍物进行自动标定的算法原理是：首先对地面点云进行拟合得到地面方程，构造水平度函数，通过粒子群优化算法优化水平度函数完成对激光雷达俯仰角、横滚角和纵向位移的标定，完成上述的工作后，在车辆沿直线行驶过程中采集多帧含有同一标定杆的激光点云，通过聚类得到标定杆聚类中心，最后在二维平面内对多帧同一标定杆的聚类中心进行直线拟合，根据直线斜率计算航向角。

激光雷达的工作过程是通过电机带动两个转轴互相垂直的摆镜高速旋转，如图 3-25 所示，将激光束发射至被测目标，分别根据激光束的飞行时间、两个正交方向的电机转动角度，测量得到被测目标的距离 R 和方位（α，β），从而完成极坐标式的点位测量。

激光雷达的光路折转是通过安装在 X_M 和 Y_M 旋转轴正交电机上的水平摆镜和垂直摆镜来实现的。如图 3-26 所示，激光发出光后，进入水平摆镜（X 摆镜），X 摆镜在一定的角度范围内旋转，使入射到摆镜上的光线以不同的角度照射到垂直摆镜（Y 摆镜）上，Y 摆镜的旋转使光线以不同的角度转向并进入目标。进入光学系统的入射光瞳的光线可以认为是平行出射光经过扫描机构的双向摆镜返回光学系统。

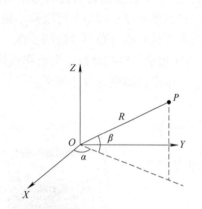

图 3-25　目标点位置极坐标

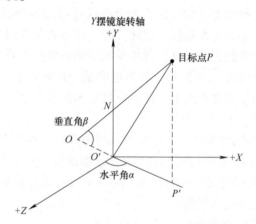

图 3-26　激光经 Y 摆镜反射后发射至目标

在对车载激光雷达进行评测时，需要根据测试指标搭建车载激光雷达测试场景，建立校准场、控制点和检测点，设定标靶，并结合自身的高精度、高置信度测试设备进行激光雷达校准，通过控制点对评价指标的精度进行分析，并将指标精度的对比分析与检测点相结合，最终形成指标参数精度的置信度描述。重要的激光雷达评估参数包括：最大距离是第一次看到采样目标的距离；检测距离为检测到有效目标时的距离；分类距离是能够将车辆和其他物体与其他物体分开的距离；最佳分类距离是能够识别目标形状的最佳距离。

激光雷达与车体刚性连接，两者之间的相对姿态和位移是固定的。为了建立激光雷达之间的相对坐标关系，需要对激光雷达的安装进行校准，并使激光雷达数据从激光雷达坐标统一转换至车体坐标上。通过建立车辆质心坐标系、雷达参考坐标系和车载激光雷达坐标系，将激光雷达数据转换为参考坐标系，然后统一转换为车辆坐标系。激光雷达外部安装参数的校准通常采用等腰直角三角形校准板和方形校准板。

激光雷达的标定，主要包含水平方向的转向角、平移位置，及竖直方向的俯仰角。激光雷达外部参数标定是指求解激光雷达测量坐标系相对于其他传感器测量坐标系的相对变换关系，即旋转平移变换矩阵。利用激光雷达和其他传感器同时测量控制点，求解旋转平移矩阵。使用的校准模型将距离校正与完整模型分开，首先利用目标场完成角度标定，确定其外部参数，然后利用基线场实现距离标定。该方法在一定程度上分离了多个标定参数，减少了距离标定参数和角度标定参数之间的耦合，保证了激光雷达角度和距离标定的精度。

传统的标定方法是：在自动驾驶车辆前设置一块标定板，配合安装在车辆上的激光雷达提取标定板的四个角点，再测量四个角点在车体坐标系的物理坐标，结合由激光需达提取的四个角点计算得到旋转平移矩率。最后对两个激光雷达数据进行坐标转换，拼接激光雷达数据，实现对激光雷达的标定。

下面介绍两种常用的标定方法：传统的手工标定方法和多传感器联合标定方法。

（1）手工标定方法

传统的手工标定一般先建立地面坐标系，然后将同一纸箱多次放置在地面坐标系的不同位置，在地面坐标系和激光雷达坐标系下，在同一纸箱转角处采集多组位置，形成超定方程组，求解两坐标系之间的变换矩阵。这种方法需要人工测量很多物理量，校准效率低，而且车辆纵轴很难与地面坐标系纵轴完全重合，造成额外的测量误差。

三维激光雷达一般安装在智能驾驶车辆的顶部，车身坐标系的原点一般设置在激光雷达垂直于地面投影的点上，使激光雷达坐标系与车身之间产生纵向位移坐标系 A_z；由于实际安装误差或特殊使用要求，激光雷达可能在车辆顶部不水平放置安装，这使得上述两个坐标系在俯仰、侧倾和航向方向上存在角度偏差。

外部参数标定的任务是求解由俯仰角 α、侧倾角 β 和航向角 γ 等不便于直接测量的物理量组成的旋转平移矩阵 R。

激光雷达坐标系 $x'y'z'$ 与车身坐标系 xyz 在空间上的相对位置关系如图3-27所示，α、β、γ 是沿 x、y、z 轴的两个坐标系，分别是方向上的转角偏差，Δz 是两个坐标系沿 z 轴方向的纵向位移。

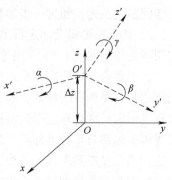

图3-27 激光雷达坐标系与车身坐标系的相对位置

激光雷达坐标系和车身坐标系之间的转换关系为

$$\begin{bmatrix} x \\ y \\ z \\ 1 \end{bmatrix} = R \begin{bmatrix} x' \\ y' \\ z' \\ 1 \end{bmatrix}$$

$$R = \begin{bmatrix} \cos\beta\cos\gamma & \cos\beta\sin\gamma & -\sin\beta & 0 \\ \sin\alpha\sin\beta\cos\gamma - \cos\alpha\sin\gamma & \sin\alpha\sin\beta\sin\gamma + \cos\alpha\cos\gamma & \sin\alpha\cos\beta & 0 \\ \cos\alpha\sin\beta\cos\gamma + \sin\alpha\sin\gamma & \cos\alpha\sin\beta\sin\gamma - \sin\alpha\cos\gamma & \cos\alpha\cos\beta & \Delta z \\ 0 & 0 & 0 & 1 \end{bmatrix}$$

其中 R 是两个坐标系之间的旋转-平移矩阵。可见，求解 α、β、γ 和 Δz 后可得到变换矩阵 R，从而实现激光雷达坐标系到车身坐标系的转换，完成三维激光雷达外部参数的标定。

（2）多传感器联合标定方法

多传感器联合标定需要摄像机、全球定位系统（GPS）、惯性导航等其他传感器的参与，标定算法一般比较复杂，标定精度也受其他传感器测量精度的影响，对标定的要求也比较高。例如，标定环境必须具有良好的灯光和GPS信号。

1）激光雷达、GPS 和 IMU 的联合标定方法。激光雷达、IMU、GPS 是无人驾驶车辆障碍物检测与跟踪、3D 地图构建等领域的重要传感器。INS/GPS 组合导航系统提供车辆姿态信息，回答无人驾驶车辆"在哪里"的问题。两者相辅相成，实现了无人驾驶汽车的全球定位和局部感知。两者结合使用的先决条件是需要校准两个装置的相对姿态。

在车载多传感器集成系统中，激光雷达与 GPS 和 IMU 惯性测量单元需要结合使用。GPS 获取 GPS 天线中心位置的高斯投影坐标，IMU 获取 IMU 自身的姿态信息。为了获得高斯投影下扫描点的坐标，必须将 GPS 中心位置和 IMU 姿态实时传输到激光雷达上，使扫描平面上的坐标点在高斯投影坐标系中随时转换为三维坐标。由于 GPS 天线的中心无法与激光扫描器的中心在一起，IMU 的姿态不能准确地反映激光扫描器的姿态。因此，在传输参数时，必须考虑这些传感器之间的系统误差，即三个平移参数、三个旋转参数和一个尺度转换参数在激光雷达外被精确校准。

三维激光雷达坐标系与 GPS/INS 组合导航系统坐标系之间精确的相对位置和旋转关系很难通过简单的目测和人工测量直接获得。因此，需要通过一种算法来实现两者之间的精确标定。在同步定位和映射应用方面，良好的标定结果为后续的点云配准过程提供了较好的初始位置，可以减少映射配准过程中的计算量，提高映射的精度和效率。在对激光雷达内部参数进行精确标定和 GPS/INS 组合导航系统正常工作的前提下，根据车辆直行时激光雷达点云和 GPS/1NS 组合导航系统的姿态数据，选择位置相似、方向相反的点云形成点云对，同时匹配多对点云，通过多步参数区域迭代生成三维激光雷达外部参数。

2）基于梯形棋盘标定板的激光雷达与摄像机联合标定方法。在多传感器联合标定中，利用视觉传感器（如 CCD 摄像机等）实现激光雷达外部参数的标定是目前广泛使用的一种方法，主要有立体标定和平面模板标定。利用具有约束条件的棋盘或三维目标平差，求解激光雷达相对于相机的位置，姿态的标定精度取决于摄像机相对于标定板的外部参数。利用梯形棋盘标定板联合标定激光雷达和摄像机，可以有效地建立激光雷达坐标系与车身坐标系、摄像机坐标系与车身坐标系、激光雷达坐标系与摄像机坐标系之间的对应关系，实现了激光雷达扫描点投影到图像上的像素级数据融合。

标定时，首先利用激光雷达在梯形标定板上的扫描信息，得到激光雷达装置的俯仰角和安装高度；然后利用梯形标定板上的黑白棋盘对摄像机相对于车身的外部参数进行标定，结合激光雷达数据点与图像像素坐标的对应关系，对两个传感器进行联合标定；最后，根据激光雷达和摄像机的标定结果，对激光雷达数据和摄像机图像进行像素级数据融合。该方法只需将梯形标定板放置在车身前方，采集一次图像和激光雷达数据，即可满足整个标定过程，实现两种传感器的标定。

激光雷达和相机是两种不同类型的传感器，在将激光雷达数据和摄像机图像融合之前，需要对激光雷达和摄像机进行标定，即建立传感器坐标之间的转换关系，实现两者的空间配准。

对于多激光雷达的标定，需要配准两个激光雷达之间的点云，得到两个激光雷达之间的转换关系（分别对激光雷达各自的点云进行拼接，然后再用拼接后的点云进行匹配，得到激光雷达之间的转换关系），从而完成激光雷达到激光雷达的标定。在标定时应先标定主激光雷达，再标定其他激光雷达到主激光雷达之间的坐标转换关系。

3. 激光雷达的拆装步骤和注意事项

（1）激光雷达的拆卸

1）断开车上低压蓄电池负极，切断车上电源，不带电作业。

2）断开激光雷达电源、控制线束等功能部件。

3）使用专用工具将激光雷达从车上拆下并妥善存放。

（2）激光雷达的安装

在安装激光雷达时首先要确定激光雷达的类型与安装位置，固态激光雷达一般安装在前保险杠的位置，可以得到150°的扇面水平扫描视角，旋转型的多线机械激光雷达通常安装在车顶，可以得到360°的水平视角，但会影响汽车的外观。以多线激光雷达为例：

1）激光雷达的型号不同，其性能参数也各异，需要根据激光雷达的实际参数、算法等要求来确定安装角度，例如镭神多线激光雷达的底座与车辆水平线的夹角为−14°。在安装时应确定激光雷达的安装高度和倾角［激光雷达安装仰角180°、偏航角0°（360°）、横滚角0°（360°）］，安装高度以前方障碍物为准，应高度可调，横向安装位置为车辆正中央轴线上（可以测量车辆前轮与后轮的轴距计算出中心点，该中心点的垂直线可以作为与车辆正中央轴线相交安装点的参考）。

2）将激光雷达电源和控制线束连接到其他功能部件上。

3）打开汽车电源并安装激光雷达。

4）安装完成后，应当进行标定，每个厂家使用的激光雷达型号不一，标定的方法与要求也不同，具体请参考厂家提供的车间维修指导手册或相关技术说明，这里不再赘述。

3.3.4 激光雷达在应用中的常见问题

随着激光雷达的逐步普及和应用，在实际使用过程中出现了很多问题，这些问题包括标准的统一、场景应用、使用寿命、性能、售后服务、激光束对环境的安全性、盲区识别等问题。

1）标准统一问题。目前，汽车级激光雷达的制造采用了不同的技术路线，这直接导致了技术参数和应用场景的差异化问题。行业或国家认证标准、检测技术规范、检测工艺规范、检测指标规范、检测工具等规范性标准目前尚不成熟。

2）场景应用问题。激光雷达可以使数据融合更容易、更准确，但它不能独立地覆盖所有应用场景，还需要对摄像头或毫米波雷达采集的环境数据进行异构融合。例如，在雨、雾和雪等恶劣气候环境中，这些场景不仅需要激光雷达，还需要配合摄像头或毫米波雷达数据的融合计算。此外，汽车高速行驶时，激光雷达采集到的环境数据变化不大，激光雷达刷新帧率不高，处理数据的响应时间长，不容易快速感知前方物体。激光雷达的质量优劣也会严重影响探测距离和环境，影响有效识别物体，实验表明，当道路两侧都有集装箱时，激光雷达的作用不大。

3）使用寿命短。在车载应用中，即使质量好的激光雷达也存在使用寿命短的问题。新车刚刚装载的激光雷达在测距能力、精度、角度分辨率等参数方面都非常有效，但由于精度高，路面环境的复杂性远远高于地面环境，从而更快地缩短了激光雷达实际使用的生命周期，使用三个月或半年后，激光雷达的部分性能将下降。

4）使用性能问题。激光雷达电子模块每秒需要发送和接收数百万次光，每次发送和接收光时，必须通过复杂的模拟和数字电路进行处理，将其转换为3D点云信号，转化效率通常小于10%。因此，激光雷达的功耗相对较高，能量利用率相对较低。如果激光雷达需要探测更长的距离，则需要消耗更高的功率，这也直接导致了激光雷达散热的突出问题，尤其是在极低温度、雨雾等天气下，会导致激光雷达表面被雨雾覆盖，被冰雪覆盖，影响了激光信号的正常使用，这就需要对激光雷达进行加热。但是，在高温环境下，如果激光雷达长时间暴露在阳光下，其温度会迅速上升，并容易损坏内部元器件。

5）售后服务问题。目前，无论是乘用车还是商用车，配备的激光雷达的保修期通常在

8000~12000h，尤其是机械式激光雷达，其使用寿命约为两年。如果激光雷达出现故障或质量问题，维修和更换的成本非常高。

6）环境安全问题。在实际交通环境中，随着装载激光雷达的车辆越来越多，激光雷达相互之间产生的串扰会形成噪声点，同时，激光雷达发射的光束也会给人眼带来安全问题。在实际应用中，780~1400 nm 的近红外波长的大部分辐射被传输到视网膜，过度暴露可导致闪光失明或视网膜烧伤和损伤。1400 nm~1 mm 的远红外波长大部分辐射被传输到角膜，过度暴露于这些波长会导致角膜烧伤。在汽车和人之间，1550 nm 波长的激光虽然不能穿透眼球到达视网膜，但也会照射角膜，对角膜会造成一定程度的损伤。随着交通环境智能化程度的提高，激光雷达所造成的危害将更大。

7）补盲问题。对于盲点识别问题，目前常用的做法是利用短距激光雷达实现盲点识别，在实际应用中，短距激光雷达具有较好的盲点识别效果。短距激光雷达通常安装在汽车前部、前后角、左右两侧等处，有效覆盖范围约为 50m，可以获取更多深度信息。与其他传感器相比，短距激光雷达在近距离内具有更好的效果，这不仅弥补了毫米波对金属的不敏感性，还弥补了视觉对光的影响。同时，短距激光雷达的位置一般也会覆盖摄像机的感知范围，可以实现多传感器的融合异构解决方案。

思 考 题

本项目的学习目标你已经达成了吗？请通过思考以下问题的答案进行结果检验。

序　号	问　题	自检结果
1	请说出车载超声波雷达的工作原理。	
2	车载超声波雷达的类型有哪些？各有什么特点？	
3	在超声波雷达的应用中如何解决车后盲区的问题？	
4	24GHz 和 77GHz 毫米波雷达的区别有哪些？	
5	毫米波雷达由哪些部件组成？	
6	请说出毫米波雷达的工作原理。	
7	请详细说明 RD 成像算法的处理过程。	
8	请解释二维波数域算法的工作流程。	
9	前置雷达可实现哪些功能？	
10	后置雷达可实现哪些功能？	
11	请说出毫米波雷达主动校准的方法。	
12	请说出毫米波雷达被动校准的方法。	
13	请说出激光雷达常用的感知技术主要有哪些。	
14	请说出激光雷达的工作原理。	
15	请说出机械旋转式激光雷达和固态激光雷达的区别。	
16	请说出什么是 ATR 技术，ATR 流程有哪些。	
17	请说出激光雷达标定原理与方法。	
18	请说出激光雷达在拆卸与安装时需要注意哪些事项。	

第4章 智能汽车驾驶感知与路径规划

学习目标

1. 能够说出无人驾驶汽车对驾驶环境感知的技术原理。
2. 能够解释无人驾驶汽车信息融合的原理与方法。
3. 能够解释深度学习算法对图像处理的技术原理与方法。
4. 能够说出无人驾驶汽车目标检测的技术原理与方法。
5. 能够说出无人驾驶汽车路径规划的技术原理与方法。
6. 能够说出无人驾驶汽车智能定位与跟踪的方法。

如前文所述，无人驾驶汽车上有许多传感器，包括激光雷达、相机、定位相关传感器，甚至音频传感器。通过外部传感装置，主要为智能无人驾驶汽车提供周围环境、姿态、方位或视觉等空间信息，为动态障碍物检测、地图建立、路径规划等模块提供数据，实现对驾驶环境的感知。

4.1 环境感知与信息融合

1. 环境感知

在无人驾驶汽车技术中，环境感知是指通过相机、激光雷达、毫米波雷达、超声波雷达、陀螺仪和加速度计等传感器感知周围环境信息和车辆状态信息。传感器主要用于收集数据、识别颜色和测量距离。但是，通过传感器获得的数据必须通过感知算法进行处理并转换为数据结果，以实现车辆、道路和人员等信息的交换，从而使车辆能够自动分析车辆是否安全或危险，使车辆能够根据人类的意愿实现智能驾驶，最终取代人类做出决策和实现无人驾驶的目标。例如，激光雷达是获取系统外部环境信息，为智能车辆提供周围环境三维空间信息的重要手段。惯性导航系统输出智能车的当前位置和姿态，为卫星地图与定位提供重要信息。相机是视觉感知系统的重要组成部分，为系统提供了汽车前方的二维视觉信息。

在实际的应用中，超声波雷达主要识别车体的近距离障碍物，在车辆停放过程中应用较多。毫米波雷达可以弥补相机受雨天影响的缺点，可以识别相对较长距离的障碍物，如行人、路障等，但无法识别障碍物的具体形状。激光雷达可以弥补毫米波雷达无法识别障碍物具体形状的缺点。摄像机的主要功能是识别物体的颜色，但会受到雨天的影响。为了融合从不同传感器采集的外部数据，为控制器实施决策提供依据，需要通过多传感器融合算法进行处理，形成全景环境感知画面的识别场景。

无人驾驶汽车采用先进的环境感知系统、计算机控制系统，并具有独立的核心决策系统，包括车上环境信息的采集和处理，以及车外车道线、行人、障碍物、交通标志、车辆位置、车辆状态、驾驶员状态和其他环境感知；基于所收集信息的驾驶决策，包括换道和并线、冲突避免、路径规划、路线导航等；基于生成决策的驾驶控制，包括水平和垂直、垂直和综合控制。无人驾驶汽车融合了多传感器融合算法、通信技术、最优控制技术等多种先进技术，实现了自动驾驶定位、环境感知、预测、规划决策、控制五个完整的闭环。

无人驾驶的四项核心技术是环境感知、精确定位、路径规划和线控执行。基于视觉的环境感知无法满足无人驾驶汽车的自动驾驶要求，无人驾驶汽车所面临的实际路况更加复杂，需要建立大量的数学方程和数据集来处理实时生成的海量数据。

KITTI 数据集是目前世界上较大的自动驾驶场景下计算机视觉算法评估数据集。数据集是一个公共数据集，用于测试交通场景中的算法，如车辆对车辆检测、车辆跟踪和语义分割等，以评估计算机视觉技术的性能，例如立体视觉、光流、视觉里程表、三维物体检测和汽车环境中的三维跟踪。数据集的主要作用是利用安装在汽车上的各种传感器采集的外部场景数据，分析和呈现无人驾驶汽车的实际情况。下面以该数据集为例，介绍视觉图像与三维雷达数据的融合应用。

KITTI 数据集包含从城市、农村和公路场景中收集的真实图像数据，每幅图像可以有多达 15 辆车和 30 名行人，以及不同程度的遮挡和拦截。整个数据集由 389 对立体图像和光流图、39.2km 的视觉测距序列和 3D 物体图像组成，这些图像以 10Hz 的频率进行采样和同步。原始数据集分为道路、城市、住宅、校园和个人等。对于三维目标检测，标签被细分为轿车、货车、行人、自行车、电车和其他。完整的数据集应包括立体数据、光流数据、视觉里程表数据、目标跟踪数据、道路分析数据等。KITTI 目标检测的样本示例如图 4-1 所示。

图 4-1　KITTI 目标检测的样本示例（见彩插）
（蓝色方框表示正确的检测结果，红色方框表示基线法遗漏的结果）

KITTI 数据采集平台包括 2 个灰度相机、2 个彩色相机、1 个三维激光雷达、4 个光学镜头和 1 个 GPS 导航系统。各装置的坐标系和距离信息如图 4-2 所示。KITTI 提供的数据包含

3 个校准文件，不需要人工转换。

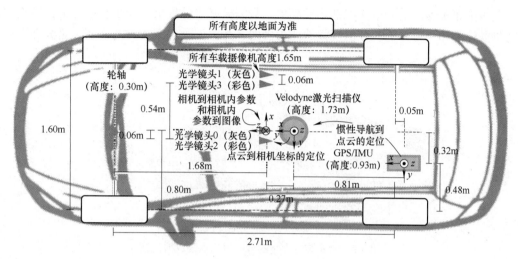

图 4-2　KITTI 数据采集平台

以图 4-2 为例，为了生成双目立体图像，相同类型的摄像机相距 54cm 安装。因为彩色摄像机的分辨率和对比度不够好，所以还使用了两个立体灰度摄像机，它和彩色摄像机相距 6cm 安装。为了方便传感器数据标定，规定坐标系方向如下：

Camera: x = right, y = down, z = forward;

Velodyne: x = forward, y = left, z = up;

GPS/IMU: x = forward, y = left, z = up。

激光数据是激光照射物体表面产生的大量点数据，KITTI 中的点数据为四维数据包括 x、y、z 以及 reflectance 反射强度。Velodyne 3D 激光产生点云数据，以 .bin（二进制）文件保存。可以在官网 KITTI 下载 raw data development kit，其中的 readme 文件详细记录了你想知道的一切，如数据采集装置、不同装置的数据格式、label 等。官方提供的激光数据为 $N×4$ 的浮点数矩阵，raw data development kit 中的 Matlab 文件夹是官方提供的 Matlab 接口，主要是将激光数据与相机数据结合，在图像上投影。最终可以将点云数据保存为 pcd 格式，然后用 pcl 进行相应处理。

雷达点云以二进制形式存储，扩展名为 .bin，每行数据表示一个雷达点（x y z intensity），其中（x, y, z）单位为米，intensity 为回波强度，范围在 0~1.0 之间。回波强度大小与雷达距离物体的远近和物体本身的反射率有关，一般情况下应用不到。激光雷达产生的即时雷达点云数据信息如图 4-3 所示。

图像数据以 .png 格式存储，可以直接查看。以双目视觉左侧图像为例，对雷达点云和图像数据进行融合处理，从三维点云到图像平面的投影变换过程可以从图 4-4 中得到直观的印象：将物理世界中的三维信息投影到一定视角下的二维信息，投影变换以牺牲深度信息为代价。

深度学习的检测和识别是一个整体，很难分割，语义标注是训练数据最明显的特征。绝对无监督的深度学习不存在，在视觉上很难实时识别和检测障碍物。激光雷达云点具有很好的探测和检测障碍物三维轮廓的能力，该算法比深度学习简单得多，且易于实现实时性。激光雷达可以知道障碍物的密度，因此它可以很容易地区分草、树、建筑物、树叶、树干、路灯、混凝土和车辆。这种语义识别非常简单，只需要基于强度谱。但是在视觉上，准确的识别是非常耗时和不可靠的，分析视频的能力极弱，无人驾驶汽车面对的视频不是静态图像。

图 4-3　激光雷达产生的即时雷达点云数据信息

图 4-4　去除地面点云后的障碍物分布（见彩插）
（点阵的颜色表示景深，暖色调表示近距，冷色调表示远距）

视频分析是激光雷达的特点，在以往的视觉方法中，动态特征的描述往往依赖于光流估计、关键点跟踪和动态纹理，如何在深度模型中体现这些信息是一个难点。最直接的方法是将视频视为三维图像，直接应用卷积神经网络，在每一层都有可视化学习的三维滤波器。但这种观点显然没有考虑到时间维度和空间维度之间的差异。另一个简单而有效的方法是通过预处理作为卷积神经网络的输入通道来计算光流场。还有一些深度编码器用于以非线性方式提取动态纹理，而传统方法大多使用线性动态系统建模。

环境感知主要包括路面、静态对象和动态对象三个方面。对于动态目标，不仅要检测，而且要跟踪其轨迹，并根据跟踪结果，预测目标的下一个轨迹。无人驾驶汽车的路径规划是指在行驶环境中发现障碍物时，自动确定路径以避开障碍物，从而安全到达目的地。无人驾驶汽车的路径规划不同于普通的 GPS 导航。为了保证驾驶任务的顺利完成，需要分别确定动态和静态，并做出智能决策。路径规划的质量直接影响行车安全，在无人驾驶汽车导航系统中起着决定性的作用。无人驾驶汽车路径规划的要求是，选择一条能够准确到达目的地，并能有效避开障碍物避免碰撞的路径。

2. 信息融合

多传感器融合的基本原理就像人脑综合处理信息的过程，对各种传感器进行多层次、多空间的信息互补和优化组合处理，最终产生对观测环境的一致性解释。在这一过程中，需要充分利用多源数据进行合理的控制，信息融合的最终目标是在每个传感器获得的分离观测信息的基础上，通过信息的多层次、多方面组合，得到更多有用信息。这不仅利用了多个传感器的协同工作，而且还综合处理来自其他信息源的数据，以提高整个感知系统智能性。

在实际环境感知中，由于不同的传感器存在数据准确性问题，例如，激光雷达报告到前方车辆的距离为5m，毫米波雷达报告到前方车辆的距离为5.5m，摄像头确定到前方车辆的距离为4m。此时需要一套多数据融合算法来解决这个问题。

（1）多传感器信息融合方法分类

根据数据融合的不同层次，多传感器信息融合方法分为三类：低级信息融合、中级信息融合和高级信息融合，分别对应于传统多源信息融合中的数据级信息融合、特征级信息融合和目标级数据融合。

1）低级融合：将来自不同传感器的原始数据合并成新的原始数据，新的原始数据将包含更丰富的信息，这些信息可以用来获得更准确、更全面的判断。

2）中级融合：结合不同传感器提供的目标特征信息，得到一个新的特征图，用于后续的数据处理。

3）高级融合：每个传感器对目标特征做出自己的判断，并有效地结合这些传感器的识别结果。

根据多传感器融合方案，又分为前融合、中融合、后融合三种。

1）前融合。前融合是数据级融合，是指把各种传感器数据采集后，通过数据同步，将这些原始数据进行融合。这种融合方法的优点是可以将这些原始的数据在整体上进行处理，让数据融合早，可使数据更具有关联性。

2）中融合。中融合是特征级融合，是指先将各种传感器的数据通过神经网络模型提取中间有效特征，再对多传感器的有效主要特征进行融合，从而得到更有效的推理。这种融合方法的优点是数据损失少，算力损耗低，可使算法更容易实现，并有利于形成4D空间，更方便端到端优化。目前中融合方案具有很好的应用优势，较典型的应用例如特斯拉的BEV空间转换等。

3）后融合。后融合是目标级融合，是指各种传感器针对目标物体单独进行深度学习模型推理，从而输出带有传感器属性的结果，并在决策层进行融合。这种融合方案的优点是各种传感器都能独立进行目标识别，解耦性较好，各个传感器可以互为冗余备份。

信息融合系统主要包括四个子系统：一是信息源阶段，即原始数据；二是信息处理阶段；三是分析决策阶段；四是融合结论输出阶段。

传感器融合的理论方法包括贝叶斯准则、卡尔曼滤波、D-S证据理论、模糊集理论、人工神经网络等。多传感器融合的常用方法分为两类：随机方法和人工智能方法。人工智能类主要是模糊逻辑推理和人工神经网络方法；随机类方法主要包括贝叶斯滤波、卡尔曼滤波等算法。目前，汽车融合感知主要采用随机类融合算法。其中，卡尔曼滤波算法是利用线性系统状态方程，通过系统的输入输出观测数据，对系统状态进行最优估计，是目前解决大多数问题的最佳算法。软件算法可以将虚拟相机和环境传感器数据融合算法结合起来，获得更精确的数据分析和自主控制决策。图4-5以三个传感器为例说明多传感器融合的过程。

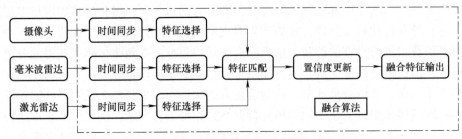

图4-5　传感器融合示意图

从融合层上可将传感器融合分为原始数据级融合、特征数据级融合和目标数据级融合。在单个传感器中，越接近原始数据，干扰信号与真实信号共存的可能性就越大，即融合开始越早，真实信息的保留和干扰信息的去除就越好，但同时也为数据的同步计算和处理算法带来了挑战。智能汽车环境感知信息融合功能框架如图4-6所示。

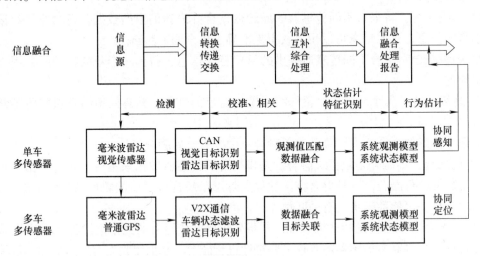

图4-6　智能汽车环境感知信息融合功能框架

多源意味着传感器的种类很多，包括视觉、雷达、V2X等传感器；异构意味着不同传感器的输入数据结构不完全相同，有目标点数据、地图数据、卫星导航坐标等；对于一些相同的数据结构，不同的传感器有不同的分辨率以及时空基准。例如，视觉雷达和毫米波雷达的测量精度是不同的，由于它们的放置位置和工作时钟的不同，它们的时空也不同，基准点不同，这是智能网联汽车环境感知信息融合输入数据的主要特点，如图4-7所示。

（2）环境感知信息融合关键技术

智能网联汽车环境感知信息融合包括单车多传感器信息融合和多车多传感器协同定位两个维度，两者均采用目标级融合信息方法。所涉及的关键技术包括时空参考对准技术、多目标关联技术、参数融合技术、多目标跟踪预测技术和目标分类识别技术。

1）时空参考对准技术：由于不同的传感器安装在不同的位置，时钟参考不同，在目标级融合前需要通过空间旋转变换和时间外推来实现空时参考对准。

2）多目标关联技术：智能网联汽车多传感器环境感知中存在多个相同目标，需要通过时空距离和轨迹关联进行多目标关联，保证后续目标级融合的顺利进行。

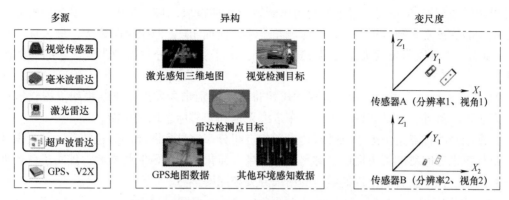

图 4-7　智能网联汽车环境感知信息融合数据特征

3）参数融合技术：对于目标的一个参数，有多个传感器观测，如毫米波雷达和视频传感器可以获得目标的距离，此时，融合最大似然估计等融合方法可以提高目标参数的估计精度。

4）多目标跟踪预测技术：在获得目标点迹后，利用运动方程对目标轨迹进行跟踪预测，得到形成局部环境的交通态势图，以进一步估计车辆行驶区域。

5）目标分类识别技术：通过多传感器目标关联，获得目标的多种特征，从而大大提高目标的识别概率。例如，视频只能被图像识别，但是经过雷达的融合，也可以得到目标的速度信息和 RCS（Rich Communication Suite，融合通信）信息，结合这些信息可以大大提高目标识别率。

（3）融合系统架构

基于目标层信息融合方法，具体的执行过程是相机模块首先完成目标检测，将信息发送到雷达模块，雷达完成最终融合工作。其在车辆控制系统内部的具体硬件框架如图 4-8 所示。

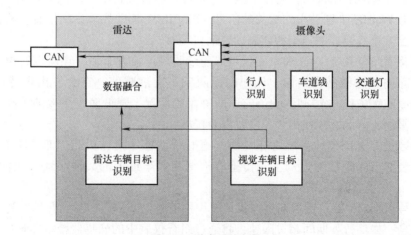

图 4-8　融合系统架构

1）雷达模块。首先，雷达通过自身的信号处理对可能的目标进行分解，得到这些目标的位置和速度信息。在此基础上，根据相机模块提供的目标位置和速度信息，对所有原始目标逐一进行匹配，并进行观测值融合、目标跟踪和维护，并对边界条件进行处理。最后的融合结果被发送到 CAN 总线，用于不同的车辆智能功能模块的应用层开发。现有毫米波雷达和相机产品的技术参数具体为：雷达探测角度小，侧面 10°，但探测距离大，最大探测距离可达 150m；相机探测角度大，两侧 28°。另外，由于受镜头分辨率的限制，它的探测范围较短。

2）视觉模块。在感知过程中，视觉模块将车辆识别结果发送给雷达模块。视觉模块除了可以识别车辆外，还具有行人识别、车道线识别和交通标志识别功能。

数据融合的优点是考虑了三维雷达点云的空间分布信息和图像的颜色信息，它为图像分割、目标识别等问题的解决提供了感兴趣的区域，简化了问题研究的难度，提高了待处理问题的数据量。该维度有利于机器学习的精细分类和深度学习。

（4）应用案例

以日产奇骏 T30 的 "ProPILOT" 超智驾巡航控制系统为例进行介绍。通过 ProPILOT 智控领航系统中的 "转向控制" 启动按键就可以启动超智驾的巡航控制，它可以通过车前一个毫米波雷达、单目摄像头、车辆动态控制（VDC）系统等七大控制系统识别单一车道的车道线并跟随车道线的方向调整方向，并确保车辆始终保持在此车道中央。单车道行驶时，系统可以帮助驾驶员控制加速、制动和转向，从而减轻驾驶员的负担；可以实现全速段范围制动保持功能的智能巡航控制；可以在笔直路段、平缓弯道上的整个车速范围内提供车道保持辅助。转向辅助系统可以检测车道标记线并辅助转向，使车辆保持在车道中心行驶。

该系统被激活后，ProPILOT 可以使用驾驶员预设的速度（30～100km/h 之间）自动控制车辆与前一车辆之间的距离。如果前方汽车停下来，ProPILOT 系统会自动施加制动，以在必要时使汽车完全停下来。完全停止后，即使驾驶员的脚离开制动踏板，车辆也可以保持在原位。准备恢复行驶时，当驾驶员再次触摸开关或轻踩加速踏板时，ProPILOT 将被激活。所有这些功能可以显著减轻驾驶员在高速公路上各种交通状况下的压力。

事件数据记录模块可以记录并收集车辆数据，这些数据包括加速踏板、制动踏板、方向盘和其他控制装置的工作状态，前方车辆、车道标记线和其他项目的检测状态，车速和其他车辆信息，与 ProPILOT 辅助操作有关的信息，ProPILOT 辅助故障诊断信息，前摄像头单元图像信息（当安全气囊或增强型智能制动辅助启动时）。

超视距碰撞预警系统（IFCW）不仅可以连续监控正前方车辆，还可以监控前方的两辆车。如果有前向碰撞的潜在风险，比如前面两辆车突然减速，它会发出声音和视觉警报（车速在 5km/h 及以上），通知驾驶员前面两辆车的情况，降低多车事故的风险。需要注意的是，更换雷达、前保险杠和相关零件时需要校准。

变道盲区预警（BSW）系统可在变换车道时帮助警示驾驶员相邻车道上有其他车辆，系统使用安装在后保险杠附近的雷达传感器检测相邻车道上的其他车辆（激活速度范围：32km/h 以上，更换雷达后需要校准）。

交通信号识别（TSR）通过前摄像头单元识别道路交通信号信息，并警示驾驶员，显示限速标志信息，如果行驶期间超过限速，将通过组合仪表中的蜂鸣器警示驾驶员。

加速踏板误踩纠正系统（EAPM）提供了低速加速控制功能和低速碰撞缓冲制动功能。

低速加速控制功能：当在前进档或倒档下缓慢行驶，且在车辆运动方向可能存在障碍物时，如加速踏板被快速踩下（约大于 1/2），系统将通过蜂鸣器警告驾驶员，同时控制发动机输出，以防止激进的加速。

低速碰撞缓冲制动功能：当车辆在前进档或倒档下缓慢行驶，由于延迟制动，可能导致与车辆运动方向上的障碍物发生碰撞时，系统将通过蜂鸣器和显示器警告驾驶员，同时操作制动器，以避免碰撞或减轻碰撞后果。

以上案例的功能实现是基于毫米波雷达、单目摄像头等信息数据融合而实现的，数据融合处理可以综合不同传感器的优点，是目前最流行的环境感知处理方法，包括目标识别、视觉里程测量等，两者的结合可以起到更好的效果。

4.2 深度学习算法在图像处理中的应用

智能驾驶的应用场景中，相比于简单工况，开放道路复杂环境的驾驶决策需要对复杂信息进行分析建模，并在海量信息的支持下做出最优决策，其控制方法如图 4-9 所示。在智能交通和车辆智能化发展的背景下，汽车可以获取更多的外界信息，以模型预测控制为代表的先进控制方法与以深度学习、强化学习为代表的人工智能新技术得到了广泛应用。

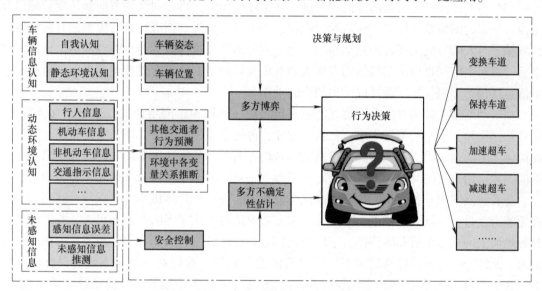

图 4-9 复杂环境下驾驶决策与规划方法

对于外部环境的感知与决策的实现，视觉图像处理技术是智能驾驶汽车的基础，而车道线的检测是其中最重要的部分。首先，利用逆透视变换将相机获取的图像转换为世界坐标，通过一系列预处理过程对噪声进行衰减，突出车道线的边缘信息。然后对图像进行边缘检测，利用 Hough 变换（霍夫变换）识别车道线，并利用识别结果的斜率对识别出的直线进行筛选，最终得到车道线的检测结果。

在智能驾驶的视觉感知中，深度学习主要用于检测和识别车辆、行人、交通标志等交通要素，基于深度学习的图像处理是智能驾驶视觉感知的重要支撑。深度学习的输入可以是原始图像像素，它通过构造具有多个隐含层的机器学习模型，模拟人脑的多层结构。通过逐层提取得到的信息特征比传统图像处理算法构造的特征更具代表性和普适性，大大提高了目标检测和识别的精度。由于深度学习需要大量多样的数据集，对计算平台的性能要求也很高，目前大多只用于离线数据处理。深度学习中图像语义分割的图像如图 4-10 所示。

图 4-10　深度学习中图像语义分割的图像（见彩插）

例如，在自动驾驶中，需要根据自动驾驶汽车上的车载摄像头采集图像，然后通过深度神经网络判断方向盘的旋转角度和方向，至于如何判断经过深度学习训练的模型对方向盘方向和角度的控制是否良好，可以利用图片自动预测的方向盘方向和角度与真人控制的方向盘方向和角度共同控制方向盘的方向和角度。在实际应用中，将方向盘的方向和角度数据以及摄像机拍摄的图像输入模型，然后对卷积神经网络进行训练。训练开始时模型的方向盘旋转预测结果与人的方向盘旋转预测结果不一致，方向的误差被传输到卷积神经网络。训练好网络后，将车上中间摄像头拍摄的图像输入到卷积神经网络，输出需要旋转的方向和角度，输出值直接传给车辆，车辆就可以做出相应的动作。

在自动驾驶中转动方向盘产生左转或右转之后，卷积神经网络让图片进行平移和旋转，也就是让图片上下左右偏转生成一张新的图片，再用卷积神经网络，判断在这张图片下应该如何转动方向盘，因为卷积神经网络判断的转动方向盘的角度让汽车前进，因此又出现一张新的图片，用这张图片进行平移和旋转，再得到一张新的图片，再输入给卷积神经网络。

在智能网联汽车技术中，如何提高汽车的视觉能力，使计算机系统接近甚至达到人类的视觉能力，是一个巨大的挑战。无人驾驶汽车需要随时关注周围的车辆和行人，并能实时检测到地面上的周边车道和线路图，了解交通标志和红绿灯的含义，并对环境因素的影响进行估测。此外，在一些特殊情况下不可能"看清楚"路标。即使在一些根本没有路标的环境下，为了实现完全无人驾驶，目前唯一可行的方法是通过多传感器进行信息融合进行决策，从而达到预期的效果。例如，毫米波雷达适用于短程、高分辨率的目标监测和目标拦截。由于它具有很强的穿透能力，可以在视觉系统中捕捉车道线和红绿灯颜色等信息。但其视觉系统的缺点是测距精度不如激光雷达，激光雷达、毫米波雷达和视觉传感器的融合可以有效地解决分开使用的缺点。在进行目标检测的同时，还可以进行空间测距和图像识别。但是传感器种类繁多，各种采集信息的融合本身就是实现无人驾驶的巨大挑战。

深度学习在计算机视觉领域彻底颠覆了传统的计算机模式识别方法。利用深度神经网络的自学习特性，通过高性能图形处理器（GPU）对大型复杂神经网络模型进行训练，然后移植到嵌入式平台上，实现对图像和视频信息的实时高效处理。由于图像处理的深度学习方法的高效性，无人驾驶汽车可以使用单/双相机初步实现对自动控制的需求，减少了对激光雷达建立三维全景图的依赖性。虽然相机采集的信息精度略低于激光雷达，但完全可以满足日常的非高速无人驾驶的需要，改进的深度学习算法通过融合多个相机的信息模拟人眼生成立体空间图像，便于判断距离，实现更好的自动控制功能。

深度学习算法是一种非常有效的目标识别算法，该方法有效地提高了目标的特征表示能力，大大提高了目标识别的性能。以英伟达为例，技术人员通过 CNN 将相机拍摄的原始图像映射到汽车的方向控制命令。如图 4-11 所示，该系统只需提供少量的训练数据，就可以自动学习驾驶技术，甚至可以在视线不清、没有车道标线的区域工作，比如停车场或者崎岖的山路。利用 GPU 高效的图像处理性能，实现了实时图像处理。

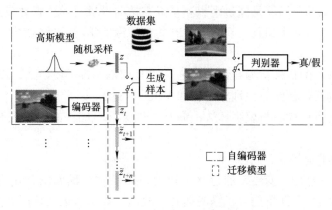

图 4-11　深度学习端到端模型

通常，自动驾驶汽车传感器会产生大量数据，如果一个由 50 辆汽车组成的车队每天行驶 6h，那么每天大约会产生 1.6PB 的传感器数据。如果所有这些数据都存储在 1GB U 盘上，这些 U 盘将能够覆盖 100 多个足球场。使用激光雷达传感器的自动驾驶系统每秒需要处理周围环境中超过 200 万个点。与二维图像数据不同，激光雷达点在三维空间非常稀疏。由于这种类型的数据没有定制的体系结构，这对现代计算硬件来说是一个巨大的挑战。除了使用高清地图，自动驾驶系统还需要使用了一体化深度神经网络（DNN）来处理传感器数据。这种组合使自动驾驶车辆能够快速确定其在空间中的位置，并检测其他道路使用者、交通标志和其他物体。在一辆车上运行一个集成的 DNN 显然比运行多个专用网络效率更高，这为其他功能打开了计算空间。而且由于 DNN 依赖于训练而不是地图来实现在未映射道路上的导航，因此它具有更高的灵活性。随着效率的提高，车辆还可以实时处理更丰富的感知数据。

为了实现自动驾驶，需要结合集成控制系统、新的总线分布和自动驾驶体系结构。通过多感知和决策算法的车内软件，提高了自动驾驶技术的安全性和鲁棒性。利用车联网可以实现车辆之间的信息共享，有效增加传感范围。高精度地图和 GPS 定位可以减少对车辆传感器的需求，从而降低自动驾驶技术的难度。此外，结合深度学习技术，集成高性能车载计算平台可以提高车辆自动驾驶水平。将车内计算平台与深度学习技术相结合，可提升无人驾驶汽车的智能化水平，将人工智能技术的新突破应用于无人驾驶。

随着云计算逐渐成熟和车辆边缘计算能力的显著提升，使得复杂高级算法在实车控制系统的在线实现成为可能。这些技术不仅增强了汽车驾驶决策与规划的能力，也为汽车转向、制动、驱动的新系统以及新功能的开发打下有利基础。

4.2.1　目标识别

视觉识别是计算机视觉的一个重要组成部分，如图像分类、定位和检测。交通领域的目标识别应用场景主要用于车牌号码识别、无人驾驶、交通标志识别等方面。由于客观原因，我们必须识别出交通环境中的各种行人，前向、侧向环境等，传感器的光波发射和反馈有时会受到遮挡、光线、天气等变化的影响，也会使汽车的视觉传感器在识别时产生色差和形状变化。

（1）目标检测与识别算法分类

目标数据库训练的分类器是通过距离测量或支持向量机、随机森林或人工神经网络等机器学习方法对目标进行分类识别。目前，现有的基于深度学习的目标检测与识别算法大致可分为以下三类：

1）基于区域推荐的目标检测与识别算法，如 R-CNN、Fast-R-CNN、Faster-R-CNN。

2）基于回归的目标检测与识别算法，如 YOLO、SSD。

3）基于搜索的目标检测与识别算法，如基于视觉注意的注意网算法和基于强化学习的算法。

（2）目标识别的应用

智能网联汽车在直行、变道、通过交叉口时，需要对车辆周围 360° 范围内的运动物体进行感知和跟踪。它需要获得前方车辆的速度、距离、姿态和运动角度等数据。事实上，车辆的周围环境是以三维的形式存在的，三维原始信息可以直接建立数据库，保证车辆的安全行驶。这需要直接更新三维数据库信息，系统在判断物体位置时，可以直接识别物体是静止物体还是运动物体、车辆还是行人，以及物体在三维空间中的状态。在自动驾驶中，计算机的参考地图必须是三维的，三维地图的定义必须在全球范围内统一，如果地图定义不同，它将无法在其他区域自动驾驶。对此，需要使用 (x, y, z) 点群格式作为矢量输入信息来识别信号灯、交通标志、路灯等的特征点，并添加交通控制、道路拥堵分析、环境道路属性信息等变化预测。

基于雷达的行人识别系统主要由雷达传感器和信号处理单元两部分组成，即雷达原始数据预处理和分类算法相结合。某些具有欺骗性的目标的原始传感器数据无法从统计上与属于另一类别的目标数据区分开来。例如，由于量化误差，慢速移动行人的原始数据与交通标志等小静态目标的原始数据具有几乎相同的特性。机器学习算法的分类决策是不透明的，在处理训练数据集时，学习不同目标特征的显著性，并从传感器数据中提取显著性。这种信息隐藏在算法的深处，很难获得。行人识别算法得益于单帧处理，可以摒弃在原始雷达数据中跟踪目标的做法，以获得更好的分类效果。典型应用如：ATR 是一种利用传感器测量信息，模拟人类认知，在观测场景中检测和识别目标，并利用数据处理方法从传感器中识别和分类目标数据的过程。

目标识别系统的特征提取和分类识别需要大量的学习和训练，但这还不足以覆盖系统实际运行时的所有状态，更重要的是它具有学习能力，使其在使用中能够不断积累和扩展，其识别性能处于动态提高的过程中。当目标出现模糊、遮挡、动态变化或环境条件变化时，系统应能有效地识别目标。对于新场景的应用，识别系统的适应性更为重要。

（3）目标识别步骤

神经网络和深度学习的最新进展极大地促进了视觉识别系统的发展。该算法不直接在代码中指定每个感兴趣的图像类别，而是为计算机的每个图像类别提供许多示例，然后设计一个学习算法来查看这些示例并学习每个类别的视觉外观。也就是说，首先积累一个带有标记图像的训练集，然后将其输入计算机，计算机对数据进行处理。

因此，可以按照以下步骤进行分解。

1）输入是一个由 N 个图像组成的训练集，总共有 K 个类别，每个图像被标记为其中一个类别。

2）使用训练集训练分类器来学习每个类别的外部特征。

3）预测一组新图像的类别标签并评估分类器的性能。

目前流行的图像分类结构是卷积神经网络（CNN），如图 4-12 所示，它将图像送入网络，然后由网络对图像数据进行分类。卷积神经网络从输入"扫描器"开始，输入"扫描器"不会一次解析所有的训练数据。例如，如果输入的图像大小为 100×100，则不需要具有 10000 个节点的网络层。相反，只需要创建一个大小为 10×10 的扫描输入层，然后扫描图像的前 10×10 像素。扫描仪向右移动一个像素，然后扫描下一个 10×10 像素，即滑动窗口。

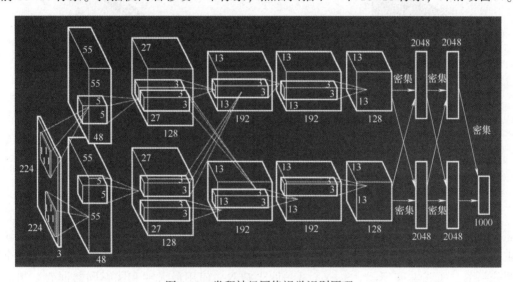

图 4-12 卷积神经网络视觉识别原理

输入数据被送入卷积层而不是普通层，每个节点只需处理与自身相邻的节点，并且卷积层也会随着扫描的进行而趋于缩小。除了卷积层，通常还有池层，池是一种过滤详细信息的方法，常用的池技术是最大池，它使用大小为 2×2 的矩阵来传递具有最特定属性的像素。目前，大多数的图像分类技术都是在 ImageNet 数据集上训练的，其中包含百万张高分辨率训练图像。

4.2.2 语义分割

语义分割是指给图像每个像素一个语义标签或者给点云中每个点一个语义标签。计算机视觉的核心是分割，它将整个图像分成像素组，然后进行标记和分类。特别是，语义分割试图从语义上理解图像中每个像素的作用（例如，识别它是汽车、摩托车还是其他类别）。目标检测和语义分割的结合，可以在图像中将目标检测出来，然后对每个像素打上标签。对比上下图。语义分割不区分属于相同类别的不同实例，实例分割区分同类的不同实例。在分类图像里的信息时，除了识别人、路、车、树等，我们还必须确定每个物体的边界。因此，与分类不同，我们需要使用模型来预测密集像素。对于全景分割，是对图中的所有物体包括背景都要进行检测和分割，以区分不同实例。

与其他计算机视觉任务一样，卷积神经网络在分割任务中取得了巨大的成功。最流行的原始方法之一是通过滑动窗口对块进行分类，利用每个像素周围的图像块分别对每个像素进行分类。但是它的计算效率很低，因为不能重用重叠块之间的共享特征。

完全卷积网络（FCN）是一种端到端卷积神经网络结构，该结构在没有任何完全连接层的情况下进行密集预测。这种方法允许为任何大小的图像生成分割图（图4-13），并且比块分类算法快得多，几乎所有后续的语义分割算法都使用这种方法。

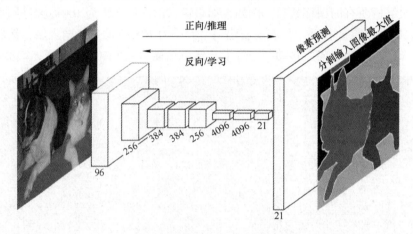

图4-13 图像语义分割算法

但是，仍然存在一个问题：在原始图像分辨率上执行卷积操作成本较高。为了解决这个问题，FCN在网络中使用了下采样和上采样：下采样层称为条带卷积，上采样层称为转置卷积。尽管使用了上采样和下采样层，但由于在池过程中丢失了信息，FCN生成了一个粗略的分割图。如图4-14所示，SegNet是一种比FCN（使用最大池和编解码器框架）更高效的内存体系结构，在SegNet解码技术中，为了改进上采样和下采样后的粗分割映射，从高分辨率特征映射中引入了快捷/跳过连接。

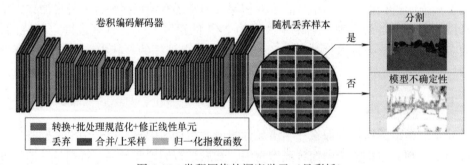

图4-14 卷积网络的深度学习（见彩插）

目前对语义分割主要依赖于全卷积网络，如空洞卷积、DeepLab和RefineNet，利用卷积神经网络的特征，定位每个对象的精确像素。掩模R-CNN通过向更快的R-CNN添加分支来执行像素级分割（图4-15）。该分支基于卷积神经网络特征映射的完全卷积网络输出一个二值掩码，指示给定像素是否是目标对象的一部分。以卷积神经网络的给定特征映射为输入，输出为矩阵，其中像素所属的所有位置用 1 表示，其他位置用 0 表示。这是一个二进制掩码。

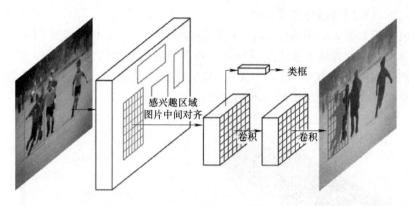

图 4-15　基于全卷积网络的语义分割

此外，如图 4-16 所示，当在原始的快速 R-CNN 结构上运行而不做任何修改时，由 RoI-Pool 选择的特征映射区域或原始图像区域稍微交错。由于图像分割具有不同于包围盒的像素级特征，自然会导致结果不准确。MASR-CNN 通过调整 RoIPool 来解决这个问题，使用 RoIAlign 方法使其更加精确。本质上，RoIAlign 使用双线性插值来避免舍入误差，这会导致不准确的检测和分割。

图 4-16　特征的提取与分类

生成这些遮罩后，遮罩 R-CNN 将 RoIAlign 与快速 R-CNN 的分类和边界框结合起来，以实现精确分割。

4.2.3　立体视觉与场景流

除了在无人驾驶汽车上应用惯性传感器之外，在无 GPS 环境下，实现智能网联汽车的自主导航是一个有挑战性的问题，基于实时视觉的定位和地图构建提供了该项技术实现的解决依据。

双目相机相比单目相机具有压倒性的绝对优势。以红绿灯检测为例，识别红绿灯是最难理解的技术点之一。百度和谷歌都利用自己的街景图片库资源，利用事先的信息设置确定感兴趣区域，以提高识别红绿灯的准确性。

双目相机主板如图 4-17 所示。双目视觉的基本原理（图 4-18）是模拟人眼，利用空间几何模型推导出相应的算法来解决实际问题，双目视觉最基本的目的就是从复杂的客观世界中提取出我们感兴趣的"点""线""面"，然后用数字来描述，以便准确地理解和控制它们。立体视觉的目的是重建场景的三维几何信息。

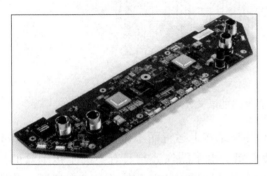

图 4-17　双目相机主板

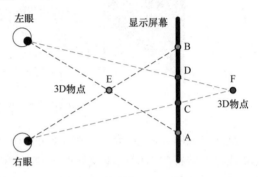

图 4-18　双目视觉的基本原理

（1）实现立体视觉的方法

立体视觉的应用具有重要的价值，实现立体视觉有以下三种方法。

1）直接利用激光测距雷达获取距离信息，建立三维描述方法。根据已知的深度图，采用数值逼近的方法重建表面信息，根据模型建立场景中的目标描述，实现图像理解功能。这是一种主动立体视觉方法，其深度图由激光雷达等主动传感技术获取。

2）仅利用图像提供的信息来推断三维形状的方法。根据光学成像的透视原理和统计假设，根据场景中的灰度变化，从阴影到形状，推导出物体的轮廓和表面，从而推断出场景中的物体。线描产生了各种各样的直线标注方法。

3）利用两幅或多幅图像在不同的视角或不同的时间提供的信息重建三维结构。

（2）无人驾驶感知中的计算机视觉

在无人驾驶技术中，感知是最基本的部分，如果没有对车辆周围三维环境的定量感知，就好比一个人没有眼睛，无人驾驶的决策系统就无法正常工作。为了安全、准确地感知，无人驾驶系统使用了各种传感器。其中，超声波雷达、毫米波雷达、激光雷达（LiDAR）和相机可以看作是一般的"视觉"。超声波雷达由于反应速度和分辨率的问题，主要用于倒车雷达。毫米波雷达和激光雷达承担着主要的远程测距和环境感知功能，而相机主要用于交通灯等物体的识别。激光雷达以其优异的精度和速度一直是无人驾驶传感系统的主角，是厘米级高精度定位不可缺少的组成部分。然而，激光雷达存在着成本高、空中悬浮物影响精度等问题。虽然毫米波雷达比激光雷达更能适应恶劣的天气和灰尘，但它也需要防止其他通信设备和雷达之间的电磁干扰。

传统的计算机视觉是基于相机的可见光视觉，从相机采集的二维图像中推断出三维物理世界的信息。在无人驾驶感知方面，计算机视觉包括光流和立体视觉、目标检测和跟踪、视觉里程计算。在无人驾驶车辆中使用计算机视觉有一些更直观的例子，例如交通标志和信号灯的识别，以及高速公路车道的检测和定位。目前，基于计算机视觉的相机也可以实现一些基于激光雷达信息的功能模块。

计算机视觉在无人驾驶汽车场景中解决的最重要的问题可以分为两类：目标识别和跟踪，车辆自身的定位。

1）目标识别与跟踪。通过深度学习方法，我们可以识别出在驾驶过程中遇到的目标，如行人、空的驾驶空间、地面标志、红绿灯以及附近的车辆。由于行人、车辆和其他物体都在移动，我们需要跟踪这些物体以防止碰撞，这涉及诸如光流等运动预测算法。

2）车辆自身定位。通过基于拓扑和地标的算法，或基于几何的几何里程计算方法，无人驾驶车辆可以实时确定其位置，满足自主导航的需要。

（3）光流和立体视觉技术

目标识别和跟踪以及车辆本身的定位都离不开底层的光流和立体视觉技术。在计算机视觉领域，光流是图像序列或视频中像素序列之间的密集对应。例如，在每个像素上估计二维偏移矢量，并将得到的光流表示为二维矢量场。立体视觉是建立从两个或多个角度获得的图像之间的对应关系。这两个问题是高度相关的，一个是基于单个相机连续拍摄的图像，另一个是基于多个相机同时拍摄的图像。

在解决这类问题时，有两个基本假设：

1）不同图像中的对应点来自于物理世界中同一点的成像，所以"外观"是相似的。

2）不同图像中对应点集的空间变换基本满足刚体条件，或空间分割为多个刚体的运动。由此假设，我们自然得出光流二维矢量场是平板光滑的结论。

从像素级的颜色、偏移量和距离信息到目标级的空间位置和轨迹，是无人驾驶汽车视觉感知系统的重要功能。无人驾驶车辆感知系统需要实时识别和跟踪车辆、行人等多个运动目标。近年来，由于深度学习的革命性发展，大量的CNN被应用于计算机视觉领域，目标识别的准确率和速度都有了很大的提高。但在一般的目标识别算法中，其输出的目标识别可能不稳定，目标可能被遮挡，可能存在短期的误识别等，多目标跟踪（MOT）问题中常用的检测跟踪方法必须解决如何根据噪声识别结果获得鲁棒的目标轨迹。

4.2.4　视觉里程计算法

基于视觉的定位算法主要有两大类：一类是基于拓扑和地标的定位算法，另一类是基于几何的视觉里程计算方法。基于拓扑和地标的算法将所有的地标组成一个拓扑图，当无人驾驶车辆检测到某个地标时，可以粗略地推断出其位置。基于拓扑和地标的算法比基于几何的方法简单，但需要事先建立精确的拓扑图，例如在每个交叉点处建立地标。基于几何的视觉里程计算方法比较复杂，但不需要事先建立精确的拓扑图，该算法可以在定位的同时扩展地图。下面重点介绍视觉里程计算方法。

视觉里程计算方法主要分为单目和双目。纯单目算法的问题是无法计算被观测物体的尺寸，因此用户必须假设或计算一个初始尺寸，或通过其他传感器（如陀螺仪）实现精确定位。双目视觉里程计算方法通过对左右图像进行三角剖分，计算出特征点的深度，然后根据深度信息计算出目标的大小。

双目视觉里程计算方法的具体计算过程为：

1）双目照相机捕捉左右两边的照片。

2）对双目图像进行三角剖分，生成当前帧的视差图。

3）提取当前帧和上一帧的特征点，如果提取了前一帧的特征点，则可以直接使用前一帧的特征点。特征点提取可以采用角点检测算法。

4）比较当前帧和前一帧的特征点，找出帧的特征点之间的对应关系。具体来说，可以使用随机抽样一致性算法。

5）根据帧间特征点的对应关系，计算车辆在帧间的运动。这种计算是通过最小化两帧之间的重投影误差来实现的。

6）根据两帧之间估计的车辆运动和先前的车辆位置计算最新的车辆位置。

通过上述视觉里程计算方法，无人驾驶汽车可以实时计算其位置并自主导航，但纯视觉定位计算的一个大问题是算法本身对光的敏感度很高。在不同的照明条件下，同一场景无法识别。特别是在光照较弱的情况下，图像会产生大量的噪声，严重影响特征点的质量。在反光道路上，该算法也容易失败，这也是影响无人驾驶场景中视觉里程计算方法普及的一个主要原因。一种可能的解决办法是更多地依靠车轮和雷达返回的信息在光线不好的情况下定位。

4.2.5 目标跟踪

目标跟踪是指在特定场景中跟踪一个或多个特定感兴趣对象的过程。传统的应用是视频与现实世界的交互，在检测到初始目标后进行观察。现在，目标跟踪在无人驾驶领域也非常重要。

根据观测模型，目标跟踪算法可分为两类：生成算法和判别算法。

生成算法利用生成模型来描述表观特征，最小化重建误差来搜索目标，如主成分分析算法；判别算法是用来区分目标和后台的，其性能更加稳健，逐渐成为跟踪目标的主要手段。

为了通过检测实现跟踪，我们检测所有帧的候选对象，并使用深度学习从候选对象中识别出所需对象。有两种基本的网络模型可以使用：叠层自动编码器（SAE）和卷积神经网络。

目前，使用 SAE 进行目标跟踪最流行的网络是深度学习跟踪器（DLT）视觉跟踪算法，它使用离线预训练和在线微调。流程如下：

1）离线无监督预训练利用大规模自然图像数据集获得目标对象的通用表示，并对叠层去噪自动编码器进行预训练。叠层去噪自动编码器在输入图像中加入噪声，对原始图像进行重构，获得更强大的特征表达能力。

2）训练模型更新的方法如图 4-19 所示。将预先训练好的网络编码部分与分类器相结合，得到一个分类网络，然后利用从初始帧中获得的正负样本对网络进行微调，以区分当前目标和后台。DLT 使用粒子过滤作为意图模型为当前帧生成候选块，分类网络输出这些块的概率值，即分类置信度，然后选择置信度最高的块作为对象。在模型更新中，DLT 使用有限阈值。

鉴于 CNN 在图像分类和目标检测方面的优势，它已成为计算机视觉和视觉跟踪的主流深度模型。一般来说，大规模卷积神经网络既可以作为分类器，也可以作为跟踪器进行训练，基于卷积神经网络的典型跟踪算法包括全卷积网络跟踪器（FCNT）和多域卷积神经网络（MD-Net）。

图 4-19　训练模型更新

FCNT 充分分析和利用了 VGG 模型中的特征映射，VGG 模型是一个经过预训练的 ImageNet 数据集，特征映射可以用于定位和跟踪。对于从后台中识别特定目标的任务，许多卷积神经网络特征映射是噪声的或不相关的。上层捕获对象类别的语义概念，下层编码更多的具有区域特征以捕获类别内的变形。

因此，FCNT 设计了一个特征选择网络，在 VGG 网络的卷积 4-3 层和卷积 5-3 层上选择最相关的特征映射。然后，为了避免噪声的过度拟合，FCNT 还为这两层的特征映射分别设计了两个附加通道（SNet 和 GNet）：GNet 捕获对象的类别信息；SNet 从相似的外观处理对象，将其与后台区分开。这两个网络的操作过程如下：都使用第一帧中给定的边界框进行初始化，以获得对象的映射。对于新帧，将其剪切并在最后一帧中传输感兴趣的区域。感兴趣的区域以目标对象为中心。最后，通过 SNet 和 GNet，分类器得到两个预测的热图，跟踪器根据是否存在干扰信息来决定使用哪一个热图来生成跟踪结果。全卷积网络跟踪器的图片检测如图 4-20 所示。

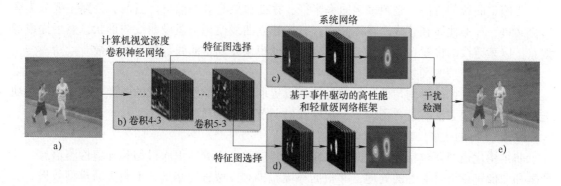

图 4-20　全卷积网络跟踪器的图片检测

与 FCNT 不同，多域卷积神经网络的图片检测原理如图 4-21 所示。例如，MD-Net 使用所有视频序列来跟踪对象的移动，上述网络利用无关的图像数据来降低跟踪数据的训练要求，这种思想与跟踪有一定的偏差。此视频中类的对象可以是其他视频中的后台。因此，MD-Net 提出了"多域"的概念，它可以在每个域中独立地区分对象和后台，一个域代表一个包含相同类型对象视频的组。MD 网络可分为两个部分，即 K 个特定的目标分支层和共享层：每个分支包含一个 softmax 损失的二值分类层，用于区分每个域中的对象和后台；共享层与所有域共享，以确保共同表示。

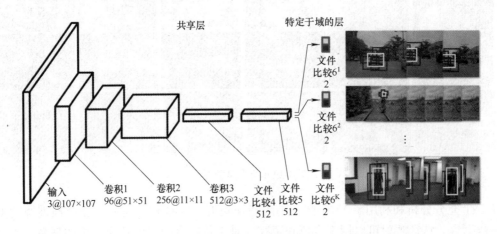

图 4-21   多域卷积神经网络的图片检测

4.3   无人驾驶汽车目标检测

汽车目标检测包括结构化道路检测、非结构化道路检测和形式化环境下的目标检测。

1. 结构化道路检测

（1）直线探测

在行业标准下，结构化道路建设和设计更加标准化，有道路和非道路车道线。车道线离相机不远，且变化不大，因此假设曲率变化较小，直线可用于车道线拟合。

（2）曲线检测

要确定曲线的方向，必须确定曲率半径，才能提供有效的信息。目前，公路主要分为环形交叉口、环形曲线和直线。具体步骤：首先建立曲线模型，假设曲线的形状，然后提取像素点，以车道线的像素点为基础，最后完成车道模型并确定曲线数据模型参数。

（3）复杂环境的预处理

由于环境光照的不均匀性，很容易使相机提取出具有纯黑白区域的图像，而识别算法缺乏可行性。主要方法有直方图调节、灰度映射调节以及伽马调节等。

2. 非结构化道路检测

非结构化道路还包括野生土路和农村道路，应结合先验知识库模型和环境检测信息，对数据和图像进行有针对性的处理，并根据环境差异对模型进行修正，不断更新模型效果。

3. 形式环境中的目标检测

（1）行人检测

通过方向梯度直方图（HOG）特征实现行人检测，设计区域梯度直方图，构造人体特征。具体步骤如下：首先通过雷达数据得到检测区域，然后根据图像数据选择行人检测算法，最后通过该算法对检测区域进行行人检测。

（2）车辆检测

激光雷达与视觉传感器的有机结合，有助于避免光照等负面影响，获得清晰的传感器信息，使激光雷达数据与模板和形状匹配，从而可以定义检测区域和算法，实现车辆检测。

（3）红绿灯检测

通过彩色视觉交通信号识别方法，可以对图像交通信号进行检测。为了避免跟踪丢失和误检问题，可以选择彩色直方图目标跟踪算法，有效避免目标遮挡和变形现象，具有较高的计算效率。

由于现实环境复杂多变，智能汽车必须在现实世界中做出可靠的推理，即必须能够充分理解传感器传递的各种信息。在这方面，基于语义的对象识别比智能网联汽车必须理解的场景的其他技能更为重要。大多数三维目标识别方法都是通过人工选择局部特征描述符来实现的，该方法一般包括以下步骤：

1）关键点检测阶段。

2）计算特征描述符的值。

3）根据特征描述符的值，利用分类器确定对象类别。

4.4　无人驾驶路径规划

4.4.1　无人驾驶路径规划层

规划决策模块根据环境感知数据进行决策，为智能网联汽车的运行规划一条参考路径，即路径规划，路径规划可分为全局路径规划和局部路径规划。

（1）全局路径规划

全局路径规划是一种知道所有环境信息的全局路径规划。此时，已知并确定从起点到终点的最佳路径。结合道路的实时路况，进行全局路径规划，得到最优路径，即规划的路径。这里的路线规划不同于传统 GPS 定位给出的路线规划，需要在非结构化环境（如野外）中自动驾驶和导航。全局路径规划的主要任务是根据全局地图数据库信息，规划一条从起点到目标点的无碰撞可通行路径，在满足汽车行驶诸多约束条件的前提下，对车辆的轨迹进行规划，以达到优化某一性能指标的目的。全局路径规划并不复杂，这对地图制造商来说很容易。全局路径规划根据设定的总体目标规划智能网联汽车全局行驶的趋势，并将其分解为一系列子任务，得到最优路径。

（2）局部路径规划

局部路径规划是提供一系列基于感知信息的道路，根据车速和道路复杂度，分析可能的行驶路线，形成静态和动态障碍物和高程信息，形成局部路径规划。

路径规划任务可分为三层：上层全局路径规划、中层局部路径规划和下层轨迹规划，每一层执行不同的任务。

1）上层全局路径规划是指基于电子地图、道路网络和交通信息的优化目标，获得两点之间的最优路径。完成路径规划的传感器信息主要来自 GPS 定位信息和电子地图。

2）中层局部路径规划是指根据当前行车区域的道路交通等环境信息，确定当前时刻满足交通规律和道路约束的最优行车行为，动态规划局部路径序列，形成宏观路径。用于局部路径规划的传感信息主要来自车载雷达、相机等传感器，用于识别道路障碍物、车道线、道路标线信息和交通信号信息。

3）下层轨迹规划是指在当前时刻完成当前驾驶行为，考虑周围交通环境，满足不同约束条件，根据目标动态规划确定最优轨迹。除了必要的外部环境信息外，下层轨迹规划还需要测量或估计车辆的状态信息。车辆的动态约束也将反映在轨迹规划中。

操作控制模块是系统的输出部分，该模块根据系统决策实时控制车身改变行驶方向和速度，使智能网联汽车以所需的速度沿着规划的理想路径行驶。运行控制模块的运行结果直接影响到系统的稳定性、避障性和任务的完成。上述子模块在上层算法的统一调度下进行协调。智能网联汽车可以根据预定的规划完成规划、探测周围环境、随环境改变当前规划等一系列过程。

规划决策可以为机器学习提供驾驶员规划决策知识，探索不完全数据和不确定知识下的驾驶员规划决策知识获取算法。它可以消除多个信息源之间的冗余和矛盾信息，降低其不确定性，从而形成对驱动系统相对完整、一致的描述，提高驱动系统决策、响应的速度和准确性。

4.4.2　全局路径规划算法

目前常用的全局路径规划算法可分为以下几种：网格法、可视法、自由空间法、蚁群算法、拓扑法、神经网络法等。在规划无人驾驶车辆的全局道路网络时，可以将任务分解为以下步骤：首先，选择合适的算法模型将整个工作空间划分为小空间，然后对障碍物信息所在的空间进行预设搜索，找出包含障碍物的工作空间，最后找到最优路径。

1. 网格法

网格法是一种基于地图信息建模的方法，即用等尺寸网格划分汽车的行驶区域，用不同的方法表示网格中是否存在障碍物，并将网格应用于障碍物的定位。全球路网规划的网格方法可以分为三个步骤：

1）网格划分。

2）网格编码和无障碍判断。

3）寻找最优路径。

网格方法的本质是对网格中是否存在障碍物设置不同的编码形式，从而达到区分不同工作环境的目的，网格法的原理如图 4-22 所示。

图中的一个方格表示一个网格，环境中障碍物的信息是已知的，从而可以确定汽车在无障碍网格中的运动方向。同时，根据障碍物所在的位置，确定每个网格中是否存在障碍物，从而确定

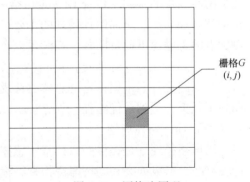

栅格 $G(i,j)$

图 4-22　网格法原理

任意网格的属性。整个地图的属性可以通过叠加所有单独网格的属性来获得。据此，可建立与实际运行情况相一致的电子地图。在电子地图中，不仅可以记录无人驾驶汽车的运行状态，还可以记录障碍物的信息。

整个工作环境的电子地图叠加后，需要对地图属性进行编码，即对每个网格的属性进行编码。因为网格中只有无障碍的对象，所以使用最常用的二进制编码方法对网格进行编码。

采用矩阵存储方法存储网格信息。如图 4-22 所示，网格信息存储在矩阵存储器的第 i 行和第 j 列中。图中灰色网格的坐标表示为 $G(i,j)$。利用这种一对一的网格与矩阵对应存储方法，可以记录每个网格的属性，然后通过相关算法构建整个地图，获得避障路径。

2. 可视法

无人驾驶汽车所有可能的位置都是它的路径图。在路径图中，多边形用来表示障碍物，多边形的大小与障碍物的大小成正比。此时，所有障碍物的顶点构成一个点集 V。此时，从起点 S 到目标点 G 的所有可能路径是 S 和 G 的连接以及每个 n 边多边形的顶点。目标点和多边形顶点之间的连接不能通过障碍物。这些直线都是可能的路径，也就是说，直线是"可见的"。

合理地利用该算法对可视区域进行仿真计算，找出起始点和终止点之间的最优路径。此时，最优路径将转换为所有可见线中的最小距离。在可视化图形中寻找最短路径的方法直观、简单、方便，但仍存在许多问题。如果障碍物之间的距离太小，可能会导致汽车与障碍物接触。如果模拟车辆的尺寸减小过多，将增加求解最优路径的时间。可视法如图 4-23 所示。

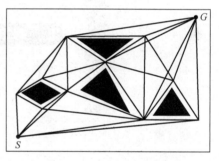

图 4-23　可视法路径规划

3. 自由空间法

自由空间法路径规划方法如图 4-24 所示。为了更好地解决轮式无人驾驶汽车的路径规划问题，在路径规划的初始阶段，不仅要知道无人驾驶汽车的初始点和目标点，而且要清楚障碍物的位置。将无人驾驶汽车的主体和障碍物视为多边形。自由空间法主要是利用多边形来分析汽车和障碍物的主体，利用多边形来建立自由空间，并以连通图的形式表示自由空间。自由空间的构建方法是：首先选取一个障碍物作为研究对象，从其中一个顶点开始，将其与其他障碍物的顶点连接起来。在所有连接中，移除穿过障碍物的连接，同时移除多余的连接。在

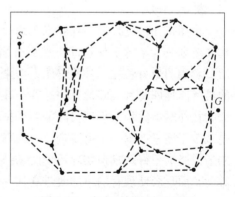

图 4-24　自由空间法路径规划

所有连接中，选择最大化连接和障碍物之间面积的条件作为最佳结果。将所有线路的中点连接在最佳结果中，中点包围的区域是无人驾驶汽车运行的工作环境空间。自由空间法具有结构简单方便、自由度大的优点，即使改变了车辆的起止位置坐标，也不需要重新生成连通图，具有很强的适应性。但是，由于算法的难度与障碍物的数量成线性关系，即增加障碍物的数量大大增加了算法的难度。因此，它不适合在有许多障碍的工作环境中使用。

4. 蚁群算法

如图 4-25 所示，蚁群算法是在探索蚁群觅食路径的基础上发展起来的。蚂蚁通常一起出去觅食。在观察它们的觅食路径后会发现：无论初始状态如何，蚁群都能迅速找到避开障碍物的最佳方式。最优路径主要是通过信息素的挥发性特征来实现的。个体获得信息后，通过信息素与其他个体进行交流和反馈，使蚁群找到食物运输的最优路径。蚁群觅食行为的显著特征是个体首先自主获取部分信息，然后通过信息素交换所获得的信息，并将所获得的信息进行整合，得到最优的食物运输路径。蚁群算法是一种智能算法，广泛应用于自动驾驶车辆作业调度、数值分析、智能路径规划等领域。蚁群算法的优点是无论初始状态如何，都能获得较好的预测效果，具有良好的鲁棒性。在应用蚁群算法进行路径规划时，由于蚁群算法不太重视个体学习到的信息，预测结果受专家或权威机构的影响较小，预测结果更客观。在实际的路径规划过程中，蚁群算法可以与其他算法结合使用。

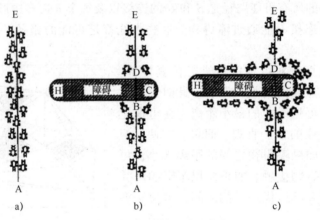

图 4-25　蚁群算法路径优化

5. 拓扑法

采用拓扑法进行无人驾驶汽车路径规划时，如图 4-26 所示，首先将车辆所在的整体工作环境划分为小的工作空间，然后分析各工作空间之间的联系，建立相应的拓扑网络。然后，利用图论方法在拓扑网络图上搜索从起点到终点的最优路径。最后，需要将拓扑网络中的最优路径恢复为实际的几何路径。在应用拓扑方法进行路径规划时，难点在于如何选择合适的拓扑网络结构来模拟实际的路网情况，即建立一个合适的拓扑空间。该拓扑方法的优点是减少了搜索范围，不需要定位无人驾驶汽车的位置，具有很好的鲁棒性。然而，要准确地构造出能够更好地模拟实际环境的拓扑网络难度更大，增加障碍物的数量不仅会增加算法的难度，而且会使现有网络的改进更加困难。

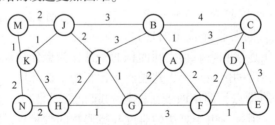

图 4-26　拓扑法路径规划

6. 神经网络法

传统的神经网络从感知器、多层感知器到最经典的全连接 BP 神经网络，逐渐发展到用类人的大脑神经网络建立数学模型。BP 神经网络根据误差信号对各层权值进行修正，然后通过梯度下降法调整权值连接，并继续进行前后交替传播，直到误差达到最小或接近期望设定值。

卷积神经网络（CNN）是人工神经网络的一个分支。卷积神经网络的结构模型很多，因此又称为深卷积神经网络。卷积神经网络由输入层、卷积层、激活函数层、汇聚层和输出层组成。

传统的特征提取算法在探测前方移动物体的过程中，需要人工提取和标定，然后开发出能够提取边缘特征、形状特征、颜色对比特征、纹理特征和空间关系特征的特征提取算法，同时加入线性或非线性因素以提高提取精度。卷积神经网络多层特征提取的过程如图 4-27 所示。CNN 的局部连接和权值共享特性可以使不同卷积核提取不同的特征，其多层特征提取可以有效地收集信息，降低图像维数。

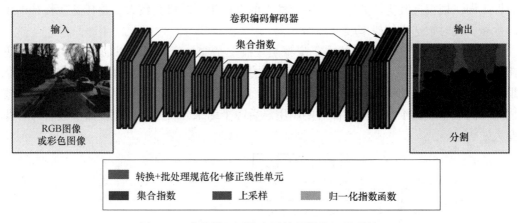

图 4-27 卷积神经网络多层特征提取（见彩插）

在实际应用中，卷积神经网络可以实现信号的不间断输入，并且可以在不同的环境中高速传输声音、图像和视频信息。卷积神经网络是在多层感知器的改进和发展基础上发展起来的。通过有效的空间处理技术，可以减少学习参数的实际数目，提高算法的实际性能。与传统的人工神经网络相比，卷积神经网络能够实现局部连接和系统权重共享。

在卷积神经网络中，底层信息感知可以实现对区域的深度感知和信息数据特征的有效获取。其中，神经元能够通过局部感知快速捕捉到视觉图像的主要特征和图像信息，具有明显的强鲁棒性。这种特征的存在使得卷积神经网络具有更强大的拟合能力。在汽车无人驾驶中，需要采集驾驶环境信息来完成三维建模，可用激光雷达技术实现高精度的三维点云分布。相机能够感知三维点云的存在，并能实现人眼的三维感觉效果，从而实现三维建模工作。在三维感知模型中，为了实现端到端模型的建立，需要提取 CNN 的主要特征，并对模型的主要特征进行有机匹配和优化。

4.4.3 局部路径规划算法

局部路径规划是一种未知环境信息的局部路径规划，也就是说，路径规划是基于实时获取的环境信息。此时，无人驾驶汽车的工作环境未知或部分未知，在车辆行驶过程中，传感器需要测量车辆与周围障碍物的距离以及障碍物的大小和位置信息，具有很强的实时性。局部路径规划算法难度大，环境复杂，影响因素多且不稳定。有时，会出现局部最优，但无法到达目的地的情况。目前，还没有能够很好地适应任何环境的最优局部路径算法。局部路径规划是在智能网联汽车的行驶过程中，基于局部环境信息和自身状态信息，规划出一条理想的无碰撞局部路径。其主要目的是检测障碍物，对障碍物的运动轨迹进行下一步可能的位置估计，最后绘制包含现有碰撞风险和潜在碰撞风险的障碍物地图。局部路径规划的主要前提是对周围环境的深入了解，以及一个非常完善的实时环境，通常采用网格方法建立环境模型，遗传算法、模糊逻辑控制算法和人工势场法在无人驾驶汽车局部路径规划中得到了广泛的应用。

1. 遗传算法

遗传算法作为一种随机化算法，目前在智能计算领域得到了广泛的应用，也是当代非常关键的智能计算技术。遗传算法的第一代通常采用随机生成的方法生成，由于第一代个体的适应性不同，根据优胜劣汰的原则，适应性强的个体生存的机会较大，遗传适应性强的个体在产生新一代时被选中的概率较大。

如图 4-28 所示，遗传算法的主要步骤是复制、杂交、变异。可以通过复制获得染色体的拷贝。当新特征与所需特征之间的误差较小时，算法停止。在遗传算法中，将一次进化的结果作为下一次进化的输入条件，避免了只在局部最优时停止路径规划的情况，增加了规划最优路径的概率。由于每次迭代都需要调用最后一个结果，所以规划速度会变慢，计算量也会变大。

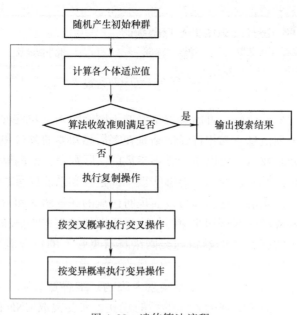

图 4-28　遗传算法流程

2. 模糊逻辑控制算法

模糊逻辑控制算法在路径规划中有着广泛的应用。如图 4-29 所示，需要先构建模型，然后使用该模型规划部分路径。模糊逻辑控制算法不需要对特定对象建模，而是通过观察和记录驾驶员的行为和操作过程来获得。将驾驶员的驾驶经验转化为相关的控制信号、模糊驾驶过程中的障碍物等，在避障过程中不断搜索模糊规则，获得局部规划结果。

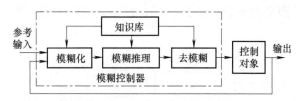

图 4-29 模糊逻辑控制算法基本原理

动态模糊环境模型可用于局部路径规划，模糊集通常用来描述工作环境中的运动状态。模糊集的函数变量一般是汽车的位置坐标、车速的大小和方向，然后利用模糊规则对各个方向进行综合评价，得到搜索结果。模糊算法适用于未知或部分未知工作环境下的无人部分路径规划。车辆行为和模糊推理模型中的输入变量是车辆前进、左右方向和目标方向的障碍物信息，通过制定模糊推理规则并设定上述条件，输出值为车辆下一个航向的方向和速度。

模糊逻辑控制算法对每个变量进行模糊处理，最终输出的结果是每个变量的取值范围。此时，输出范围是目标值的范围或障碍物相对于车辆的实时位置，而不是车辆在动态环境中的初始位置。由于模型算法不需要对车辆进行精确定位，且车辆的初始位置对决策结果没有影响，因此模糊逻辑控制算法具有良好的鲁棒性，模糊算法的缺点是自学习能力差。

3. 人工势场法

如图 4-30 所示，人工势场法是指利用周围环境的影响将无人驾驶车辆抽象成虚拟场。其中，障碍物对车辆产生排斥场，目的地对车辆产生引力场。人工势场由排斥场和引力场人工叠加而成。汽车在行驶过程中，受到人工势场的影响，汽车将沿着势能下降最快的方向自动移动，直至到达全局的最低点。人工势场法的优点是易于理解，数学表达式简单明了，规划路径平滑，没有死点；如果突然添加障碍物，可以很好地修正，具有很好的实时规划性。然而，人工势场法有时会显示车辆停在势场的最小值而不是最终目的地，即目标没有实现。如果障碍物和目标点之间的距离很小，很可能两个相等且相反的平衡力同时作用在汽车上，导致车辆摆动。

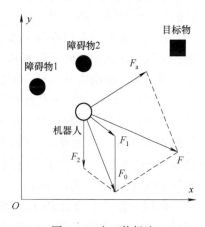

图 4-30 人工势场法

4.4.4 车道级路径规划

路径规划是解决顶层导航问题的上层模块，但它依赖于为智能网联汽车驾驶定制的高精度地图。这与自然界的普通导航不同，车辆周围的环境也更加复杂。车道线的检测对于智能网联车辆的路径规划尤为重要。自动驾驶不仅需要避障和道路交通信息感知，还需要遵守交通规则，对车道线检测要求较高。如图 4-31 所示，通过检测车道线，可以进一步检测地面指示标志，为前方碰撞预警。车道检测的目标主要包括车道形状和车辆在车道中的位置，车道形状包括宽度和曲率等几何参数。对于公路等道路类型，车道的几何模型可以用固定的形式表示。车道弧长、曲率、偏航角和横向偏移量构成了车辆和车道几何模型的要素。车道通常由直线、圆弧和缓和曲线组成。车辆在车道上的位置包括车辆和道路的横向偏移和偏航角，车道检测与跟踪一般分为车辆、道路、相机模型，道路特征提取，道路参数计算（如曲率）和车道跟踪。

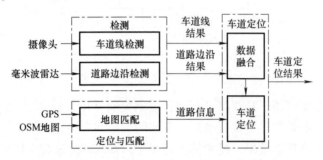

图 4-31　基于视觉和毫米波雷达的车道级定位原理

规划控制模块的外围是交通预测模块，预测模块对汽车外部环境信息数据进行计算和感知，并将得到的结构输入到下层行为决策模块。预测模块获得的行驶轨迹包括空间信息、时间信息等，汽车预测模块可以作为感知模块的外围模块来优化数据输出，并对决策规划模块输入的外部环境信息数据进行预处理。

车道线的检测方法有很多种。基于视觉的车道线检测包括 Hough 直线检测、基于俯视图的车道线检测、基于拟合的车道线检测、平行透视消失点检测等。

普通车道有三车道或四车道。在固定前相机的视角范围内，由于车辆周围其他车辆的阻碍，无法稳定地检测到安装相机的车道线，需要根据检测车辆坐标与当前车道线的距离关系，将检测车辆前方不在同一车道的车辆分为左右车道的车辆。

1. 霍夫（Hough）直线检测

车道线检测是在统计 Hough 直线检测的基础上引入的。如图 4-32 所示，其原理是将图像的笛卡儿坐标系转换为极坐标 Hough 空间，从而完成点到曲线的变换。相应的像素坐标 $P(x,y)$ 被转换为 (r,θ) 的曲线点。

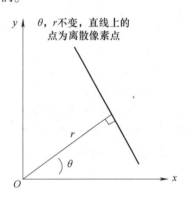

图 4-32　霍夫直线检测原理

在同一直线上的点 $P(x,y)$ 满足 $x\cos(\theta)+y\sin(\theta)=r$，这样一组 (r,θ) 常数对应于由图像中的位移确定的直线。当多次穿过图像的感兴趣区域的像素时，对应于每一个 (r,θ) 的数据点的数量是连续累积的。当一对 (r,θ) 对应的统计点数达到设定的阈值时，我们认为这些点数是在一条直线上，Hough 检测到的同一直线上的点数可以滤除许多干扰直线。

对于只需要提取车道线的算法来说，只需要保留白色车道线的厚度图，所以原始图像处理的第一步是灰度。第二步是边缘检测。边缘检测方法有很多种。可以使用 sobel 算子或 canny 边缘检测。不同之处在于检测算子模板中的权重不同，导致保留在末端的边缘的细节不同。

在感兴趣的区域找到车道线大大减少了图像处理和计算的工作量。用 Hough 检测直线并找出车道线：通过标定实验，在直线左右边缘 30cm 范围内找到报警区域。一旦车辆出现在警告区域，警报就会启动，车道线检测需要适应多种情况。Hough 直线检测方法准确、简便，但是不能直接进行曲线检测。

2. 基于俯视图的车道线检测

基于俯视图的车道线检测是通过仿射将路面图像变换成俯视图，并在俯视图中提取车道线。提取方法也是先找出车道线的特征，根据灰度值进行二值化，然后利用边缘检测，得到车道线的边缘轮廓，并提取检测到的车道线。该方法的优点是可以发现多条车道线，实时性好。

3. 基于拟合的车道线检测

边缘点拟合的原理是车道线为白色，路面为灰色。车道线与路面之间存在稳定的灰色梯度差。通过设置合理的阈值，可以提取车道线的边缘，但是提取的车道线边缘点较多，如果找出与同一水平位置相邻的车道线边缘点，取其中点作为车道线上的一点，就可以依次得到整个车道线的点。因为车道线和路面的颜色灰度值会受到颜色变化的影响，因此，用单一阈值分割的边缘点不在车道线的中间，而是在一个区域内，车道线提取的中点集不在直线上，而是分布在直线的两侧。要得到最终的车道线，需要用拟合函数对这些点进行拟合。

4. 车道线检测中的跟踪算法

如图 4-33 所示，跟踪的作用是预测下一帧图像中道路特征的位置，在较小的范围内检测道路特征，提高效率。由于车道线检测容易丢失，为了保证检测效果的准确性，采用跟踪可以提高检测速度和精度。如果在预测范围内未检测到道路特征，则使用估计的或前一帧特征位置，如果在连续帧中未检测到道路特征，则启动全图像道路特征检测。

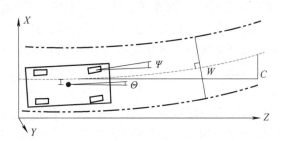

图 4-33　车道线检测中的跟踪

车道的状态应考虑车道的位置、速度、偏航角和车辆转向角之间的关系。在差分前后两帧图像中，车道线斜率的位置并不太远，因此通过控制先前检测到的车道线区域附近定义车道线斜率在前后两帧之间进行比较。

跟踪的基本思想是车辆在运动过程中是一个连续的位移运动过程，而相应的车道线变化也是一个连续的变化，这种变化反映在车道线的坡度上。

4.5　智能协同定位与目标跟踪

就智能驾驶信息感知而言，目前智能驾驶车辆的环境和障碍物检测主要依靠激光雷达、超声波、无线网络、相机等一种或多种方法，根据检测信号由车辆用于外部环境检测和识别。由于车辆信息感知的高安全性和实时性要求，常用的方法是利用多传感器和网络进行信息融合，以补充获取的不确定信息，并且可以获得更准确的环境目标特征或某一组其他相关特征和综合信息，使整个系统达到更高的可靠性和准确性。现有的融合方法主要是车辆智能检测，它利用雷达、激光、声波、图像等检测方法对信息进行融合，如将图像信息与激光雷达、超声波雷达和视觉传感器信息融合，从而获得最优的检测结果。

然而，它们大多集中在无人驾驶汽车相同或异构多传感器的信息融合上，一套功能将为整个系统提供更高的可靠性和准确性。智能驾驶最基本的前提是实时获取和感知车辆周围的道路和环境信息，包括道路障碍物的判断、周边车辆的检测与跟踪、交通调度信息的获取，这些信息在车辆驾驶智能决策模块中起着决定性的作用。根据获取信息的大小，可以分为三个层次：依赖于车辆自身传感器的小规模信息、路边基础设施（如基站）提供的本地交通服务信息和覆盖城市的区域交通信息。

在智能驾驶场景中，车辆具有速度快、不确定性高的特点，场景非常复杂。可能会有特殊情况，如堵塞、盲点和行人突然闯入。因此，对物体的位置、速度、加速度等状态信息，以及尺寸、外形等延伸部分信息的感知是非常必要的。由于这些信息在智能驾驶的智能决策模块中起着决定性的作用，因此是有效判断是否有效避让和超越的重要依据。

智能驾驶中的车辆定位与跟踪可以看作是对车辆本身和目标状态的一个估计问题，通常应用估计理论和滤波递推来解决这一问题。目前，从观测数据中估计所需参数的方法很多，根据待估计量是否被视为随机变量，通常将这些方法分为贝叶斯方法和非贝叶斯方法。其中，非贝叶斯估计方法是将待估计量视为未知的确定性参数。常用的方法有最小二乘估计（LS）和最大似然估计（ML）。而贝叶斯估计方法是将估计量看作一个具有一定先验概率密度分布的随机变量，常用的方法有最小均方误差估计（MMSE）和最大后验估计（MAP）。相比之下，贝叶斯方法可以充分利用变量的先验知识，具有较高的定位精度和稳定性。贝叶斯方法在智能驾驶场景中采用感知避障，更好地利用车辆和目标状态的概率密度分布和测量模型，并利用蒙特卡罗仿真方法完成递归贝叶斯滤波，适用于动态、非线性、非高斯系统，可由状态空间模型表示。

估计是指从噪声信号中提取有用信号的方法，噪声信号相当于观测到的含有噪声的随机量，有用信号是待估计的随机量。例如，在车辆跟踪场景中，观测到的目标状态数据往往含有一些随机噪声。如何利用这些噪声数据准确估计目标和动态车辆在各个时刻的状态量，并预测其未来的状态，需要一系列的噪声测量系统来预测和更新系统的状态。

在动态状态估计的贝叶斯方法中，后验概率密度函数通常是基于接收到的所有可用测量集来构造的。由于后验概率密度函数包含了所有可用的统计信息，因此可以适当地用于处理估计问题。原则上，可以从后验概率密度函数中得到最优状态估计，同时获得估计精度。对于许多问题，每次接收到测量值时都需要估计状态量。在这种情况下，递归滤波器是一种方便的解决方案。这一措施意味着对接收到的数据进行有序的分析，而不是批量处理。这样做的好处是，当新的测量值可用时，不需要存储完整的数据集或处理以前存在的数据。事实上，它实际上包括两个阶段：预测和更新。

贝叶斯方法提供了传感器融合的一些基本方法，也是数据融合方法的理论基础。贝叶斯推理是基于贝叶斯定理或后验概率条件的统计数据融合算法，它可以通过已知的状态向量来估计未知的状态向量。为了实现目标状态感知，常用的融合算法需要经过数据分割和关联的步骤。根据贝叶斯理论，车辆对目标的定位和跟踪可以看作是车辆自身和目标概率密度分布的迭代更新过程。在智能驾驶场景中，车辆具有高速移动性，自身状态信息具有高度不确定性。此外，在交叉路口，例如由于障碍物等原因，车辆本身无法获得目标的有效测量值，降低了目标定位和跟踪的精度。为了弥补这一缺陷，可以在上述算法的基础上，通过多车辆协作算法来增加先验知识。

即时定位与地图构建（Simultaneous Localization and Mapping，SLAM）是 VR 和 AR 的关键领域之一，其他领域包括图形、触觉反馈、显示和音频。SLAM 也称为同步定位和映射。假设场景是静态的，通过摄像机的运动获得图像序列，并获得场景的三维结构设计，摄像机获取的数据通过算法进行处理，即视觉 SLAM。无人驾驶汽车根据自己的传感器获取观测信息，生成环境地图，同时根据生成的地图估计车辆的姿态。语义分析与 SLAM 的有效结合，可以增强机器理解环境交互的能力，使无人驾驶汽车能够感知复杂环境，适应动态场景。

通俗地讲，SLAM 回答了两个问题："我在哪里?""我周围是什么?"。就像身处陌生环境中的人一样，SLAM 试图解决的问题是恢复观察者与周围环境的空间关系，"我在哪里"对应定位问题，"我周围是什么"对应映射问题，给出了对周围环境的描述。在回答了这两个问题之后，我们实际上完成了对自己和周围环境的空间感知。有了这个基础，就可以进行路径规划，到达车辆要去的目的地。在此过程中，要及时发现并避开障碍物，确保安全运行。

SLAM 的地图构建场景如图 4-34 所示。典型的应用是百度的 Robotaxi 无人驾驶汽车，它使用激光雷达传感器作为工具来获取地图数据并构建地图，以避开旅途中遇到的障碍并实现路径规划。在实际应用中，使用单传感器存在漏检、检测精度低、目标信噪比低等问题。多传感器融合系统利用多个传感器测量冗余和互补信息，通过多源数据融合技术，有效提高了同步定位和地图生成的观测范围、鲁棒性、容错性和定位精度。

图 4-34 SLAM 的地图构建场景

1）定位：无人驾驶汽车必须知道其在环境中的位置。

2）建图：无人驾驶汽车必须记录在环境中的位置（如果它们知道自己的位置）。

3）SLAM：无人驾驶汽车在定位时建立一个环境地图。其基本原理是通过概率统计的方法，通过多特征匹配来实现定位，减少定位误差。

除了上述的视觉 SLAM 外，还有激光雷达 SLAM、GPS/IMU 和高精度地图等参与了车辆的协同定位，这些传感器获得的数据需要通过融合算法进行处理，形成数据结果，为自主驾驶决策提供位置信息基础。多传感器数据融合在自动驾驶的地图生成、定位、路径规划、同步定位和地图生成等方面得到了广泛的应用。一旦创建了环境地图，自动驾驶汽车的分层架构将使用定位、路径规划、避障和控制模块来完成相应的功能，以实现汽车的完全自主。

SLAM 地图创建在初始时间通过雷达扫描数据获得一个栅格地图，在获得初始栅格地图后，随着智能汽车的移动，对激光雷达扫描信息进行处理，并利用这些信息，实时构建栅格地图。利用栅格地图更新算法，将初始时刻和运动后时刻的栅格地图结合起来，实现栅格地图的更新，得到更新后的全局栅格地图。这个地图记录由某种形式的感知获得的信息，并将其与当前的感知结果进行比较，以支持对实际定位的评估。在位置评估方面，地图提供的帮助程度与感知的准确性和质量成反比。为了提高定位精度，通常采用强化学习来提高决策精度。

创建 SLAM 地图的方法如下：

第一步：构建场景地图，使用雷达构建场景的二维或三维点云，或者重建场景。

第二步：构建语义图，对场景中的对象进行识别、分割和标记。

第三步：基于算法和驱动车辆运动的路径规划。

思 考 题

本项目的学习目标你已经达成了吗？请通过思考以下问题的答案进行结果检验。

序 号	问 题	自检结果
1	请说出什么是环境感知，其原理是什么。	
2	请说出什么是信息融合，其原理是什么。	
3	请说出 KITTI 数据集的作用与原理。	
4	多传感器信息融合方法分为哪几类？	
5	智能汽车环境感知信息融合的关键技术有哪些？	
6	深度学习算法在图像处理中的作用是什么？	
7	基于深度学习的目标检测与识别算法有哪几类？	
8	请说出卷积神经网络视觉识别原理。	
9	什么是语义分割？其作用是什么？	
10	实现立体视觉的方法有哪些？	
11	什么是场景流？	
12	什么是视觉里程计算法？	
13	DLT 视觉跟踪算法的工作流程是什么？	
14	无人驾驶汽车目标检测的类型有哪些？	
15	请说出全局路径规划和局部路径规划的方法与原理。	
16	请说出全局路径规划和局部路径规划的常见算法。	
17	请说出霍夫车道线检测原理。	
18	请说出贝叶斯方法原理。	
19	请说出 SLAM 即时定位原理。	

第5章 无人驾驶决策与控制

 学习目标

1. 能够说出无人驾驶汽车驾驶行为预测的技术原理。
2. 能够解释自由度力学模型的作用与原理。
3. 能够说出无人驾驶汽车横向控制的工作原理与方法。
4. 能够说出无人驾驶汽车纵向控制的工作原理与方法。

5.1 汽车驾驶行为预测

决策规划系统集成了环境信息和自车信息，使无人驾驶车辆产生安全合理的驾驶行为，并引导运动控制系统对车辆进行控制。图 5-1 所示为典型的无人驾驶车辆系统架构，一般分为三个部分：环境感知、决策规划和运动控制。环境感知系统的主要目的是获取和处理环境信息，利用多传感器目标检测和融合技术获取周围环境状况，并为系统其他部分提供周围环境的关键信息，感知层将处理后的信息发送给决策层。

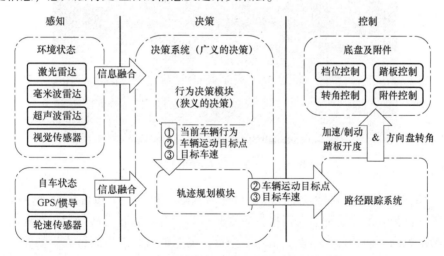

图 5-1 典型的无人驾驶车辆系统架构

行为决策系统是一个狭义的决策系统，它根据感知层输出的信息合理地决定当前车辆的行为，并根据不同的行为确定轨迹规划约束，引导轨迹规划模块规划出合适的路径、速度以及其他信息发送到控制层，运动控制系统接收来自决策规划层的指令并控制车辆。

广义决策系统输出的是运动控制信息，自动驾驶车辆行为决策系统的上层是感知层，上

层输入包括：

1) 当地环境信息。这是基于车载传感器，如相机和雷达，通过多传感器目标检测与融合技术，对各传感器的数据进行融合，得到车辆周围环境状况，输出关键环境信息，并由决策系统进行处理。

2) 自动驾驶车辆定位信息。这是基于 GPS/惯性导航系统、高精度地图定位、实时定位和地图构建（SLAM）等方法，主要功能是对车辆进行高精度定位。

3) 地理地图信息和任务信息。它包括先验全局路径、高精度路线图、交通标志信息等。

无人驾驶汽车的行为决策是基于环境感知和导航子系统的信息输出。这包括选择哪条车道，是换车道、跟车、绕行，还是停车。车辆控制是指对转向、驾驶和制动的控制（包括车辆侧向、纵向、垂直等方向的控制子系统，如 TCS、ESC、ABS 等），还包括转向灯、喇叭、车窗、仪表等车身电器的控制信号。收集的信息不仅包括车辆本身的当前位置、速度、方向和车道，还包括与感知相关的所有重要障碍物的信息和在车辆一定距离内预测的轨迹，以确定车辆的驾驶策略，主要包括预测算法、行为规划和执行规划。

1) 预测模块。如图 5-2 所示，预测模块的功能是预测和跟踪交通参与者在环境中的行为。传感器模块输出的目标信息包括位置、速度、方向和目标分类等物理特性。利用这些输出的特性，结合客观物理规律，可以在短时间内即时预测目标轨迹。预测模块需要将目标与周围环境结合起来，积累历史数据知识，并对感知目标进行跟踪。

图 5-2　车辆、行人的轨迹预测

2) 行为规划。行为规划是以路径规划目标为基础，利用一个包含大量动作短语的有限状态机来实现行为规划，这种方法需要抽象驾驶行为。有限状态机从行为状态开始，根据不同的驾驶场景跳到不同的行为状态，将行为中涉及的车辆行为发送到行为规划层。状态与状态之间可能存在一定的跳跃条件，有些状态可以是自循环的，例如，跟踪状态和等待状态。

3) 执行规划。执行规划模块的功能是根据路径规划给定的轨迹和行为规划确定的驾驶模式，根据具体动作跟踪轨迹。这些具体的执行规划被发送到执行器，以实现车辆的运动控制。

无人驾驶汽车行为决策方法主要是基于规则和学习算法的。

1. 基于规则的行为决策

基于规则的行为决策，即划分无人驾驶车辆的行为，建立基于驾驶规则、知识、经验、交通规则等的行为规则库,根据不同的环境信息划分车辆状态,并根据规则逻辑确定车辆行为的代表方法是有限状态机方法。

有限状态机是离散输入输出系统的数学模型,状态、事件、转换和动作是有限状态机的四个元素。有限状态机的核心在于状态分解。根据状态分解的连接逻辑,将其分为串联、并联和混合三种结构。

1)串联结构。在串联结构的有限状态机系统中,子状态按串联结构连接,状态转移大多是单向的,不形成回路。串联结构是一种基于逻辑层次的决策系统。系统分为定位导航、障碍物检测、车道线检测、路标识别、可行驶区域地图构建、运动规划、运动控制等模块。该系列结构具有逻辑清晰、规划推理能力强、问题求解精度高等优点。缺点是对复杂问题适应性差。当某个子状态失效时,将导致整个决策链瘫痪。该结构适合于特定工况的具体处理,擅长任务的层次推理和细分求解。

2)并联结构。在并联结构中,每个子状态的输入输出呈现多节点连接结构。根据不同的输入信息,可以直接进入不同的子状态进行处理并提供输出。可将并联结构系统划分为初始化、正向行驶、停车前等待、交叉口通过、U形弯道等13个子状态,每个子状态相互独立。并联结构将每个工作状态分别划分模块进行处理,整个系统能够快速灵活地响应输入。与串联结构相比,并联结构具有宽度遍历、易于实现复杂功能组合的优点,具有良好的模块性和可扩展性。缺点是系统没有定时,缺乏场景的深度遍历,决策忽略了环境的细微变化。

3)混合结构。如果有限状态机系统的子状态既有串联结构又有并联结构,则该系统称为混合结构,这种混合结构可以结合两者的优点。层次混合结构是一种典型的方法。典型的层次混合结构的顶层是基于场景行为,底层是基于车辆的行为。三种顶层行为及其底层行为是车道保持(车道选择、场景实时报告、距离保持、行为生成器等)、交叉口处理(优先级估计、换乘管理等)和姿势。

2. 基于学习算法的行为决策

基于学习算法的行为决策,即环境样本的自学习,使用不同的学习方法和网络结构,基于不同的环境信息直接进行行为匹配,并将决策行为方法输出到各种机器学习方法中,如深度学习相关方法和决策树等。

(1)深度学习法

近年来,许多专家学者将深度学习方法应用于无人驾驶车辆决策系统中,因为它们在建模实际问题时具有很大的灵活性。英伟达开发的无人驾驶汽车系统体系结构是一个典型的体系结构。它采用端到端卷积神经网络进行决策处理,大大简化了决策系统。系统直接输入相机获取的每一帧图像,通过神经网络进行决策后直接输出车辆的目标方向盘角度。系统采用英伟达 DevBox 作为处理器,Torch 7 作为训练系统框架,它在工作时每秒处理 30 帧数据。训练系统框架如图 5-3 所示。

将图像输入卷积神经网络计算转向控制指令,将预测的转向控制指令与理想控制指令进行比较,然后调整 CNN 模型的权值,使预测值尽可能接近理想值。权值调整采用机器学习库 Torch 7 的反向传播算法。训练后,模型可以利用中心的相机数据生成转向控制指令。

这种深度学习系统的网络结构由9层组成,包括1个规范化层、5个卷积层和3个完全连接层。输入图像映射到 YUV 颜色空间,然后传递到网络中。它的神经网络可以完全学习保持车道行驶的任务,而无需人工将任务分解为车道检测、语义识别、路径规划和车辆控制。CNN 模型可以从稀疏的训练信号中学习有意义的道路特征。100h 内少量的训练数据足以完成各种条件下的车辆控制训练。

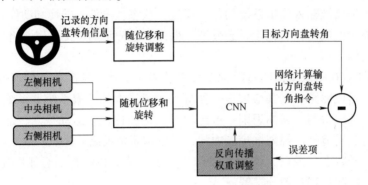

图 5-3　英伟达 Torch 7 训练系统框架

典型的应用是百度的无人驾驶汽车，百度的端到端系统实现了对车辆的纵向和横向控制：纵向控制采用叠加卷积长期记忆深度学习模型提取帧序列图像中的时空特征信息，实现特征映射到纵向控制指令；横向控制采用 CNN 深度学习模型，它直接从单个前视相机的图像计算横向控制的曲率。该模型着重于视觉特征的提取、时序规律的发现和行为映射。

（2）机器学习方法

除了基于学习的决策方法外，决策系统中还使用了许多机器学习方法。决策树方法是机器学习理论中具有代表性的方法。决策树方法适用于各种特定工况，如交集工况和 U 形弯曲工况。首先由顶层有限状态机确定特定场景，然后进入决策树进行相应的计算。以交叉口条件为例，首先确定当前如自车速度、干扰车速等条件的条件属性输入和直行加速度、停车让行率等决策属性输出。基于灰色关联熵，选取多个样本数据进行条件属性影响分析，得到行为决策树。行为决策树是机器学习后自主获取的行为规则库的一种表示形式，当无人驾驶车辆运行时，将驾驶环境信息转化为条件属性，由决策树计算得到决策指令，指导无人驾驶车辆的行为操作。决策树方法具有知识自动获取、表达准确、结构清晰简洁等优点。它的缺点也很明显，即获取大量数据难度较大，数据可靠性不足，离散化后的精度不够。德国宝马公司提出了一种基于部分可观测马尔可夫决策过程的决策模型，主要解决动态和不确定驾驶环境下的决策问题。不确定性主要来自传感器噪声和交通参与者驾驶意图的不确定性。以其他车辆的驾驶意图为隐变量，建立贝叶斯概率模型，求解车辆在规划路径上的最优加速度。在复杂交叉口的仿真试验中，可以根据其他车辆的驾驶行为，更好地调整自身车辆的最优加速度，保证安全和驾驶效率。

5.2　自由度力学模型

无人驾驶车辆是一种轮式移动机器人，是集环境感知、规划决策、多层次辅助驾驶等功能于一体的综合系统，涉及信息工程、计算机科学、控制科学等多个领域。其中，轨迹跟踪控制是实现无人驾驶功能的关键技术之一。

无人驾驶汽车控制系统的体系结构如图 5-4 所示，各模块通过 CAN 总线进行实时通信。其中，视觉导航模块和磁导航模块分别负责视觉信号和磁信号的采集和处理计算，根据车身相对于路径的横向偏差和航向角偏差，对要跟踪的轨迹进行感知和识别。激光雷达和超声波雷达对障碍物的感知起着重要作用，障碍物识别功能由控制系统中的路径规划与跟踪模块完成。路径规划和跟踪模块作为车辆的最高控制层，汇总其余模块信息，执行路径规划，将规划结果传递给执行层的转向控制模块，使转向控制模块的输出跟踪规划结果，同时将转向控制模块的输出发送给执行电机，使执行电机驱动车轮跟踪转向控制模块输出。

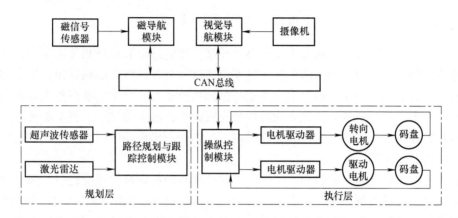

图 5-4　无人驾驶汽车控制系统的体系结构

自动驾驶车辆主要由基础平台、主控、运动控制、环境感知、自主导航等系统组成。

1）基础平台可根据实际需要选择，如高速公路、城市道路等结构化道路，一般小型车可选择；野外环境如乡村、山区等非结构化道路，可选择运动型或越野型车等。

2）主控系统是无人驾驶汽车的数据处理中心和控制中心，完成传感器数据的采集、处理和融合，路径规划计算，自主导航计算和控制命令的下达。

3）运动控制系统主要包括制动、调速、转向等控制系统。它接收来自车载主控系统的指令信号，完成辅助驾驶或自主导航功能。

4）环境感知系统主要由安装在车身上的各种传感器组成，通过不同类型的传感器实时获取外部环境信息，建立外部环境模型，并通过相应的算法进行路径规划。

5）自主导航系统包括惯性导航、卫星导航、航空导航、路面交通环境与地图匹配、数据融合处理等。

车辆数学模型是描述车辆系统状态信息或能量传递规律的数学表达式，根据模型建立的力学方法，可大致分为牛顿力学模型、拉格朗日第一或第二方程建立的模型和多刚体动力学模型等。其中，基于牛顿力学的模型最常见。

两自由度车辆模型简化并假定了车辆动力学系统，这个假设简化了分析过程，同时保留了车辆最基本的动态特性，被广泛应用于车辆动力学研究和车辆控制。如图 5-5 所示，线性两自由度车辆模型建立了描述车辆横摆角速度和质心滑移角的状态方程，结合车辆的纵向速度和轮胎滑移特性来描述车辆的基本特性。

通过对线性两自由度模型的分析，将汽车的稳态响应特性分为空档转向、转向不足和转向过度，这是由汽车的前后桥转角刚度决定的，而前后桥的转角刚度主要是由轮胎的转角特性决定的。

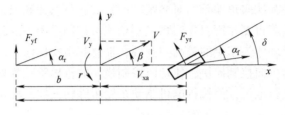

图 5-5　两自由度车辆模型

　　汽车在行驶过程中的运动状态主要由纵向速度、横向速度和横摆角速度决定。纵向速度和横向速度决定了汽车质心的横向角度。横摆角速度积分得到汽车的横摆角，质心的侧偏角和横摆角之和就是汽车的航向角。当汽车质心侧偏角较小时，汽车的航向角主要由汽车的偏航角决定。汽车的航向角越大，汽车的转弯半径就越小；航向角越小，汽车的转弯半径就越大。当滑移角较大时，车辆工作在非线性区域，车辆表现出极端的特性，转向稳定性需要通过更严格的设计来保证。

　　多轴转向技术是提高多轴转向车辆转向灵活性和转向稳定性的重要途径。两自由度控制器实质上是一个前馈控制器和一个反馈控制器，它可以独立地调节系统的闭环特性和鲁棒性，同时获得了良好的跟踪性能和鲁棒性。由被控对象和两自由度控制器组成的内稳定系统的结构如图 5-6 所示。

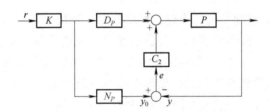

图 5-6　两自由度控制系统结构

r—系统参考输入　y_0—理想模型输出　e—误差信号　K—自由参数　C_2—反馈控制器　P—增广系统

　　前馈控制器本质上是一个模型匹配问题。理想的转向特性是车辆质心侧滑角为 0，车辆质心横摆角速度和加速度响应为一阶特性。反馈控制器是为了保证系统的鲁棒性。由于前馈控制器可以独立地补偿车速的变化，因此在反馈控制中只需考虑车辆参数摄动引起的系统稳定性和性能变化。

　　车辆坐标系是指车辆上的动态坐标系。如图 5-7 所示，车辆的运动通常用这个坐标系来描述。XOZ 在车辆的双边对称平面上。坐标系的原点 O 与质心重合。X 轴与地面平行，并指向车辆移动的方向。Y 轴指向驱动器的左侧。

　　汽车在行驶过程中，路面不平整以及发动机和传动系统的激励会引起汽车的振动，影响乘坐舒适性。舒适性差的汽车会降低乘员的工作效率，影响人的身心健康，甚至引发心脏病。两自由度力学模型通过限制车身纵摆和横摆振动，得到悬架应有的匹配关系，提高了乘坐舒适性。建立汽车模型是分析汽车乘坐舒适性的关键和难点，因此，需要建立更多的自由度，如果自由度太少，虽然求解方便，但与实际情况有很大不同。在汽车行驶过程中，不同的道路坡度和行驶速度会产生不同的路面激励。

图 5-7 车辆坐标系

汽车是由多个部件组成的多自由度非线性系统，其子系统之间的相互耦合导致了整个系统的复杂性。研究表明，当横向加速度不超过 $0.4g$，汽车可以看作是一个线性系统。当汽车在道路上行驶时，车身有 3 个自由度（垂直、俯仰和侧倾），加上驾驶员、3 名乘客和 4 个非簧载质量的垂直自由度，是具有 11 个自由度的动力学模型。

5.3 车辆横向与纵向控制

无人驾驶车辆是指在没有驾驶员连续控制的情况下，对车辆进行连续监控的车辆。它主要依靠计算机、传感器技术和设备来感知车辆的行驶环境，并根据感知控制获得的道路环境和障碍物信息来移动车辆，确保车辆在保证行驶稳定性的同时，能够准确地跟踪所需的路径。无人驾驶汽车具有参数不确定性和高度非线性的动力学特性，是一个典型的多输入多输出的复杂动态系统。自动驾驶车辆的自动驾驶功能主要通过纵向运动控制和横向运动控制来实现，纵向控制是指通过加速和制动的协调来实现对期望速度的精确跟踪，横向控制是指车辆的自动转向，即控制车辆沿着计划的路径行驶。

1. 横向控制

驾驶控制是指根据当前周围环境和车身位移、姿态、速度等信息，按照一定的逻辑进行决策，并向节气门、制动、转向等执行系统发出控制命令。横向控制是指通过自动转向控制，使车辆始终沿着期望的路径行驶，同时保证车辆的行驶安全和乘坐舒适性。转向效果受转向机构控制输出精度、路径跟踪策略以及行驶过程中各种参数的影响。

真正的驾驶员在驾驶汽车时不需要知道车辆的准确参数，可以驾驶各种性能不同的车辆。目前，大多数纵向控制策略通过车辆逆模型前馈和 PI/fuzzy-PID 反馈控制来实现踏板控制，控制效果很大程度上取决于逆模型的精度。由于汽车是一个强耦合、变参数的非线性系统，汽车的纵向和横向运动之间存在着强耦合关系。耦合效应包括三类：运动耦合、轮胎力耦合和载荷传递耦合。对于运动耦合效应，例如方向盘转向力，实际上在纵向上存在一个影响纵向加速度的分量，例如，侧向离心力是纵向速度和曲率的函数；对于给定的轮胎路面摩擦系数，轮胎转向力和纵向力也耦合在一起，作用在每个轮胎上的侧向力和纵向力相互限制，使合力不超过附着极限；荷载传递也具有显著的耦合效应，当荷载传递由纵向加速度引起时，前后轮胎的纵向荷载分布会对横向动力学产生很大影响。

2. 纵向控制

车辆纵向控制是指车辆纵向速度和距离的自动控制。控制对象主要包括发动机、传动和制动系统以及驱动电机。在控制层，纵向控制系统负责执行稳态和纵向过渡操作。车辆纵向控制主要是控制车辆向前行驶的速度，行驶轨迹是一条直线，在每个轨迹点进行车速规划和运动控制。纵向控制通过各种传感器获取驾驶员意图和环境信息，结合车辆目标跟踪特性，调整车速、与前方目标的距离等控制参数，通过驾驶、传动、制动系统对车辆进行控制，确保安全和舒适，节能等性能，完成与纵向控制相关的预定驾驶任务。

传统的控制方法，如 PID 和前馈开环控制、最优控制、滑模控制等，已发展成为较为成熟的控制理论。以 PID 为例，简单地说，PID 是指比例（proportion）、积分（integral）、导数（derivative）。这三个术语指示如何使用误差生成控制命令。如图 5-8 所示，先根据反馈和参考值查找错误，根据具体情况，这里的错误可以是各种度量。例如，如果控制车辆遵循指定的路径形式，则它是车辆的当前位置和参考线的距离，将车辆速度控制在设定值，则是当前速度与设定速度之间的差值。计算误差后，根据误差计算比例项、积分项和导数项，其中 K_p、K_i 和 K_d 是三个项的系数，它们确定这三个项对最终输出的影响比例，将三项之和用作最终输出信号。

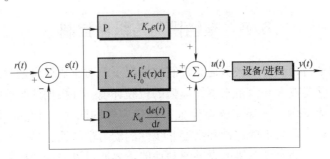

图 5-8　PID 控制器模型

其中 K_i 是积分项的系数，积分项的实质是汽车实际路线到参考线的图形的面积。在添加积分项后，控制函数将尝试使车辆路线和实际运动基准线之间形成的形状尽可能小。积分项系数的大小也会影响整个控制系统的稳定性。K_i 过大会使控制系统的运行不稳定，K_i 过小会导致受控车辆在遇到干扰后长时间返回基准线，在某些情况下，这必然会使车辆处于危险状态。

一般来说，控制器的设计是在建立发动机和汽车在运行过程中的近似线性模型的基础上进行的。但是，由于对模型的依赖程度很大，当模型不准确时会出现较大的误差，导致控制精度和适应性较差。专家系统、模糊逻辑控制、神经网络控制、模型预测控制、深度学习等智能控制策略也得到了越来越广泛的应用。而后来出现的优化算法，如蚁群和粒子群优化、遗传算法、机器学习等，都被用来优化参数，对模型的精度和优化指标有较高的要求。控制算法的实际应用需要结合具体对象，对于精度较低的模型，通常采用模糊逻辑控制；模型预测控制可应用于多输入多输出和约束问题，更注重系统的稳态性能，但存在周期长的问题；最优控制和自适应控制可应用于运动控制精确的模型。

由于车辆模型参数受外界干扰、载荷质量、风阻等因素的影响会发生变化，呈现非线性特征。因此，提高控制算法的自适应能力和鲁棒性是车辆控制的任务。根据实现控制功能的不同方式，对防撞报警系统的纵向控制结构进行了直接分层控制。

直接控制的控制器输入是期望的距离和速度，输出是期望的节气门开度或制动压力，在距离和速度控制上存在不稳定性。递阶控制器由上下控制器组成，上控制器确定所需的纵向加速度，下控制器确定执行驱动或制动控制命令以实现所需的加速度。在上层控制方法上，宝马对 PID 进行了改进，基于距离反馈、速度误差、车辆加速度比例反馈以及与前车运动状态相关的补偿项，得到了期望加速度，实际距离收敛到期望的安全距离。

3. 横向与纵向智能控制方法

智能控制是指具有学习、抽象、推理、决策等功能的控制器或系统，能适应环境（包括受控对象或受控过程）中信息的变化，从而实现由人类完成的任务。目前，国内外现有的无人驾驶汽车侧向智能控制策略有模糊控制、自适应控制、模型预测控制、神经网络控制、滑模控制和鲁棒控制。

1）模糊控制是基于人工经验，总结和描述操作人员熟练的实践经验，模仿人的思维进行推理和决策。在智能控制领域，模糊控制可以模拟驾驶员的行为特征来操纵无人驾驶车辆，无需建立被控对象的精确模型，只需根据已有的知识和经验确定模糊控制的隶属函数和控制规则，能克服无人驾驶汽车系统参数的非线性和不确定性，但缺乏良好的学习机制，控制精度不高。

2）自适应控制是一个具有一定不确定性的系统，是一种基于视觉系统的水平自适应控制器。为了消除模型建立时滑动效应的干扰，采用逆滑动法、自适应学习和补偿时不变滑动效应，通过滑模变结构控制器（VSC）对自适应控制器进行改进，从而提高了鲁棒性。在行驶过程中，由于速度和转向阻力矩的不同，PID 控制器会产生超调、响应时间慢、跟踪角不准确等问题。自适应模糊 PID 控制器与自适应控制设计相结合，可以满足转向准确、响应快、性能稳定的要求。自适应控制根据被控对象的输入输出数据不断地识别和改变模型参数，使无人驾驶汽车控制系统达到满意的工作状态，它比传统的反馈控制复杂得多。

3）模型预测控制（MPC）是将一个较长的时间跨度甚至无限长的时间分解为若干个较短的时间跨度或有限的时间跨度，并在一定程度上追求最优解的最优控制问题。模型预测控制便于建立运动学模型。滚动优化策略能及时补偿模型失配、畸变和扰动引起的不确定性，从而获得较好的动态控制性能。然而，这种控制系统非常复杂，具有实现要求高、在线计算量大、应用范围有限等特点。

4）神经网络控制如图 5-9 所示，是一种不依赖于定量模型的控制方法，具有较强的自适应能力、自学习能力和对非线性系统的映射能力。利用神经网络较强的自学习能力来识别车辆的转向角，通过给定的方向盘转角输入，得到广义回归神经网络（GRNN）的车辆状态参数。利用 GRNN 网络建立识别方向盘转角的映射模型。然而，一旦模糊控制器的隶属函数和控制规则被确定，它们就不能被修改。基于自适应模糊神经网络的变道控制器预测转向角，并将采集到的车辆加速度、制动、转向等动态数据进行传输。当均方根误差小于设定阈值时，驾驶模拟器结束模拟，当均方根误差大于阈值时，建立模糊神经网络预测模型。该方法结合自适应算法调整隶属度函数，可改进规则推理机制，最终提高预测精度，提高车辆操纵安全性。

神经网络控制由于网络训练时间长，数据样本多，操作复杂，难以满足实际控制要求。

5）滑模控制也称为变结构控制。与其他控制不同的是，在动态过程中，控制的不连续性会根据系统的当前状态有目的地不断变化，使系统遵循预定的"滑模"状态轨迹运动，对干扰和不确定性具有较强的鲁棒性和抗干扰性。滑模控制的优点是对系统的扰动具有完全的自适应性，系统无需在线识别，响应速度快。缺点是系统控制器的输出有抖动。

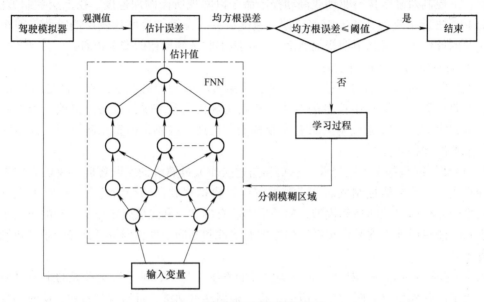

图 5-9　模糊神经网络预测模型

6）鲁棒控制是使不确定对象可以满足控制质量要求的一种控制方法，其不确定性主要是由工况变化、外界干扰和建模误差引起的。控制系统的鲁棒性是指系统在一定的结构、尺寸等参数摄动下，保持一定的性能特性。鲁棒控制不仅可以保证控制系统的鲁棒性，而且可以优化一些性能指标，但最大的问题是过于依赖经验，没有规律可循。

深度学习可以实现无人驾驶车辆在自动驾驶领域的端到端控制技术。目前，如图 5-10 所示，基于预览跟踪参考系统的自动驾驶系统有三种主流解决方案。一种是行为反射法，直接采集驾驶过程中的驾驶员图像和方向盘转动数据，利用神经网络模型训练，输出车辆方向盘转角等参数来控制无人驾驶车辆。一种是无人驾驶领域中应用最广泛的间接感知方法，它

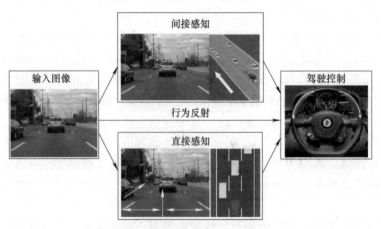

图 5-10　三种无人驾驶综合控制

将无人驾驶系统分为自然环境感知、智能行为决策、车辆运动控制等多个子问题，道路、车辆和障碍物通过车载传感器识别，提取无人驾驶车辆跟踪路径信息，控制无人驾驶车辆节气门开度等与交通有关的一系列操作。另外一种是直接感知方法，利用深卷积神经网络对图像数据进行训练和学习，得到车辆之间的距离和车辆相对于道路的角度等车辆控制参数，该方法在虚拟驾驶场景和真实驾驶场景下进行道路试验时，能够准确地控制无人驾驶汽车的横向和纵向运动。

图 5-11 所示为车辆自动驾驶的纵向和横向运动综合控制系统的结构，它是一个基于参考模型的前馈-反馈集成控制系统，主要由三部分组成：前馈转向控制器、横向模糊控制器和纵向滑模控制器。

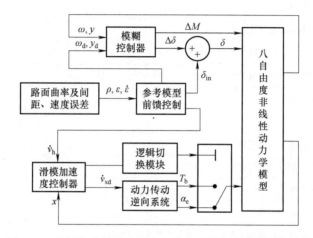

图 5-11　车辆自动驾驶的纵向和横向运动综合控制系统结构

基于车辆参考模型的前向转向控制器的主要功能是根据前向道路曲率信息和前向车辆与跟踪车辆之间的距离误差 ε 和速度误差 δ_{in}，动态计算受控车辆转向系统的前向转向输入角，并为横向模糊控制器提供理想的偏航角速度 ω_d 信息。

车辆横向运动控制实际上是对车辆横向位置误差和横摆角速度误差的综合控制，因此，根据车辆动力学和运动学理论，提取与横向运动相关性最大的三种状态信号，选取理想轨迹和车辆质心的横向位置误差 Δy、速度误差 Δv_y 和横摆角速度误差 $\Delta \omega$ 作为模糊控制器，模糊控制器的输入变量为前轮转向补偿角 $\Delta \delta$ 和偏航补偿力矩 ΔM，由于轮胎模型的非线性特性和道路参数的变化，车辆在实际行驶过程中会产生偏航率误差 $\Delta \omega$。因此，该误差被用作模糊控制器的第三个输入变量，可以根据以下原则选择模糊控制规则。

1）当车辆左转时，即理想横摆角速度 $\omega_d>0$，当横向位置误差 $\Delta y<0$ 时，车辆位于理想轨迹曲线内。角速度误差 $\Delta \omega$ 相互影响，两个误差值不会太大。横向运动控制的主要矛盾是稳定性问题。对车辆施加较小的前轮转向补偿角 δ 和偏航补偿力矩 δ_M，不仅可以防止系统超调，而且可以加速达到目标值；如果横向位置误差 $\delta_y>0$，则车辆位于理想轨迹曲线之外，则车辆在这种情况下转向不足，横向位置误差 Δy 和横摆角速度误差 $\Delta \omega$ 相对较大，主要问题是如何尽快减小这两个误差值，并在车辆上施加更大的前轮转向补偿角 $\Delta \delta$ 和横摆角补偿力矩 ΔM。

2）当车辆右转时，即理想横摆角速度 $\omega_d<0$ 时，上述所有过程都朝相反的方向工作。

根据上述选择原则，得到了 125 个模糊控制规则，这种控制太复杂。在不降低控制效果的情况下，可以优选 25 个模糊控制规则，以降低控制装置的复杂度。输入变量 Δy 和 Δv 对应输出变量 $\Delta \delta$，输入变量 Δv 和 $\Delta \omega$ 对应输出变量 ΔM。

思 考 题

本项目的学习目标你已经达成了吗？请通过思考以下问题的答案进行结果检验。

序　号	问　题	自检结果
1	什么是行为决策系统？	
2	行为决策的方法有哪几类？	
3	什么是有限状态机？有限状态机结构是什么？	
4	基于学习算法的行为决策方法有哪些？	
5	什么是机器学习法？	
6	车辆数学模型主要有哪些？	
7	请说出两自由度车辆模型的原理。	
8	请说出前馈控制器的作用是什么。	
9	什么是车辆坐标系？	
10	汽车有哪些力学自由度？	
11	什么是无人驾驶车辆横向控制？横向控制方法主要有哪些？	
12	什么是无人驾驶车辆纵向控制？纵向控制方法主要有哪些？	
13	请说出横向与纵向智能控制方法。	

第6章 底盘线控系统

线控技术是将驾驶员的操作动作转换成电信号，并通过导线传递控制汽车的指令。线控技术用控制单元与执行器之间的电子装置代替传统的机械连接装置或液压连接装置，用导线代替机械传动部件。

如图6-1所示，线控底盘由五个主要系统组成，即线控转向系统、线控制动系统、线控换档系统、线控加速系统和线控悬架系统。目前，L3/L4级自动驾驶汽车采用线控技术。

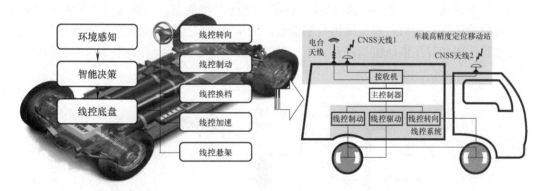

图6-1　线控底盘系统

6.1　线控制动系统

6.1.1　线控制动系统结构与原理

传统的制动方式是由驾驶员踩下制动踏板，利用液压或气压驱动制动器工作来制动汽车。线控制动用电源线代替传统的制动机械连接，用带集成位置传感器的电子制动踏板代替原来的机械制动踏板。当驾驶员踩下制动踏板时，制动踏板上的位置传感器通过连接线将制动踏板的行程信号传送到电子控制单元（ECU）。ECU根据车辆的行驶状况，计算每个车轮

121

所需的理想制动强度，并向安装在每个车轮上的电机或其他电源发出指令，驱动制动器工作，实现车轮制动。

线控制动系统主要由三部分组成。

1）接收单元：包括制动踏板、踏板行程传感器等。

2）制动控制器（ECU）：ECU接收来自制动踏板的信号来控制制动；接收驻车制动信号来控制驻车制动；接收车轮传感器信号来识别车轮是否抱死或打滑；控制车轮制动力实现防抱死和防滑行驶，并考虑到其他系统的控制。

3）执行单元：包括电制动或液压制动。

线控制动用电线代替部分或全部制动管路，可以节省制动系统中的许多阀门。在电子控制器中设计了相应的程序，通过操作电子控制元件来控制各轴的制动力和制动力分配，实现了传统阀控部件所能实现的ABS和ASR功能。

线控制动系统目前分为三种类型：电子液压制动（EHB）系统、电子机械制动（EMB）系统、全回路制动（BBW）系统。

1. 电子液压制动（EHB）系统

EHB系统是由电子系统和液压系统相结合而形成的多用途、多形式的制动系统，由电子系统提供柔性控制，并由液压系统提供动力，它是在传统制动的基础上，将电子元件与原液压系统集成而成。

如图6-2所示，当驾驶员踩下制动踏板时，集成在制动踏板上的传感器将驾驶员踩下踏板时的制动踏板行程和速度转换为电信号，并将其传输到制动控制单元（ECU）。通过CAN总线与外部系统通信，集成其他电信号，确定车辆的工作状态，计算每个车轮的最佳制动力，并通过智能接口向液压系统输出控制信号。液压系统包括电动油泵和由蓄能器和车轮制动压力模块组成的高压液压供给部分，车轮制动压力模块独立控制和调节每个车轮制动中的

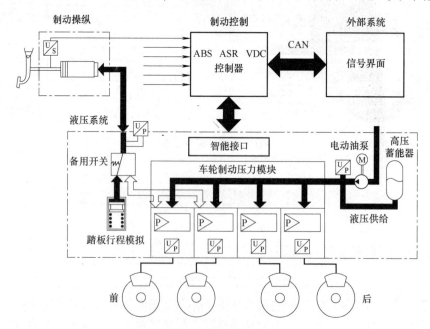

图6-2 EHB系统架构与工作原理

油压，进气阀打开，液压供给部分的高压油进入车轮制动器，在车轮上产生制动力。

当车轮制动强度降低或制动器松开时，排气阀打开，车轮制动器中的油压降低，制动力也降低，直到制动器完全失效。此外，为了让驾驶员对制动强度有直观的体验，EHB系统中通常使用踏板行程模拟器。制动踏板的行程越大，模拟器上的阻力就越大，使驾驶员在使用线控制动系统时，体验到的基本与液压制动系统相同。

为了防止由于EHB系统故障而导致的制动失效，EHB系统仍然保留了传统的液压制动系统。当EHB系统发生故障时，备用开关打开，与制动踏板相连的制动主缸通过备用开关与各轮制动器相连。制动轮缸进入常规液压系统制动模式，保证车辆制动的基本需要。EHB系统的车轮制动压力模块可以根据车辆的行驶状况计算出每个车轮所需的制动力，并分别进行控制。因此，EHB系统可以有效地缩短车辆的制动距离，提高行车安全性。此外，EHB系统还可以通过软件集成ABS、ESP、TCS等功能模块，进一步提高驾驶安全性和舒适性。

由于EHB采用有线控制技术，因此制动器和制动踏板之间没有液压或机械连接。当制动强度过大并进行防抱死调整时，制动踏板不会产生反冲力，提高了驾驶员的操作舒适性。EHB系统结构紧凑，响应迅速，制动力控制准确，便于实现再生制动，提高了制动效率并降低了制动噪声，提高了驾驶员的操作舒适性。

2. 电子机械制动（EMB）系统

EMB系统完全用电制动取代了传统制动系统中的液压油或空气等动力传递介质，是制动控制系统的发展方向。EMB系统完全摒弃了传统制动系统的制动液和液压管路等部件，如图6-3所示，由电机驱动产生制动力，每个车轮上安装一个可以独立工作的机电制动器。系统工作时，制动控制单元（ECU）接收来自制动踏板的踏板行程信号和制动踏板上的速度信号，并与其他电信号相结合，以明确车辆的行驶状态，分析每个车轮的制动要求，计算每个车轮的最佳制动力，输出控制信号，控制每个车轮上的机电制动器中工作电机的电流大小和旋转角度，通过减速增矩和运动方向转换，将电机的转动力矩转换为制动钳块的夹紧力来生成制动力矩。

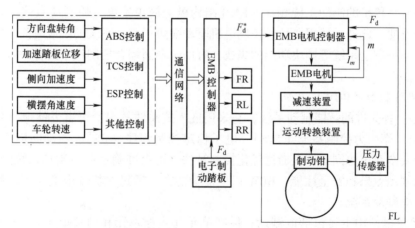

图6-3 EMB系统原理

EMB系统通过ECU输出电信号来控制电机电流和旋转角度，实现了制动强度的调节和制动的释放。EMB系统中没有液压驱动和控制部件，机械连接仅存在于电机到制动卡钳的驱动部分。能量通过电线传输，信号通过数据线传输。

EMB 系统的每个制动执行器都有自己的功率控制单元，功率控制单元所需的控制信号由中央控制模块提供。

控制单元还获取来自执行器的反馈信号，如电机的转子角度、实际产生的转矩、制动片和制动盘的接触压力等。

中央模块通过不同的传感器（如制动力传感器、踏板位移传感器、轮速传感器等）获取自己的可变参数，识别出驾驶员的意图，经过处理后发送到各个车轮，以控制制动效果。

在 EMB 系统中，前轴和后轴分为两套制动电路（A 和 B），每一套制动电路都有自己的中央控制模块和电源。电源是电池 1 和电池 2。两个中央控制模块相对独立工作，通过双向信号线相互通信。在这种结构下，当一组制动管路发生故障时，另一组制动管路可以正常工作。确保制动安全。

EMB 系统中的执行器是直接连接到制动盘的部件，制动盘是 EMB 系统和液压制动系统最不相同的部件。

EMB 系统的关键部件之一是机电式制动器，它通过减速、增矩和运动方向的转换，将电机的转矩改变为制动钳的夹紧，并通过相应的机构或控制算法来补偿摩擦片磨损造成的制动间隙变化。同时，电机和驱动机构安装在制动器上。其结构设计必须非常紧凑，以满足空间要求。EMB 制动器根据其结构特点和工作原理可分为无自激制动、自激制动两类。

1）无自激制动：电机通过机械执行机构对制动盘产生夹紧力，制动力矩同制动盘同摩擦片之间的压力和摩擦系数成线性关系。

2）自激制动：在制动盘与制动钳座之间增加楔块，在制动过程中，制动盘的摩擦导致楔块楔入并增加夹紧力。在这种类型的制动器中，电机驱动楔块移动，与摩擦片接触后，自激机构增加了压力，产生了更强的制动效率。

与 EHB 相比，EMB 中没有液压传动部分，系统具有较高的响应速度、较好的工作稳定性和可靠性，但由于采用全线控制方式，没有后备制动功能，因此系统的工作可靠性和容错性要求较高。与传统的制动系统相比，EMB 结构极为简单紧凑，使制动系统的布置、装配和维护十分方便。此外，使用电信号控制电机驱动缩短了制动系统的响应时间。同时，传感器信号的共享和制动系统等模块功能的集成，有助于全面综合控制汽车的各项行驶工况、保证行车安全。

3. 全回路制动（BBW）系统

BBW 是一种先进的智能制动系统，它采用嵌入式总线技术，可更方便地与防抱死制动系统（ABS）、牵引力控制系统（TCS）、电子稳定控制程序（ES）、主动防撞系统（ACC）等汽车主动安全系统协同工作，通过优化控制算法，可以准确地调节制动系统的工作过程，提高车辆的制动效果和安全性能。BBW 以电能为能源，通过电机或电磁铁驱动制动器，所以也称为全电制动系统。

BBW 系统的结构主要包括电制动、控制单元（主控单元和副控单元）、电子制动踏板（带制动力传感器和制动踏板位移传感器）、连接线（信号线和电源线）等，控制单元是 BBW 系统的控制核心，负责 BBW 系统信号的采集和处理、信号的推理和判断，并相应地向制动器发送制动信号。

BBW 系统有三个节点：车辆控制器节点、制动踏板节点和制动控制器节点。系统的三个节点通过 FlexRay 总线进行通信。系统包含大量传感器，制动时，电子信息从踏板节点发送到车辆控制器。车辆控制器将制动信息发送到车轮节点，车轮节点对信息进行处理，并提供适当的电压矢量，方便电动执行器完成必要的转矩响应。由于 FlexRay 总线的带宽很宽，可以传输大量详细的制动信息，使得机械响应变得非常迅速。每个车轮是一个独立的节点，可以在不同的时间间隔提供不同的制动压力，从而在不同的制动条件下提供即时稳定的控制。

如图 6-4 所示，BBW 系统主要由六部分组成：踏板模块（包括位移传感器和力传感器）、传感器组（包括轮速传感器、方向盘转角传感器、侧滑率和横向减速传感器）、电子控制模块（主控节点）、四个独立的车轮制动模块（制动节点）、电源模块和通信网络。

BBW 系统的工作原理如图 6-5 所示。制动时，电子信息从踏板节点发送到中央控制器，再结合其他传感器信号，由 ECU 计算出最佳制动力，并发送到车轮电子控制模块（ECM），ECM 接收制动踏板信号并将其处理成电压信号，使电机执行器完成必要的转矩响应。电机执行器将电能转换为机械能，机械能通过减速器装置传送到制动片。然后，制动片向制动盘施加制动压力，从而完成整个制动过程。

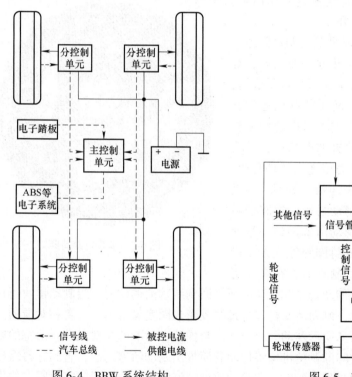

图 6-4　BBW 系统结构　　　　　　　　　图 6-5　BBW 系统工作原理

在全回路制动系统中，最关键的部件是电制动器。电制动器有盘和鼓两种结构。

如图 6-6 所示，鼓式电制动器的结构由电磁铁体、驱动杆机构、摩擦蹄、底板和连接线组成。电磁铁体和驱动杆机构是整个制动系统的执行部件，制动开始时，制动控制器接收制动信号，接通电磁铁本体的电源电路。杠杆围绕支点旋转，产生增力效果。杠杆的从动端使制动器的两个摩擦蹄膨胀，并将其压在制动鼓上以产生制动力矩。制动结束时，电磁铁体断

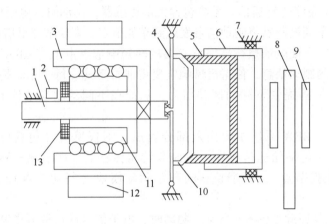

图 6-6　鼓式电制动器
1—中心轴　2—轴位移传感器　3—螺母　4—增力杠杆　5—传动套筒　6—制动活塞　7—回位橡胶圈
8—制动盘　9—制动钳块　10—压力推盘　11—转子　12—定子　13—压力传感器

电，电磁吸力消失。在回位弹簧张力的作用下，摩擦蹄离开制动鼓，制动器松开。

如图 6-7 所示，盘式电制动器具有制动间隙自动补偿功能，转子和螺母由滚珠缠绕在一起，螺母和中心轴合并在一起。电机工作时，转子旋转，使螺母和中心轴做轴向运动，转子的圆周运动转化为中心轴的直线运动，中心轴轴向推动增压杆和压盘。杠杆的末端插入制动缸的凹槽中，并可以围绕凹槽旋转。压力推板将力传递到传动套筒，套筒和制动活塞通过螺纹接头连接。最后，制动活塞推动浮动制动钳块产生制动力矩。橡胶密封圈的主要作用是在制动后使制动活塞回位。当活塞向右移动时，活塞使橡胶密封圈弹性变形，产生作用在制动活塞上的回力。制动后，在橡胶密

图 6-7　盘式电制动器

封圈的弹性变形力作用下，将传动套筒和制动活塞推回到制动前的位置。当制动钳块磨损较严重，制动间隙超过一定量时，制动活塞行程超过橡胶密封圈变量范围，二者相对滑动。当松开制动时，橡胶密封圈将活塞向后推动。由于活塞与橡胶密封圈的相对运动，活塞的回位行程小于制动前的行程。自动间隙调整机构将传动套筒推出制动活塞内腔，直到它再次接触到压盘，确保完成下一个制动过程。所以，在进行故障维修时应当检查橡胶密封圈，如果磨损过度，须及时更换。

6.1.2　线控制动系统常见故障维修

在线控制动系统中，如果系统不能很好地完成制动功能，就会出现制动失效、制动跑偏、自动制动和制动拖滞等故障。此类故障的主要原因见表 6-1~表 6-5。

表 6-1　制动失效常见故障原因分析

名　称	故障原因分析
电子踏板	踏板机械结构受损
	踏板位置/力传感器线路故障或者与 ECU 连接断开，无输入/输出信号
主控节点	硬件故障： 1）内部电子元器件过热受损、ECU 印制电路板断裂或者机械冲击使电缆固定套脱落或者变形，无制动力输出 2）CPU 晶振电路、电源电路及其他外围电路短路或者短路，导致无制动力信号输出 3）电磁干扰（EMC）严重，引起信号混乱，信号输出无效，导致无法制动
	软件故障： 1）内存溢出，堆栈溢出，程序出错 2）操作系统锁死，程序出错 3）输出端口地址被改变，指令无法由正确的端口输出
通信	各节点之间的通信接头接触不良、断开及其外部屏蔽受损，导致无法制动
电源	电源电路突然断路无电压输出，导致系统不能正常工作
	电源输出电压过低，使执行器无法进行制动，无法达到制动要求
制动节点	制动控制器：无控制信号输出，无法实现制动
	制动执行器： 1）电机中由于电容、电阻开路/短路，功率晶体管损坏等不能正常工作 2）齿轮磨损严重，动力无法传递 3）丝杠失效，动力无法传递

表 6-2　制动不灵常见故障原因分析

名　称	故障原因分析
电子踏板	制动踏板的自由行程过大
	踏板位置/力传感器采集信号延迟，输入信号延迟，不能立即制动
主控节点	主控单元制动力控制信号输出延迟，不能立即制动
通信	各节点之间的通信接头接触不良、外部屏蔽受损，导致通信延迟
电源	电源电压过低或不稳
制动节点	制动控制器：控制信号输出延时，无法及时控制执行器部分进行制动
	制动执行器： 1）制动间隙过大，间隙自调整装置失效 2）摩擦片老化或粘有油污，导致摩擦片与制动盘接触不良 3）摩擦片过热，制动效能衰退，导致制动不灵 4）摩擦片沾水，制动效能衰退

表 6-3　制动跑偏常见故障原因分析

名　称	故障原因分析
主控节点	内部运算有误导致两侧制动力分配不合理
通信	单侧节点接口线路断开或短路

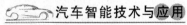

（续）

名　称	故障原因分析
电源节点	1）电压输出不一，导致电机工作情况不同 2）未给部分电机供电（断路）
制动节点	制动控制器： 1）有输出但与主控分配值不一致 2）单侧无输出
	制动执行器（单侧）： 1）电机内部电路断路或短路 2）齿轮严重磨损 3）丝杠失效 4）摩擦片老化或粘有油污，导致摩擦片与制动盘接触不良 5）摩擦片过热，制动效能衰退 6）各车轮制动器间隙不等，左右摩擦片磨损程度不一致 7）摩擦片沾水，制动效能衰退

表 6-4　自动制动常见故障原因分析

名　称	故障原因分析
电子踏板	位置/力传感器采集系统内部或者外部环境存在干扰信号，滤波时，无法剔除异常数据，误认为是驾驶员发出的制动命令，传给主控单元，计算出制动力，进行制动
主控节点	软件故障： 1）程序错误：某些原因导致程序未按照正常流程执行，而直接跳到制动命令区域执行，导致未满足制动条件时发出制动指令，执行制动功能 2）译码器故障，将其他的指令翻译为制动指令，导致自发产生错误制动命令
通信	通信通道受到干扰，导致其他信号变为制动信号，实现制动
制动节点	制动控制器：接收到外部干扰信号，误以为是主控发出的制动力信号，而自发控制执行器制动

表 6-5　制动拖滞常见故障原因分析

名　称	故障原因分析
电子踏板	1）回位弹簧脱落、折断或过软 2）位置/力传感器故障，传感器信号延迟，使制动无法及时解除
主控节点	硬件故障：误认为其他干扰信号是踏板传感器信号，导致保持制动，未及时解除
	软件故障： 程序错误。某些原因导致程序未按照正常流程执行，而直接跳到制动命令区域执行，导致未满足制动条件时发出制动指令，执行制动功能
制动节点	制动控制器： 硬件故障：受其他信号干扰，未及时解除制动 软件故障：程序错误
	制动执行器：丝杠磨损，使滚珠丝杠副效率降低，不能使制动蹄片顺利回位
通信	受其他信号干扰，保持制动信号

6.2 线控转向系统

6.2.1 线控转向系统结构与原理

线控转向系统（SBW）组成包括 CAN 或 FlexRay 总线、电池、控制器、电机控制器、执行电机、电机电流传感器、转角传感器、齿轮齿条转向器、转向横拉杆和方向盘。该系统的工作机理是上层控制器通过 CAN 总线或 FlexRay 总线将参考转角信号发送给转角跟踪控制器，通过计算转角信号的差分和转矩，形成转向系统转角跟踪的闭环控制。

线控转向系统的组成和工作原理如图 6-8 所示，控制单元主要由转向控制控制器（ECU1）和转向执行控制器（ECU2）组成。ECU1 接收来自角编码器和转矩传感器的信号，对驾驶员的意图进行判断，根据实时的车辆行驶参数和前轮转角控制策略，得到理想的前轮转角，并使用 FlexRay 总线将理想的前轮角度传输到 ECU2，通过控制转向驱动电机完成主动前轮转向。

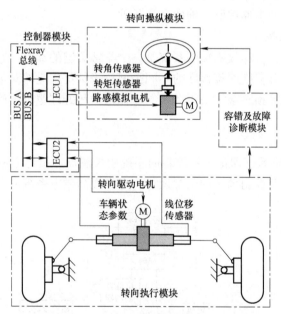

图 6-8　线控转向系统的组成和工作原理

在转向执行模块中，线位移传感器反映车轮旋转角度，转向驱动电机提供正转矩信息。ECU2 对两者的信号进行采集和分析，并根据路感控制策略，通过 FlexRay 将目标信息发送给 ECU1。路感模拟电机为驾驶员提供了理想的路感，减少了驾驶员的疲劳。如果 SBW 系统发生故障，则激活容错与故障诊断模块，使汽车仍能按照驾驶员的指令行驶而不发生转向故障，在极端情况下，保证了驾驶员的安全。

汽车转向系统由方向盘系统、转向执行系统和主控制器三部分组成。此外，还包括自动故障预防系统和供电系统。

1. 方向盘系统和转向执行系统

方向盘系统由方向盘、方向盘角度传感器、转矩传感器和方向盘回位转矩电机组成。系统使用传感器将驾驶员的输入信号转换为数字或模拟信号，然后由控制器进行处理。控制器控制转向驱动电机的电流和旋转方向，从而为驾驶员提供一定的方向盘转矩。方向盘系统可以根据驾驶员对方向盘的操作方法判断驾驶员的操作意图，并将其转换成数字信号传输给主控制器，形成方向盘正转矩，为驾驶员提供相应的道路感应信号。转向执行系统由前轮转角传感器、转向执行电机、转向电机控制系统和前轮转向部件组成。转向执行系统的功能是接收主控制器输出的控制命令，并通过转向电机控制器的控制将驾驶员的驾驶意图传送给主控制器，从而实现车轮的转动。

2. 主控制器

主控制器通过对采集到的信息进行分析和处理，可以准确地确定车辆当前的运行状态。同时，向方向盘电机和转向电机输出执行指令，引导电机工作，保证车辆在任何情况下都有良好的响应，避免驾驶员根据汽车的转向特性进行一些补偿操作，大大减轻了驾驶员的驾驶负担。此外，驾驶员发出的转向指令也可以转换成电子信息，由控制器识别。控制器接收到转向指令后，将结合当前情况进行智能分析，确定驾驶员的操作指令是否合理。当车辆状态不稳定或驾驶员输出的操作命令不合理时，线控转向系统能自动拦截驾驶员的操作命令，并制定正确的控制措施，使车辆按照正确的命令行驶。

3. 自动故障预防系统

在线控转向系统中，自动故障预防系统是一个非常关键的部分。它由一系列监控组件和实现算法组成，可以针对不同严重程度的不同类型故障制定相应的对策，尽可能保证汽车的正常行驶状态。自动故障预防系统采用严格的故障检测和处理逻辑，确保汽车的最大安全性和可靠性。

4. 供电系统

如图 6-9 所示，供电系统保证了线控转向系统中控制器、执行电机及各电气部分的平稳供电。为了保证整车线路控制系统的正常运行，必须提高供电系统的性能。

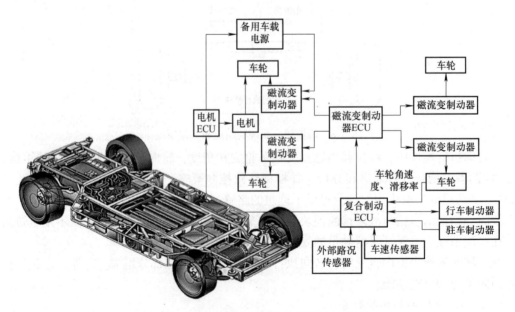

图 6-9　供电系统在线控转向系统中的作用

如图 6-10 所示，传感器检测驾驶员输出的转向数据，然后通过数据总线将数据转换成电信号输入到 ECU，接收来自转向控制系统的反馈指令。同时，转向控制系统还同步接收转向操作系统输出的驾驶员操作指令，并从转向系统获得车轮与路面的接触情况，从而达到指挥整个转向系统的目的。

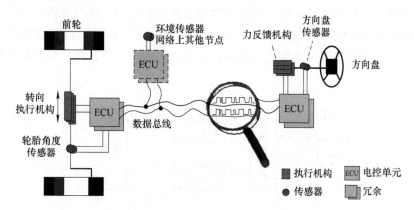

图 6-10 线控转向系统的数据通信

线控转向系统控制原理如图 6-11 所示。在驾驶过程中，当驾驶员转动方向盘时，控制器对传感器采集到的信号进行实时分析和处理。根据方向盘转角信号、角速度信号和转矩信号判断驾驶员的转向意图，规划路感，并采用相应的控制算法驱动路感电机向驾驶员输出转矩反馈，模拟路感。根据前轮转角信号、侧向加速度信号、横摆角速度信号、质心侧偏角信号判断汽车的实时驾驶状态，并与驾驶员的转向意图进行比较。如果汽车偏离驾驶员期望的行驶路径，控制器开始工作，并使用相应的控制算法驱动转向电机工作，使汽车能够根据驾驶员的转向意图行驶。当汽车处于非稳态时，采用车辆动态反馈闭环控制实时补偿前轮转动，通过改变轮胎侧向力使汽车返回稳态行驶状态。

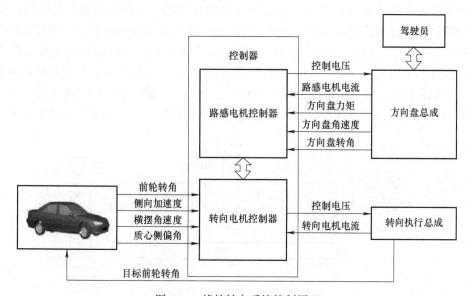

图 6-11 线控转向系统控制原理

在转向系统的控制下，可以将车轮转动到预期的设定角度，并将车轮角度、转矩等相关信息反馈给转向操作系统，帮助驾驶员获取道路感测信息。根据不同的情况，转向控制系统可以发送不同的道路感测信息。

控制系统包括上层控制器和下层控制器，上层控制器进行主动转向和直接横摆力矩功能分配的协调控制，下层控制器包括主动转向控制器和直接横摆力矩控制器。

主动转向控制器采用单神经元自适应 PID 控制算法（图 6-12）将车辆输出的实际横摆角速度与公式中的预期横摆角速度进行比较，以便及时调整前轮转角，控制前轮转向，提高车辆稳定性。

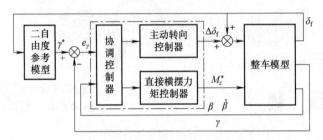

图 6-12　单神经元自适应 PID 控制算法

为了保证驾驶员的正常驾驶，直接横摆力矩控制器只在车辆处于不稳定状态时参与工作，它采用单神经元 PID 控制算法，以车辆实际横摆角速度与期望横摆角速度的偏差为输入，输出为附加横摆力矩，每个轮胎的制动力矩根据车辆的行驶状态进行分配。

6.2.2　线控转向系统常见故障维修

在线控转向系统中，方向盘与转向执行机构之间没有机械连接，由于电子设备的鲁棒性低于机械和液压部件，电子部件可能在没有警告信号的情况下出现故障。当传感器、执行器或电子控制单元发生故障时，必须以容错的方式快速处理，否则将出现不良转向。图 6-13 是纯有线控制、无机械或液压备用系统的线控转向系统的基本结构示意图。线控转向系统包括传感器、控制器、执行器、通信网络等，其主要功能是通过方向盘将转向力反馈给驾驶员，但其执行器采用电机。对于转向功能，安装在短转向柱上的方向盘角度和转矩传感器检测方向盘角度和转矩，输入电子控制单元（ECU），ECU 识别驾驶员的转向意图，并根据转向控制算法对转向执行器进行控制，以达到期望的车轮转角。对于路感反馈功能，传感器检

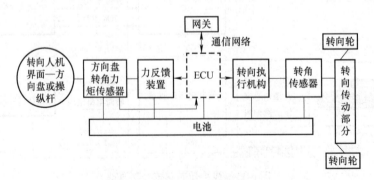

图 6-13　线控转向系统基本结构

测作用在方向盘上的力，ECU 控制力反馈装置，根据路感控制算法为驾驶员提供可调的转向阻力矩，以提高驾驶员对车辆状态的感知。

线控转向常见故障主要有转角传感器故障、转向执行电机故障。故障诊断的过程是信息提取、故障识别和故障决策。系统故障按故障性质分为硬件故障和软件故障；按故障持续时间分为永久性故障、瞬时性故障和间歇性故障；按故障内容分为内容性故障和时间性故障；按故障可检测性分为信号揭示故障和无信号揭示故障；根据故障后果分为无害故障、轻微故障、危险故障和灾难性故障，等等。线控转向系统的容错性使得当一个部件或子系统发生故障时，仍能够实现转向功能。现有的许多容错和故障诊断技术都是通过计算机仿真来验证的。

电机故障诊断采用自适应卡尔曼滤波算法进行参数估计，实时监测电机电枢线圈内阻、电感等性能参数，克服了传统卡尔曼滤波应用于在线控制时参数变化性强的缺点。

微处理器故障诊断可以通过奇偶校验、看门狗定时器检查等方法找到故障微处理器。

角度传感器的测量精度对线控转向系统的闭环/转矩控制至关重要。在线控转向系统的执行器中，转向角传感器的测量值被用作系统主动闭环/转矩控制的关键变量。基于测量信号的故障诊断方法包括阈值检查和真值检查，基于信号模型的单周期随机信号诊断方法，基于过程模型的两个或多个相关信号诊断方法等。在图 6-14 所示的故障诊断流程中，既采用了基于信号模型的方法，又采用了基于过程模型的方法。

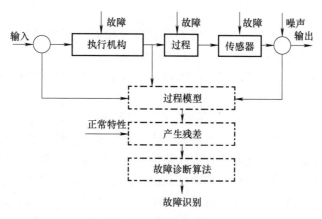

图 6-14　故障诊断流程

对于静态冗余，通过多数表决算法进行故障诊断至少需要三个冗余的元件输出信号；对于动态冗余，采用基于模型的方法进行故障诊断。在对两个物理转角传感器进行分析估计的基础上，采用多数表决算法建立故障检测与隔离算法，对故障传感器进行监测，以保证行车安全。一些关键的电子元件，如传感器、执行器、通信网络、电源等都是双倍甚至三倍的冗余。

图 6-15 所示为线控转向系统转向子系统硬件冗余双容错结构示意图。各电机控制器实现电机转矩闭环控制和电机故障检测，两个微控制器通过仲裁总线相互连接，实现方向盘控制。如果一个部件发生故障，它的备件就会工作，车辆继续安全行驶，即单故障容限。容错技术主要采用冗余原理，包括被动冗余和主动冗余。被动冗余方案的冗余部分用作备份，仅在系统发生故障时才起作用；主动冗余方案中，冗余部分与系统作业并行。容错策略有两

种：系统重构策略和故障隐藏策略。系统重构策略包括故障检测、故障定位与发现、系统恢复三个步骤。故障隐藏策略使用复制方法，不涉及故障检测和从检测到的故障中恢复。线控转向系统的容错方法主要有硬件冗余容错方法和软件容错方法。

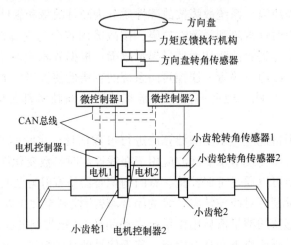

图 6-15　线控转向系统转向子系统硬件冗余双容错结构

传感器的故障形式主要有以下几种：传感器卡滞、传感器漂移、传感器噪声大、漂移和噪声组成的复合故障。

1）传感器卡滞故障通常发生在传感器内部电子和电气部件损坏或传感器断电时。此时，传感器的输出值被卡在某个值上，出现输出错误。

2）传感器的漂移故障一般在安装传感器时出现。如果传感器因振动或其他原因而松动，此时输出值与测量真值之间存在恒定偏差。

3）传感器的噪声故障一般发生在传感器的电子和电气系统受到电磁干扰或传感器安装后在振动干扰的情况下高频工作时，此时出现输出值与正确测量值的噪声较大。

根据传感器的故障特点，将噪声和漂移条件下的故障分为正常工作区、校正区和不校正区，校正区包括噪声区、漂移区以及噪声区和漂移区复合故障区三个部分。

在对前轮转角进行估计后，将传感器的测量序列与基于无迹卡尔曼滤波的转角估计序列相结合，对转角以及传感器的故障进行诊断，确定系统的初步输出形式。故障诊断策略和系统输出如图 6-16 所示。

如图 6-17 所示，控制系统通常采用传感器作为信号源，往往小的干扰也会导致控制系统的不稳定，因此控制系统中应避免传感器输出的突变。同时，对于卡滞和漂移故障，首先需要在故障发生前立即记录传感器的真值，并根据真值计算其与旋转角度估计序列的偏差，从而生成与故障点处传感器估计序列新的并行新序列。其次，在故障诊断后的短时间内，将输出值从设计的新序列转换为估计的旋转角度序列，以保证容错补偿输出的平滑性。最后，利用 CarSim-MATLAB/Simulink 联合仿真验证路径跟踪容错控制对旋转角度传感器故障诊断和容错补偿算法的有效性。结合现有的软硬件基础，搭建传感器硬件在环（HIL）平台，并将故障注入到实际的旋转角度传感器中，以实现故障诊断和容错补偿的半实物实验验证。

对于方向盘转角传感器的对中学习，只有模块识别出方向盘的中间位置，才能更好地执行转向辅助自动回正的作用。同时，也只有识别出中间位置，ABS 模块才能更准确地执行

ESC 功能。当进行以下维修项目时，需执行方向盘对中学习的操作：

1）更换动力转向控制模块或转向机总成。

2）动力转向控制模块进行了刷新。

3）进行了车轮定位角的相关维修。

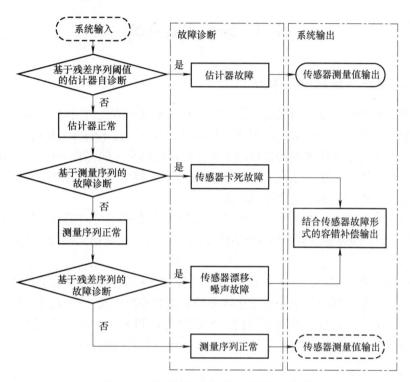

图 6-16　传感器故障诊断和系统输出策略

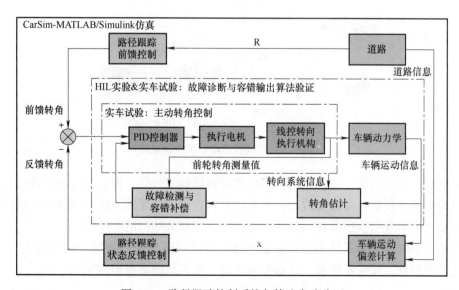

图 6-17　路径跟踪控制系统与算法实验验证

利用诊断仪进行方向盘对中学习，选择底盘—转向—自适应前轮转向，下边有四项选择。如果涉及调整悬架定位参数或拆卸转向机等机械总成，或更换了转向控制模块，则需要按照顺序进行逐项操作。注意：必须严格按照诊断仪的提示进行学习，否则可能导致学习不成功或学习错误。

6.3 线控驱动系统

6.3.1 线控驱动系统结构与原理

线控驱动也称为电子节气门或线控节气门。对于非电子节气门发动机，功率变化由加速踏板直接控制，以改变发动机节气门开度。采用电子节气门技术的发动机通过加速踏板下的位置传感器将转矩需求传输到发动机控制单元。经过控制单元的综合分析，控制电机控制节气门的开度。线控驱动系统由节气门位置传感器、力反馈电机、线控 ECU、节气门执行器控制模块、节气门作动器和环境传感器组成。

现代汽车一般都有多个控制系统，因此大多数汽车都使用控制器局域网（CAN 总线系统），系统的多个工作装置由多个电子控制单元控制。每个控制单元都可以通过 CAN 总线完成信息的传输。

与传统的驱动系统相比，如图 6-18 所示，线控加速踏板的位置主要由安装在加速踏板上的位置传感器采集，其电压信号被发送到驱动系统的控制单元。同时，通过节气门位置传感器收集当前的节气门开度，并将节气门开度信号发送到 ECU。ECU 根据汽车当前的行驶状态和其他系统的运行情况来判断节气门的最佳开度，最后通过控制算法来控制电子节气门的精确开度。

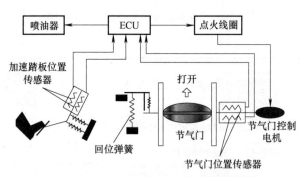

图 6-18 汽车线控驱动系统控制原理

驾驶员踩下加速踏板，但加速踏板不是直接连接到节气门，而是连接到加速踏板位置传感器，该传感器将位置信号转换成电信号发送到线控 ECU。在处理收集到的传感器信号后，电子控制单元向节气门执行器控制模块发送指令，控制节气门的开闭度。

汽车电子节气门控制系统主要由防止意外踩加速踏板机构、节气门控制模块、车速/发动机转速监测模块、喷油器模块、负载监测模块、汽车行驶坡度监测模块、电子节气门模块组成。

当驾驶员误踩加速踏板时，防止意外踩加速踏板机构进行制动。节气门控制模块检测到制动信号后，切断加油信号，使节气门处于怠速状态。

节气门控制模块监测加速踏板的位置，并将位置信号发送到 CAN 总线。

车速/发动机转速监测模块实时检测车辆的行驶速度和发动机转速，并将检测到的车速传输到 CAN 总线。负载监测模块实时检测车辆负载，并将测量值传输到 CAN 总线。

车辆行驶坡度监测模块实时检测车辆行驶坡度值，并将测量值传输到 CAN 总线。

喷油器模块包含一个空气流量计。空气流量计实时监测节气门的进气量。喷油器根据进气量控制喷油。

电子节气门模块从 CAN 总线接收加速踏板位置、车速、发动机转速、车辆负载、车辆行驶坡度和空调开关信息。电子节气门模块可根据上述数值计算节气门开度的最佳值。同时，电子节气门模块可以根据车辆档位和加速踏板开度计算出驾驶员期望的行驶速度，将驾驶员的期望车速与汽车当前的行驶速度进行比较，调整节气门开度，使汽车达到期望车速。

电子节气门控制的优点：与传统的拉索式节气门相比，线控节气门更加舒适、经济。节气门控制 ECU 可以根据驾驶员踩踏板的幅度来确定驾驶员的意图，综合车辆工况可以准确合理地控制节气门开度，使发动机在不同载荷和工况下的空燃比接近最佳理论状态，以获得最佳燃油经济性和驾驶舒适性。

6.3.2 线控驱动系统常见故障维修

先起动发动机，再连接诊断仪，然后踩下加速踏板，观察发动机电控系统的数据流。如果数据发生了变化，说明电子节气门基本正常。如果踩下加速踏板，可以看到诊断仪中一个加速踏板位置传感器电压是另一个加速踏板位置传感器电压的 2 倍或 1/2，同时节气门位置传感器信号 1 的电压加上节气门位置传感器信号 2 的电压接近 5V 时，说明节气门控制部分正常。

电子节气门系统故障诊断过程如下：

步骤一 将起动开关操作到接通状态，连接故障诊断仪并读取系统故障码。如果没有故障码，重新连接线束接头。如果存在故障码，继续进行下一步检查。

步骤二 检查加速踏板和 ECU 之间的线束。操作起动开关至断开状态，断开蓄电池负极电缆，至少等待 90s，断开 VCU 线束插接器和加速踏板线束插接器。根据维护手册中的维护说明测量每个端子之间的电阻值，标准电阻值应小于 1Ω。如果不符合标准值，则更换或修理线束或接头。如果正常，继续下一步检查。

步骤三 检查温度执行器线束接头是否对地短路。操作起动开关至断开状态，断开蓄电池负极电缆，至少等待 90s，断开 ECU 线束插接器和加速踏板线束插接器，测量线束插接器端子与车身搭铁之间的电阻，电阻标准值应大于等于 10kΩ。如果测试后电阻值不符合标准，则应更换或修理线束或接头。如果正常，继续下一步检查。

步骤四 检查加速踏板线束插接器是否对电源短路。连接蓄电池负极电缆，操作起动开关至接通状态，测量线束插接器端子与车身搭铁之间的电压值。标准电压值应为 0V。检查后，如果电压值不符合标准，应更换或修理线束或插接器。如果正常，继续下一步检查。

步骤五 更换加速踏板。操作起动开关至断开状态，断开蓄电池负极电缆，更换加速踏板。如果故障排除，则维修结束。如果故障没有排除，将起动开关操作到断开状态，断开蓄电池负极电缆，然后更换车辆控制器。

6.4 线控悬架系统

6.4.1 线控悬架系统结构与原理

目前，轿车多为被动悬架，主要由阻尼元件和弹性元件组成。根据设计要求和经验，在制造时对悬架阻尼和刚度参数进行了优化。但这些参数不能随驾驶条件的变化而调整，不能根据外部车辆运行条件和外部干扰自主改变，性能改善有限。

线控主动悬架是利用可控的有源器件构成的闭环反馈控制系统。根据车辆的实时运动和外界干扰的输入，它可以自主调整悬架系统的性能参数；调整车身的运动姿态，使车辆悬架系统的性能能够根据车辆的运行状况实时变化；能够根据路面激励或转向操作及时调整悬架控制力，使悬架始终处于最佳减振状态。主动悬架分为全主动悬架和半主动悬架。

如图 6-19 所示，线控悬架系统主要由决策单元和执行单元组成。决策单元由电子控制单元（ECU）和传感器组成；执行单元由安装在每个车轮上的执行器和能量装置组成。控制信号包括加速度、车速、车辆高度、路况、方向盘转角等。主动悬架的工作方法：传感器测量系统将路况、运动状态等信号传送给电子控制单元。经过计算和处理后，电子控制单元向执行器发出指令。执行器产生主动控制力，并执行控制以满足不同的车辆状态对悬架系统实时的减振要求。

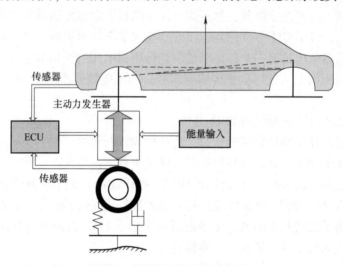

图 6-19 线控悬架系统控制原理

主动悬架可分为液压、电动和磁流变三种类型。电子空气悬架也用于大型货车、客车。其结构与主动悬架相似，但控制方法不同。主动悬架根据车辆的各种传感器信号实时在线调整悬架系统的刚度系数和阻尼系数。这是一个不断变化的调整过程，而电子空气悬架则是根据车辆的运行状况（如加速、减速、转向等）和负载质量的变化来改变悬架的刚度系数和阻尼系数，不是连续的调整过程，其特点更类似于被动悬架。

应用最广泛的主动悬架系统是液压主动悬架，液压主动悬架根据其结构和适用的频率范围可分为三类：全主动悬架、慢主动悬架和并联主动悬架。

主动悬架系统控制模块主要包括控制策略模块、液压执行器模块、悬架振动系统模块和道路输入模块。主动悬架控制系统的部件组成主要有信号采集模块、控制系统模块、执行器和提供附加能量的电源。信号采集模块包含各种传感器；控制系统模块用于处理传感器采集的各种信息，经过逻辑运算后发出动作指令；执行机构主要是力发生器或转矩发生器（液压缸、气缸、电磁阀等），执行器接收控制单元的指令，依靠外部电源产生控制力，电源是用来提供能量的。上述模块构成闭环反馈控制回路：信号采集模块采集车辆运行状态的各种信号，传递给控制系统模块，控制系统模块对信号进行处理，然后发出控制动作指令，控制执行器产生主动干预，实时干预车身的振动状态，使车辆达到最佳工作状态。

如图 6-20 所示，主动悬架系统模型的输入是路面粗糙度和主动悬架系统液压执行器的干预力，包括路面不平度、轮胎动态位移、车身加速度和悬架动态挠度。输出是主动悬架系统液压执行器的电磁滑阀的位移。

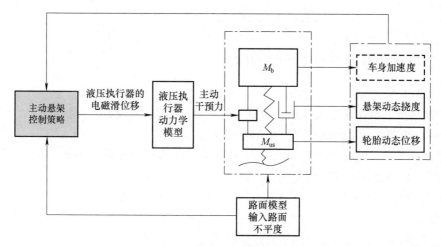

图 6-20　主动悬架系统控制策略

如图 6-21 所示，主动悬架控制器主要包括垂直振动控制器和横摆控制器两个部分，以车身质心处的垂直振动加速度为状态输入值，以两侧悬架的功率为输出值抑制垂直振动；以侧倾角为输入值，通过两侧悬架力之差产生反向横摆力矩来抑制车身横摆，并根据横摆力矩和垂直振动抑制力的大小调整两个控制器的重量系数。

与被动悬架相比，主动悬架主要有以下优点：

1）它能更好地隔离从路面传递到车身的振动，提高驾驶舒适性。常见的被动悬架往往在操纵性和舒适性之间做出选择。然而，根据性能要求，主动悬架可以在任何轴上产生满足性能要求的悬架运动。

2）能有效控制车身的运动。当车辆在加速、减速和转弯时，主动悬架可以输出抵消部分惯性力，减小车身的俯仰和侧倾，并在行驶中保持车身的稳定性。有时（如在曲线中），会产生所需的车身姿态，以改善车辆的各种性能。

3）车身高度可以调节。当车速较高时，可以降低车身高度，从而提高操纵稳定性；当道路颠簸、路况较差时，可增加车身高度，增强车辆通过不良道路的能力。

缺点：由于主动悬架系统结构较为复杂，出现故障的概率和频率要远远高于传统悬架系统。在汽车主动悬架系统中，随着元器件使用时间的增加，系统参数会发生微小变化，使系统中的传感器或作动器发生故障。这些故障将影响控制器的功能，使其达不到预期的控制输出效果，甚至控制效果部分或全部丧失，影响汽车的乘坐舒适性等性能指标。

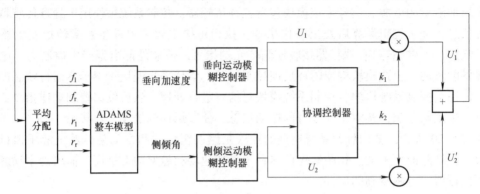

图 6-21 主动悬架控制器控制模型

6.4.2 汽车主动悬架系统常见故障维修

1. 车身高度检查

1）静态高度。汽车轮胎充气后，根据汽车的结构性能参数和尺寸检查汽车的静态高度。如果不合格，则调整高度传感器连杆中的张紧螺栓。

2）动态高度。发动机在工作状态下将高度控制开关从"正常"调整到"高"，检查高度调整时间，并检查汽车的高度变化。

3）降低调整。起动发动机，将高度控制开关从"高"调整到"正常"，然后检查下降的时间和变化。

完成上述调整后，检查静态高度，然后拧紧螺栓和螺母。

2. 汽车供气系统的检测

1）压缩机。打开点火开关，用专用跨接线短接高度控制插头端子，当压缩机工作时，听声音判断工作情况，工作几分钟后，用手进行温度和振动检查，并检查逆流阀的排气情况。

2）泄漏。当主气室有足够的空气且车辆处于"高"位置时，检查是否有泄漏。关闭发动机，在怀疑漏气的地方涂上肥皂水，检查是否有气泡。

3. 转角传感器检修

拆卸仪表板下部杂物箱，处理点火开关连接问题。轻轻转动方向盘，检查悬架电子控制单元的连接端子，测量端子与车身的搭铁电压，如果电压值在 0~5V 之间，则传感器没有故障。拆下方向盘，打开点火开关，测量端子电压，如果电压值在 9~14V 之间，则传感器正常。

6.5 基于电动汽车的线控底盘技术应用

汽车线控系统的控制原理如图 6-22 所示，通过传感器来判断驾驶员的驾驶意图，将传感器采集到的信号转化为电信号，通过导线传送到控制器，控制器根据本身的控制策略及控制算法对信号进行一系列的计算分析，得出需要执行器所需要做出的相应动作，然后将动作执行信号通过导线的方式直接传送给执行机构，最终，由执行器根据执行控制信号，迅速做出精准的执行动作。

图 6-22　汽车线控系统的控制原理

线控底盘控制案例如图 6-23 所示，四轮独立线控汽车底盘是具有四轮独立驱动、独立

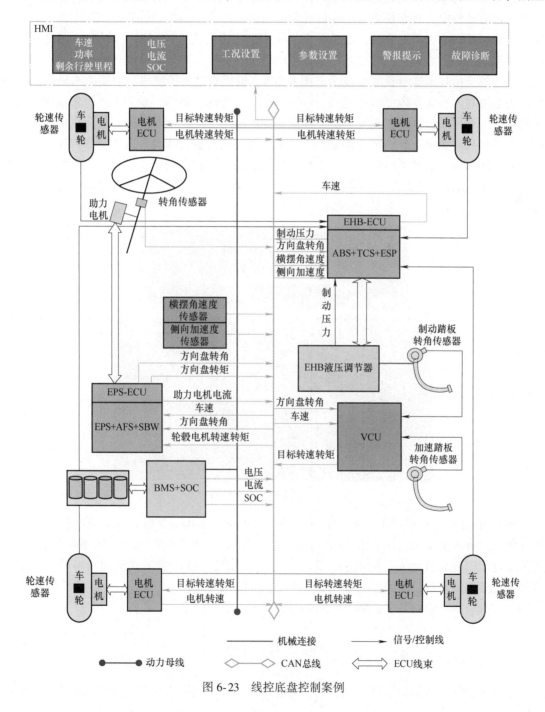

图 6-23　线控底盘控制案例

制动的全线控、集成化、网络化控制等特点的新型纯电动汽车底盘，采用轮毂电机取代了传统的动力传输装置，直接将驱动系统、传动系统以及制动系统分别融合在四个独立的车轮上，并通过控制器独立控制四个车轮，再结合大量线控技术的使用，便形成了控制系统高度集成、网络化通信的新一代汽车底盘。

基于轮毂电机的四轮独立线控汽车最大的优势在于提高了能量的利用率，而提高能量利用率的一个主要方式就是再生联合制动，利用轮毂电机转动的阻力来对车轮进行制动，通过轮毂电机转动发电，将车辆本身的动能转化为电能。所产生的电能储存在高压电池中，作为驱动车辆行驶的动力源。并且，线控技术的应用，直接提高了执行器的响应速度和精确度，响应速度达到毫秒级别，同时也几乎消除了动力传输链，提高了能量利用率。

典型的应用技术如滑板底盘技术（图 6-24），滑板底盘与传统底盘不同，车辆的发动机和动力源被封闭在底盘内，即将电机、电池、电控、转向、制动、悬架等系统集成到一个独立底盘内，利用线控技术实现车辆上下解耦，使底盘与上装控制端不再有任何机械传动硬连接，主机厂只需要做上装的车身部分，下装部分可利用滑板式底盘自由调整的特性，拉伸成所需的适配布局。这种类型的设计思维允许更大的灵活性和定制化，以满足人们的需求。如果人们想更新他们的车辆，可以购买一个新的"外壳"或"车身"，并安装到现有的滑板底盘上。

图 6-24　滑板底盘的设计理念

早在 2002 年，通用汽车就推出了滑板底盘的概念，Rivian 滑板底盘的核心技术在于分布式驱动，有 4 个分布式独立驱动的电机系统，在行驶中可实现每个车轮的独立电子控制，是最接近于"轮式机器人"的架构，符合下一代智能汽车软件定义底盘的技术趋势。随着自动驾驶时代的来临，人类不需要驾驶车辆，此时，车辆就变成了一个可以移动的"第三空间"，而滑板底盘更将成为搭建第三空间的基础。

思　考　题

本项目的学习目标你已经达成了吗？请通过思考以下问题的答案进行结果检验。

序 号	问 题	自 检 结 果
1	线控底盘由哪几个线控技术组成？	
2	线控转向系统由哪些部件组成？其工作原理是什么？	
3	线控转向系统常见故障有哪些？	
4	线控制动系统由哪些部件组成？其工作原理是什么？	
5	EHB 系统、EMB 系统、全回路制动系统的区别有哪些？	
6	全回路制动系统由哪些部件组成？其工作原理是什么？	
7	线控节气门系统由哪些部件组成？其工作原理是什么？	
8	线控节气门系统常见故障有哪些？	
9	线控悬架系统由哪些部件组成？其工作原理是什么？	
10	线控悬架系统常见故障有哪些？	

第7章 汽车导航与高精地图

![学习目标]

1. 能够说出汽车导航技术的类型与卫星导航定位方法。
2. 能够解释惯性导航系统结构类型与导航原理。
3. 能够解释卡尔曼滤波器惯性导航系统。
4. 能够掌握车载 GPS 导航系统结构组成与常见故障处理方法。
5. 能够知道高精度地图技术原理与生产的方法。

7.1 基于卫星定位技术的导航系统

7.1.1 汽车导航技术的类型

定位功能是车载终端的基本功能之一，是为用户提供导航定位信息服务的基础。汽车定位与导航技术主要有卫星定位技术、独立定位技术、无线电定位技术、传感器感知定位技术、组合定位技术等。

1. 卫星定位技术

全球导航卫星系统（GNSS）是指美国 GPS、俄罗斯 GLONASS、欧洲伽利略、中国北斗等全球、区域型导航系统以及相关的增强型系统。其中，GPS 导航系统分为开环导航系统和闭环导航系统。卫星定位成本较低但精度也较低，约为 10m。基于基站增强的卫星定位精度高，可达厘米级，但成本较高。因此，卫星定位只适用于室外无遮挡的环境。

1) GPS 开环导航系统。该系统可以从控制中心或无线电台、卫星传感器等获取车辆的位置和方向等信息，并通过与电子地图的配合，确定从旅程开始到结束的最短距离。由于控制中心不知道车辆何时发生故障或被盗，因此 GPS 开环导航系统不具备防盗、调度、工作状态监测和报警等功能。

2) GPS 闭环导航系统。GPS 闭环导航系统除了具备开环导航系统的所有导航功能外，驾驶员还可以实时向控制中心反馈驾驶信息，控制中心还可以及时向运营中心发送交通、道路、气候等综合信息，车辆能够在最短的时间内到达目的地，因此 GPS 闭环导航系统具有导航、防盗、调度、工作状态监测和报警等功能。GPS 是目前最常用的 GNSS 定位方法，具有成本低、应用范围广、全天候等优点，但也有其局限性，例如，在隧道、山路、高楼城市环境下的信号容易被屏蔽，精度较差。

2. 独立定位技术

独立定位也称为自主定位或惯性导航，主要依靠惯性传感器（里程表、陀螺仪、加速度计、电子罗盘等）来获取车辆的位移和航向信息，根据使用条件的不同，可以分为基于里程计的航迹估计系统、基于惯性传感器的航迹估计系统。独立定位易受产品成本影响，成本越高精度越高。其特点是在应用中可以形成相对定位精度，但有时间累积误差。

1）基于里程计的航迹估计系统。通过车轮速度编码器（里程表）获得车轮的转向和速度，然后根据运动模型估计采样间隔内车辆的相对姿态。该方法简单，成本低，易于实时完成。但是，它容易受到运动参数标定误差、编码器量化精度、车轮与地面接触不良、地面不平、运行中遇到意外物体等因素的影响，导致系统误差恒定，非系统误差随机变化。同时，由于存在误差的积累，因此它必须周期性地进行修正以减小误差，否则车辆定位会出现偏差。

2）基于惯性传感器的航迹估计系统，又称惯性导航系统（INS）。该系统利用内置传感器确定车辆自身的相对位置和行驶方向，通过数学分析确定行驶路径，并将行驶路径与记忆电子地图上的道路进行比较，确定车辆在地图上的位置，到达目的地的方向和剩余距离等，并在显示器上显示，从而起到导航和引导的作用。自主导航系统根据使用的方位传感器的不同，分为地磁导航系统和惯性导航系统。通过陀螺仪、加速度计等获取车辆行驶过程中的加速度和速度，然后利用积分过程推导出车辆姿态增量。独立定位技术不可避免地会引入累积误差，但它在短距离内具有良好的定位性能，是车辆定位系统不可缺少的组成部分。

3. 无线电定位技术

无线电定位也叫蜂窝网定位，是直接或间接测量已知位置的固定点与运动目标之间的无线电信号传播过程中时间、相位差、幅度或频率的变化，以确定距离、距离差和方位等定位参数，然后使用测量技术，即位置线确定要固定的点的位置。无线电定位技术主要分为无线定位技术、超宽带定位技术、3G/4G/5G 网络三角定位技术、RFID 射频电子标签定位技术。无线电定位技术的优点是网络覆盖好，终端要求低，但是会受到目前信号带宽及同步的限制，精度较低。5G 网络的定位精度大幅提高。

4. 传感器感知定位技术

根据不同的定位原理，将传感器感知定位技术分为基于信标检测的车辆定位、基于场景图像匹配的车辆定位和基于视觉里程表的车辆定位。传感器感知定位技术在应用中定位精度高，可达厘米级，常用的传感器主要包括视觉传感器、毫米波雷达以及激光雷达等。但是这种方式定位成本较高，尤其是激光雷达，需要采集地图且定期更新地图。

1）基于信标检测的车辆定位利用三角形原理实现了三个或三个以上信标的车辆位置估计。信标是指能够被车载传感器识别或接收信息且其全局坐标已知的突出物体，可分为人工信标和自然信标。人工信标是指在车辆运行环境中一些人工设置的标志，如灯塔等，其维护难度大，不适合在大规模环境中应用。自然信标是存在于自然环境中的静态特征对象，如公路、树木、交通灯、道路标志等，其特征被检测出来用于车辆位置判断。

2）基于场景图像匹配的车辆定位通过车载传感器感知周围环境，利用获取的局部特征信息构造局部场景，并将局部场景与预先存储的全局环境场景图进行比较。如果两个场景地图匹配，则可以计算出车辆在当前环境中的位置参数。其中，场景模型的建立和高效的匹配算法是该方法的两个关键技术。"局部场景"是指具有特定位置和方向的传感器场景。

3）基于视觉里程表的车辆定位通过单个或多个相机采集图像数据，并基于图像匹配技术估计车辆运动信息。实际应用涉及不同的视觉系统，如单目视觉、双目视觉、全景视觉和 RGB-D 视觉系统。基于视觉里程表的车辆定位是基于测量值的累积，属于相对定位的范畴。

5. 组合定位技术

组合定位技术是通过融合多种不同类型的定位系统，形成一个多冗余、高精度的多功能定位系统。当 GPS、北斗等绝对定位出现故障时，开始进行相对定位补偿，而相对定位测量值存在累积误差并处理大量数据，需要绝对定位校正。目前常用的组合方案有 DR/MM 组合定位、GPS/MM 组合定位、GPS/DR 组合定位、GPS/INS 组合定位、GPS/DR/MM 组合定位等。地图匹配是将其他定位设备获取的车辆轨迹与预先存储在地图数据库中的道路信息相结合，从而确定车辆相对于电子地图的位置信息。

7.1.2 卫星通信与定位方法

卫星定位系统是利用卫星精确定位某物的技术。卫星定位最初定位精度较低，无法实时定位，难以提供及时的导航服务，目前高精度 GPS 在任何时间、任何地点，都可以同时观测到四颗卫星，实现导航、定位、定时和其他功能。卫星定位可用于引导飞机、船舶、车辆和个人安全、准确地沿着选定的路线按时到达目的地。

卫星导航系统一般由三部分组成：中央控制系统、导航卫星和用户卫星信号接收机。卫星定位技术是指卫星导航中心控制系统采用特定的定位算法，根据三者之间无线信号传输的时延，计算出用户信号接收器与导航卫星之间的相对位置（位置和高度已知）。GIS（或数字地形图）确定用户卫星信号接收机的三维坐标。

1. 卫星通信信号

卫星信号包括三个信号分量：载波、测距码和数据码。时钟频率 $f_0 = 10.23\text{MHz}$，使用频率合成器生成所需频率。GPS 卫星发射信号由载波、测距码和导航信息三部分组成。

1）测距码。测距码是一种二进制码，用于确定从卫星到接收器的距离，如图 7-1 所示。

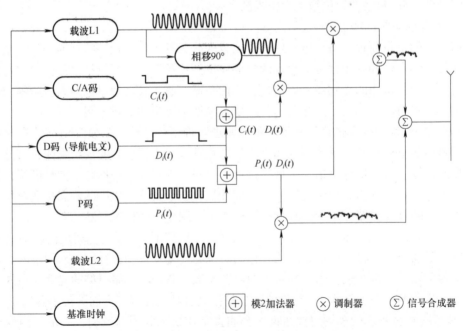

图 7-1　GPS 卫星信号编码类型

GPS卫星测距码本质上是伪随机噪声码，它们似乎是一组值（0或1）完全不规则的随机噪声码序列。实际上，它们是周期性的二进制序列，可以用一定的编码规则进行复制，并且具有类似于随机噪声码的自相关特性，相同结构的随机码序列按符号个数移位，对应的符号相互对齐，便于测量。

测距码是由多个多级反馈移位寄存器产生的一系列复杂过程构成的，如平移、截断、模2和等。GPS卫星发射的测距码信号根据其性质和用途的不同，包括C/A码和P（Y）码两种伪随机噪声码信号。每颗卫星使用的测距码各不相同。

2）导航信息。导航信息也称为广播星历，被调制在信号频率为50Hz的L1载波上，包括卫星轨道参数、卫星时钟校正和其他系统参数。用户通常需要利用这些导航信息来计算卫星在某一时刻在地球轨道上的位置。如图7-2所示，导航消息的第二和第三子帧形成第二数据块。数据块的内容是卫星星历，是描述卫星运行及其轨道参数的信息，为计算卫星运行位置提供数据。卫星导航信息是用户使用定位导航所必需的基础数据。它主要提供卫星在空间的位置、卫星的工作状态、卫星时钟的校正参数、电离层延迟校正参数等重要信息。信息以规定格式的二进制格式编码，并以帧的形式发送给用户接收器，因此也被称为数据码（D码）。导航信息作为一个单元（帧）传输。每帧的长度是1500位，广播一个主帧需要30s。一个主框架包括5个子框架。每个子帧包含300位，广播时间为6s。每个子帧可分为10个字，每个字由30位组成。第4和第5子帧各有25页，在750s内播放。第一、第二和第三子帧每30s重复一次，内容每2h更新一次。第四和第五子帧每30s翻转一页，12.5min后重复。该内容只有在卫星注入新的导航数据后才能更新。

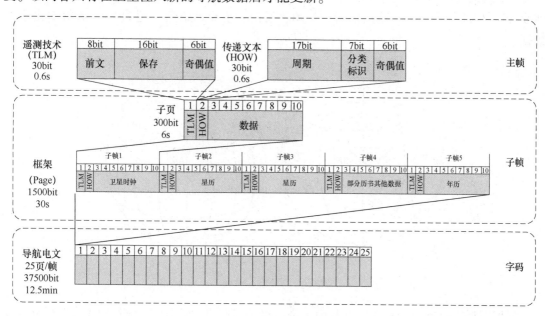

图7-2 卫星电报文结构

2. 卫星定位方法

当GPS卫星正常工作时，将连续发送由1和0二进制符号组成的伪随机码（简称伪码）的导航信息。GPS中使用的伪码有两种，即民用C/A码和军用P（Y）码。C/A码频率为1.023MHz，重复周期为1ms，码间隔为1μs，相当于300m；P码频率为10.23MHz，重复周期 266.4 天，代码间隔 0.1μs，相当于 30m，Y 码是在 P 码的基础上形成的，安全性能更好。

导航信息由卫星信号解调，以 50bit/s 的调制频率在载波上传输。要确定卫星轨道与地球的关系，也可以表示为确定开普勒椭圆在天体坐标系中的位置和方向。根据开普勒第一定律，轨道椭圆的一个焦点与地球的质心重合，所以要确定椭圆在上述坐标系中的方向，需要三个参数。这三个参数的选择不是唯一的，其中一个广泛使用的参数被称为开普勒轨道参数，或开普勒轨道的数目。

车辆的定位是通过 GPS、惯性导航、里程表、相机、激光雷达等传感器获取车辆的位置和航向信息实现的。如图 7-3 所示，GPS 定位的基本原理是空间后方交会，以 GPS 卫星与用户接收天线之间的空间距离作为基本观测，根据已知的卫星瞬时坐标来定位用户接收天线。待定点 GPS 定位的三维坐标 (x, y, z) 分为伪距测量和载波相位测量两种类型。

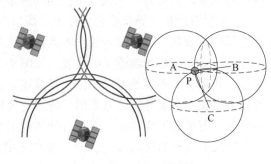

图 7-3　三球交汇原理

每颗 GPS 卫星都会发送其位置和时间数据信号，用户接收机可以测量每个卫星信号到接收机的时延，根据信号传输速度计算出接收机到不同卫星的距离。当同时采集至少四颗卫星的数据时，通过变频、放大、滤波等一系列处理过程，对 GPS 卫星信号进行跟踪、锁定、测量，从而产生计算位置的数据信息，包括经纬度（图 7-4）、高度、速度、日期、时间、航向、卫星状态等，通过 I/O 端口输出串行数据。

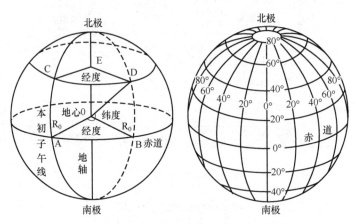

图 7-4　纬度、经度

根据卫星定位方法，其技术可分为三类：静态定位和动态定位（图 7-5）、绝对定位和相对定位、差分定位和组合定位。绝对定位是指利用 GPS、双天线以及卫星在地球上的绝对位置和航向信息定位。相对定位是指根据车辆的初始姿态，通过惯性导航、里程表等传感器获取加速度和角加速度信息，并将其与时间积分，得到相对于初始姿态的当前姿态信息。组合定位是指将绝对定位和相对定位相结合，弥补单一定位方法的不足。车辆导航定位如图 7-6 所示。

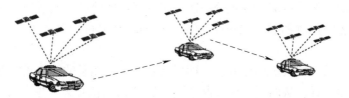

图 7-5　GPS 动态定位

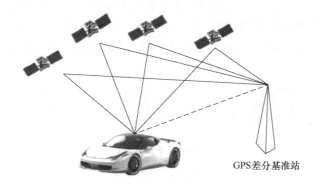

GPS差分基准站

图 7-6　车辆导航定位

目前的 GPS 定位算法从定位方法上分为基于测距算法和无测距算法，根据部署场合分为室内定位和室外定位。测矩算法通过测量节点之间的距离或角度，使用三边测量、三角测量或最大似然估计定位方法计算节点位置。无测距算法不需要距离和角度信息，通过网络连通性等信息实现节点定位。

智能网联汽车车载终端作为智能交通系统中进行车辆监控和信息采集的重要电子设备，可用于车辆远程监控/调度、车辆驾驶信息记录、车辆辅助驾驶、事故应急救援等，并可为用户提供车辆导航和信息查询、短信、语音、多媒体等服务。其功能模块主要包括 BDS/GPS 双模定位模块、GPRS 无线数据传输模块、车辆信息采集模块、LCD 显示模块、RFID 通信模块和多媒体数据设备。车载终端的功能实现基于车辆定位、时间和速度测量、车身参数信息（CAN 信息）采集、无线通信技术，并结合相关数据处理技术和语音多媒体技术。为了实现车辆自动识别、道路交通流量统计、动态路径车辆引导、高速交叉口不停车收费、智能停车场管理等功能，在车载终端和路边智能终端中还集成了 RFID 技术。

7.2　惯性导航定位技术应用

惯性导航是通过测量运动物体的加速度，自动进行积分运算，获得车辆瞬时速度和瞬时位置数据的技术。组成惯性导航系统的设备都安装在车辆上，它们在工作中不依赖外界信息，也不向外辐射能量。该系统不容易受到干扰。是一种自主导航系统。

7.2.1　惯性导航定位的作用与结构组成

根据组合式惯性测量装置在载体上的安装方法，惯性导航系统可分为平台式惯性导航系统和捷联式惯性导航系统。在惯性导航系统中，其加速度是基于牛顿定律、相对加速度基于惯性参考系测量的，然后将加速度积分一次，得到载体的速度，然后将二次积分与陀螺仪结合，得到运动载体的位置信息。通过坐标变换矩阵，可以得到载体的横摆角、速度和位置信息。

惯性导航定位是一种轨迹估计方法，即根据载体连续测量的航向角和航速，从已知点的位置估计下一点的位置，从而可以连续测量运动物体的当前位置。它依靠里程表、陀螺仪、加速度计、电子罗盘等惯性传感器来获取车辆的位移和航向信息。惯性导航系统中的陀螺仪用来形成导航坐标系，使加速度计的测量轴在坐标系中稳定，并给出航向和姿态角；加速度计用来测量运动物体随时间的加速度，对时间积分一次，即可得到速度。

如图 7-7 所示，惯性导航（INS）能有效解决城市 GPS 信号丢失情况下的自动驾驶车辆定位问题。

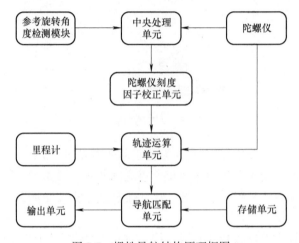

图 7-7　惯性导航结构原理框图

惯性导航系统有两个主要作用。一是在 GPS 信号丢失或较弱时，暂时填补 GPS 留下的空白，采用积分法获得最近的三维高精度定位。如图 7-8 所示，由于地面高层建筑的阻隔，卫星信号只能覆盖城市 30% 的面积，因此，惯性导航系统是城市无人驾驶的关键。

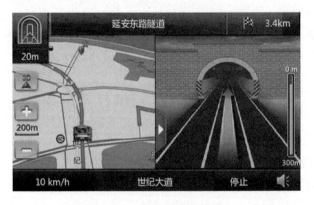

图 7-8　卫星导航信号盲区

另一个作用是与激光雷达进行信息融合。如图 7-9 所示，GPS+惯性导航系统为激光雷达的空间位置和脉冲发射姿态提供高精度定位，并为激光雷达点云建立三维坐标系。

图 7-9　GPS+惯性导航系统为激光雷达提供定位

惯性导航利用惯性测量单元的旋转和加速度信息计算相对位置，典型的六轴惯性测量单元由六个互补的传感器组成，这些传感器布置在三个正交轴上，每个传感器都有一个加速度计和一个陀螺仪，加速度计测量线加速度，陀螺仪测量旋转加速度。

1）加速度计。加速度计也称为加速度传感器。利用这些传感器，惯性测量单元可以精确地测量其在三维空间中的相对运动。加速度传感器是实现惯性导航的重要部件之一。

2）陀螺仪。如图 7-10 所示，陀螺仪是绕支点高速旋转的物体，它有一个明显的特点，当它高速运行时，可以直立在地上而不摔倒，这说明高速旋转的物体具有保持其旋转轴方向不变的特点。在没有重力的情况下，陀螺仪会因为缺少固定连接的支撑而沿着斜坡的方向滚动，因此需要用一个支架来支撑陀螺仪。

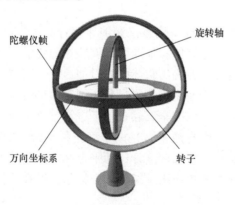

图 7-10　陀螺仪

陀螺仪的转子是一个对称的飞轮，可以在内部框架内高速旋转。内框相对于外框可以围绕内框轴自由旋转，外框相对于支架（表壳）可以围绕外框轴自由旋转。这两种旋转的角速度称为牵连角速度。旋转轴、内框轴和外框轴的轴都在一个点相交，称为陀螺的支点，整个陀螺可以围绕支点任意旋转。基于惯性测量单元旋转的陀螺仪漂移估计补偿方法如图 7-11 所示。

陀螺仪有多种类型，根据陀螺仪转子主轴自由度的多少可分为两自由度陀螺仪和单自由度陀螺仪。根据支承系统的不同，可分为滚珠支承陀螺仪、液浮/气浮和磁浮陀螺仪、挠性陀螺仪、静电陀螺仪。

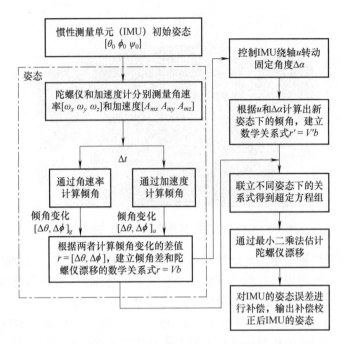

图 7-11　基于惯性测量单元旋转的陀螺仪漂移估计补偿方法

7.2.2　惯往导航系统类型

惯性导航系统分为平台式惯性导航系统和捷联式惯性导航系统两种。

1. 平台式惯性导航系统

平台式惯性导航将惯性传感器（陀螺仪和加速度计）安装在惯性平台的台面上。在平台式惯性导航系统的结构中，陀螺仪和加速度计安装在稳定的平台上，载体运动参数在平台坐标系上进行测量。加速度传感器输出载体的绝对加速度，陀螺仪输出载体相对于惯性空间的角速度或角增量，加速度、角速度或角增量包含了载体运动的全部信息。这种系统不需要任何其他系统提供外部信息，可以在全天候条件下进行三维导航。

平台惯性导航系统中的惯性导航平台是一个稳定的平台。如图 7-12 所示，它在惯性导航系统中的作用是借助陀螺仪支撑加速度计，使平台和加速度计稳定在指定的坐标系中；同时，它还可以按照导航计算机的指令跟踪指定的坐标系，即在几何稳定状态或空间积分状态下工作。

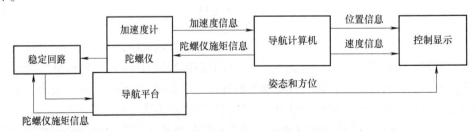

图 7-12　平台惯性导航系统工作原理

惯性平台用于隔离载体角运动对加速度测量的影响，并能跟踪指定的导航坐标系，为平台提供导航测量参考。陀螺仪对平台体运动的角速度敏感，借助平台稳定回路实现平台的稳定。加速度计敏感轴输出的信息经 AD 采样后送入导航计算机进行处理，从而知道载体的瞬时加速度，然后通过积分器计算出载体的速度、位置信息和平台的控制量。

惯性导航系统利用加速度计测得的加速度信息，在消除有害加速度项后得到载体的实际加速度，然后通过两次积分确定载体的位置。这是一种推算定位的方法，随着时间的推移，错误会继续累积，长时间工作会超出允许的范围，这就要求在使用惯性导航系统时，必须通过其他系统的信息对其进行调整或修正，以保证其精度。

2. 捷联式惯性导航系统

捷联式惯性导航系统不同于平台式惯性导航系统，它没有物理平台，直接安装在载体上。主惯性器件陀螺仪测得的角速度所采用的参考坐标系是惯性坐标系，以惯性参考系测得的角速度作为参考坐标，作为陀螺仪的输出，利用导航解算得到更新后的姿态矩阵（姿态矩阵包括航向角、俯仰角、滚转角三个参数）。最后，将加速度计测得的加速度信息投影到导航坐标系中求解。

由于捷联式惯性导航系统没有物理平台，惯性器件的输出不再是载体相对于导航坐标系的运动信息，而是载体相对于惯性坐标系的加速度和角速度。它通过计算机将平台惯性导航中的物理稳定平台替换为虚拟的数学平台，并利用该数学平台跟踪导航坐标系的变化，数学平台的作用与平台式惯性导航系统中的物理稳定平台相同。

导航计算机根据惯性器件测得的运动信息更新数学平台，然后将加速度和角速度信息转换为虚拟数学平台求解。捷联式惯性导航系统的基本原理如图 7-13 所示。

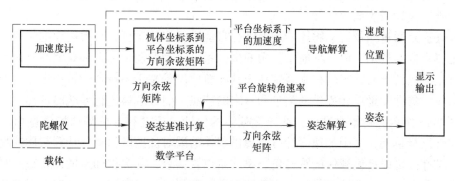

图 7-13　捷联式惯性导航系统基本原理图

从捷联式惯性导航系统的工作原理可以看出，其导航定位精度的影响因素主要包括惯性器件误差、初始条件误差、外界环境干扰、安装误差和计算误差。在这些影响因素中，器件误差是捷联式惯性导航系统的主要误差源。如图 7-14 所示，从导航解算的角度，在惯性导航进入导航状态前，通过误差标定方案对惯性器件的误差标定进行校正，以提高导航精度。

捷联式惯性导航算法需要将误差控制在整个捷联系统误差的 5% 以内，它的微分方程系统出三个微分方程组成：位置更新、速度更新和姿态更新，其描述形式为递归迭代数字离散化。该算法利用早期导航信息的输入和惯性传感器采集的实时信息，通过递推的方法获得载体当前的位置信息。捷联式惯性导航系统的姿态矩阵同时表示了导航坐标系与载体坐标系之间的空间转换关系。随着载体的运动，姿态矩阵不断实时更新。

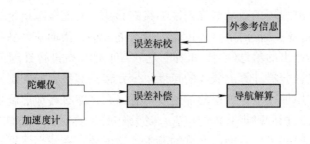

图 7-14　误差标校原理图

惯性导航系统使用经典的牛顿力学定律，根据牛顿第二定律 $F=ma$，外力与加速度成正比，所以加速度可以由外力求得。加速度积分一次得到速度，再进行二次积分得到位置变化值。在空间坐标系中，由于加速度计的敏感轴是垂直安装的，一个完整的惯性导航系统需要三个加速度计，任何一个加速度计都可以测量三个坐标轴在这个方向上的加速度值。

要获得速度和位置信息，除了要知道加速度值外，还必须用另一个物理量作为方向。在惯性导航系统中，陀螺仪是用来检测方向的，加速度的方向可以在任何时刻由陀螺仪获得，利用上述信息，以惯性坐标系为基础，对加速度进行分解，然后进行积分计算。

7.2.3　卡尔曼滤波器与融合定位技术在自动驾驶中的应用

惯性导航系统用来计算导航信息的坐标系是导航坐标系，姿态信息解算的主要功能是求出载体的横摆角、俯仰角和航向角。在捷联式惯性导航系统中，首先需要将加速度传感器信息分解到相对简单的地理坐标系中，然后进行导航解算。导航信息不能直接在载体坐标系中计算，即导航坐标系为地理坐标系。

惯性导航是通过测量运动物体的加速度，自动进行积分运算，获得运动物体的瞬时速度和瞬时位置数据的技术。惯性导航中使用的坐标系可分为惯性坐标系和非惯性坐标系。惯性导航与其他类型的导航方案的根本区别在于其导航原理是基于牛顿力学第一定律。惯性导航是利用载体上惯性测量单元提供的信息和一定的算法，引导载体进行导航的过程。

如图 7-15 所示，初始对准后，在知道载体的位置、速度和方位等初始信息后，依靠载体上的惯性测量单元，其中加速度计可以提供载体的瞬时加速度信息，计算载体的瞬时速度和位置；陀螺仪可以提供载体的瞬时角速率或角位置信息，并提供加速度计在每一时刻的方向。这样，就可以通过惯性测量计算出载体在空间的瞬时运动参数，包括线性运动和角运动

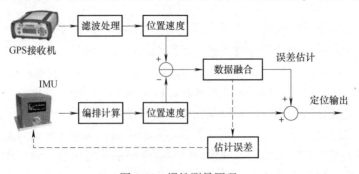

图 7-15　惯性测量原理

参数。惯性导航是一种全自主导航。在导航过程中，惯性系统既不对外发送信号，也不对外接收信号。

惯性导航工作频率为1kHz，位置更新频率很高。惯性导航在三维空间中的应用实际上是每秒数百或数千个样本的积累。在这个过程中，误差也会积累起来，这意味着如果没有外部参照来校正，惯性导航会很快偏离正确的位置，所以需要使用数字滤波器（如卡尔曼滤波器）来最小化定位误差。外部参照可以由 GPS 提供一组绝对坐标，作为初始起点。GPS 连续发送位置和速度以更新滤波器估计值。当 GPS 信号因干扰而丢失时，可以利用惯性导航在短时间内对车辆进行定位。

卡尔曼滤波是一种利用线性系统状态方程通过系统输入和输出观测数据，对系统状态进行最优估计的算法。由于观测数据包含了系统中噪声和干扰的影响，因此最优估计也可以看作是一个滤波过程。数据滤波是一种去除噪声、恢复真实数据的数据处理技术，当测量方差已知时，卡尔曼滤波可以从一系列带有测量噪声的数据中估计动态系统的状态。

在 GPS 与惯性组合定位系统中，卡尔曼滤波器可以处理卫星推导所需的虚拟距离和距离差测量，并用来估计 GPS 测量与惯性测量之间的误差容限值，修改惯性导航系统以提供精确的导航值。卡尔曼滤波计算流程如图 7-16 所示。

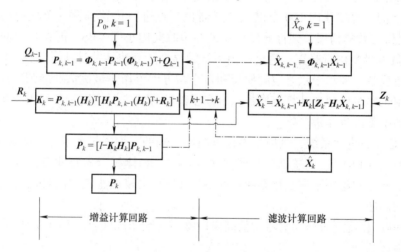

图 7-16 卡尔曼滤波计算流程

两个传感器的数据可以结合使用卡尔曼滤波器。卡尔曼滤波器根据含噪声目标的位置来预测目标的位置坐标和速度，即使观察到物体的位置有误，也可以根据物体的历史状态和当前位置进行观察，从而更准确地估计物体的位置。卡尔曼滤波主要分为两个阶段：

1）预测阶段根据上一个时间点的位置信息预测当前位置信息。

2）位置预测更新目标位置。

通过实例可以了解卡尔曼滤波的原理。假设小鹏家停电了，没有灯。他想从客厅走回卧室。他知道客厅和卧室的相对位置，所以他在黑暗中试着通过计算台阶数来预测当前的位置。中途，小鹏碰了一下电视。由于他事先知道电视在客厅的大概位置，他可以利用电视在他印象中的位置来修正他对当前位置的预测，然后继续依靠基于这个更准确的位置估计的计算步骤来到卧室。通过计算他接触物体的步数和次数，最终从客厅走到卧室。这就是卡尔曼滤波的原理。

如图 7-17 所示，使用卡尔曼滤波器融合惯性传感器和 GPS 数据与上述示例类似。这里，惯性传感器相当于许多步，GPS 数据相当于参考对象的位置。在已有位置估计的基础上，利用惯性传感器实时预测当前位置。在获得新的 GPS 数据之前，惯性传感器只能集成数据来预测当前位置。

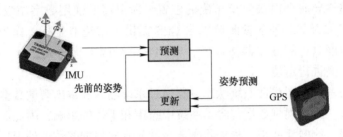

图 7-17　GPS 与 IMU 的传感器融合定位

但是，惯性传感器的定位误差会随着运行时间的增加而增大，因此当接收到新的、更精确的 GPS 数据时，可以利用 GPS 数据来更新当前的位置预测。通过连续执行这两个步骤，可以实时准确定位无人驾驶汽车。假设惯性传感器频率为 1kHz，GPS 频率为 10Hz，则在每次 GPS 更新之间，可以使用 100 个惯性传感器数据点进行位置预测。单独使用时，GPS 或 INS 也可以提供有效的精度。惯性导航的误差在短时间内小于 GPS，但在长时间使用时，必须用 GPS 离散测量值进行修正，通过捕捉系统漂移来达到快速估计状态参数和收敛的目的。

卡尔曼滤波是一种基于状态空间模型和最小均方误差作为最优估计准则的递推估计滤波算法。它适用于实时处理和计算机操作。卡尔曼滤波方法广泛应用于各种工程实践中，但卡尔曼滤波的约束条件也非常严格。

1）系统必须是线性系统，且模型参数是精确已知的。为了扩大卡尔曼滤波的适用范围，对卡尔曼滤波法（EKF）、无迹卡尔曼滤波法（UKF）和体积卡尔曼滤波法（CKF）进行了扩展，使卡尔曼滤波适用于非线性系统；而 H_∞ 滤波和自校正滤波方法可以有效地解决系统参数不确定的问题。

2）过程噪声和观测噪声均为零均值高斯白噪声。粒子滤波器（PF）利用粒子模拟噪声分布来完成最优估计。

3）需要过程噪声和观测噪声的先验统计特性。可采用自适应卡尔曼滤波（AKF）、sage-husa 滤波、多模型滤波（MMKF）、强跟踪滤波（STKF）等方法保证滤波效果的最优。

7.2.4　GPS 与惯性导航信息融合定位

在无人驾驶汽车的感知层面上，位置的定位精度至关重要。无人驾驶汽车需要知道其相对于环境的准确位置，此处的定位误差不得超过 10cm。GPS 可为车辆提供米级的绝对定位精度，差分 GPS 或 RTK GPS 可为车辆提供厘米级的绝对定位精度。然而，并非所有路段都能始终获得良好的 GPS 信号。因此，在自动驾驶领域，RTK GPS 的输出通常与 IMU 和汽车自身的传感器（如车轮速度表、方向盘角度传感器等）融合。

组合导航技术是提高惯性导航系统导航精度的重要手段，组合导航系统由惯性导航系统、卡尔曼滤波和外部辅助信息系统组成。在高精度车载导航系统方面，如使用组合导航，要求外部参考信息源具有自主性、可行性、可靠性和隐蔽性。

GPS 是应用最广泛的卫星导航定位系统，然而，GPS 的应用存在着易受干扰、动态环境可靠性差、数据输出频率低、卫星信号易被高层建筑遮挡等缺点。惯性导航系统利用安装在载体上的惯性器件感知载体的运动，输出载体的姿态和位置信息，具有自主性强、保密性强、灵活性强、参数输出多功能等特点。然而，有一个问题是，误差随着时间的推移而迅速累积。导航精度随时间而变化。图 7-18 显示了基于直接法和惯性导航融合的姿态估计方法和过程。

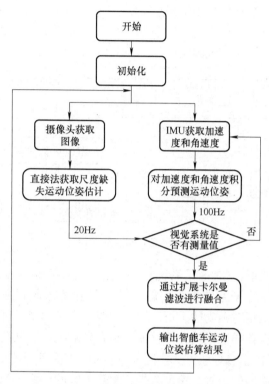

图 7-18　基于直接法与惯性导航融合的姿态估计方法与过程

如果把 GPS 和惯性导航系统结合起来，两种导航系统可以相辅相成，形成一个有机的整体。一方面，高精度 GPS 信息可以用来修正惯性导航系统，控制误差随时间的累积。利用 GPS 信息可以估计出惯性导航系统的误差参数和 GPS 接收机的时钟差。另一方面，采用定位精度高、数据采样率高的惯性导航系统，可以在短时间内为 GPS 提供辅助信息。利用这些辅助信息，GPS 接收机可以保持较低的跟踪带宽，提高系统对卫星信号的捕获能力。当 GPS 信号受到高强度干扰或卫星系统接收机发生故障时，惯性导航系统可以独立进行导航定位。当 GPS 信号条件显著改善允许跟踪时，惯性导航系统向 GPS 接收机提供初始位置、速度等信息，用于快速重新获取 GPS 码和载波。惯性导航系统信号还可以用来辅助 GPS 接收机天线与 GPS 卫星对准，从而减少干扰对系统的影响。对于 GPS 载波相位测量，惯性导航系统可以解决 GPS 周跳和信号失锁后整周模糊度参数的重新计算，还可以降低至少 4 颗卫星可见的要求。

GNSS/INS 组合导航技术的原理是通过两个传感器对同一测量信息进行测量和求解，利用获得的测量观测值对子系统的误差进行修正，得到相应的最优估计值。同时，根据组合导航方法的不同，GNSS/INS 组合导航一般可以分为松散组合和紧密组合等多种不同层次的解决方案。

松散组合本质上是一种使用位置和速度信息作为参考值的数据融合算法。如图 7-19 所示，差分全球导航卫星系统导航和 INS 导航两个子系统串联工作，利用 INS 对卫星系统输出的信息进行实时校正。通过滤波器对两个子系统输出信息进行差分得到的测量值进行深入的求解，并对卫星导航系统的误差进行估计和修正，达到数据融合的目的。这种组合导航原理简单，计算量小，易于在实际应用中实现。

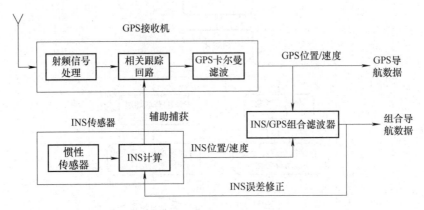

图 7-19　松散组合导航原理

在这种组合导航方式下，GNSS 子系统和 INS 子系统相互独立工作，设备可靠性高。在导航过程中，如果任何一个子系统出现问题，另一个系统仍能正常工作，完成导航定位任务。两个子系统的数据是相对独立的，可以互相检查，便于容错处理，是动态测量的可靠保证和有效监控。但松散组合导航系统鲁棒性差，组合导航模型不准确。

如图 7-20 所示，紧密组合导航方式实际上是伪距、伪距率上的耦合，是利用 GPS 输出的星历数据与 INS 系统输出的位置、速度数据，解算 INS 的伪距、伪距变化率，以两个子系统伪距与伪距变化率的差值作为滤波算法的观测值，进而来深度解算估计 INS、GPS 误差量，最后对系统进行输出校正。是一种更加深层次的组合导航模式。

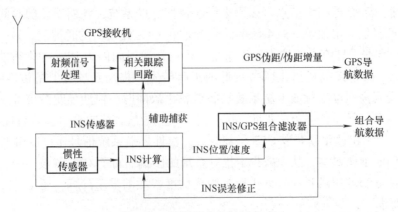

图 7-20　紧密组合的导航方式

紧密组合导航数据融合方式直接利用了 GPS 的原始测量信息，避免了无法处理的有色噪声问题，使模型更加准确，因此，组合导航精度也会相应提升。

同时，使用 GPS 原始的星历、伪距、伪距变化率等数据，省掉了 GPS 内部解算过程，使导航运算速度增加，具有更好的实时性，能够在高速运动的状态下保持相对稳定、准确的性能。

7.3 汽车车载导航系统

车辆驾驶导航定位技术是通信与信息技术、传感器技术、车辆自动定位技术和计算机技术的综合应用。其硬件包括车载计算机（控制器）、显示器、数字地图、定位系统等。

7.3.1 车载 GPS 导航系统作用与结构组成

智能无人驾驶汽车导航定位系统的任务是对智能无人驾驶汽车进行实时导航定位，显示车内目的地地图，确定车辆位置，选择合适的驾驶路线。

车载导航定位系统通常包括惯性导航、无线电导航、GPS 导航定位或北斗定位、GPS/DR/GIS 组合导航定位等，以及电子地图数据库或地理信息系统信息地图等。必要时，车辆可与交通监控中心通信，同时利用数据库记录车辆和道路的历史状态信息。

如图 7-21 所示，车载导航系统内置的 GPS 天线接收来自地球周围 24 颗 GPS 卫星中至少 3 颗的数据信息，并结合车载导航系统中存储的电子地图，通过 GPS 将卫星信号确定的位置坐标与地图相匹配，以确定汽车在电子地图中的准确位置，这就是通常所说的定位功能。在定位的基础上，可以使用多功能监视器提供最佳行车路线、前方路况以及最近的加油站、餐厅和酒店的信息。如果 GPS 信号中断，并且 GPS 已经记录了行驶路线，则可以按照原始路线返回。这些功能与事先准备好的使用区域地图软件是分不开的。

图 7-21　无人驾驶导航定位技术

通过车联网技术，可以在装有智能导航系统的私家车上进行实时数据通信。每辆私家车都有一个独立的标志，即通过电子标签区分不同的私家车，每辆车都有独特的基本信息，包括行驶路线、停车位、缴费情况，因此不易混淆，确保数据是正确的点对点数据传输。通过智能导航系统传输的实时有效的数据信息，驾驶员根据这些路况和数据信息，保证私家车能够平稳行驶，减少车辆做的无用功，降低车辆的油耗和尾气排放，间接改善城市空气质量，消除交通堵塞。

通过高精度卫星定位技术和车联网技术，可以精确定位车辆，驾驶者车载数据终端即智能导航系统，可以方便地掌握当前路况信息，避免交通拥堵带来的烦恼。此外，基于高精度北斗卫星定位的智能视音频导航系统还可以有效地实时监控车辆的行驶状态和维护状态，及时有效地检查当前车速，防止因疲劳驾驶或车辆故障造成交通事故。如果发生意外情况，智能视听导航系统会及时发送报警信息，并将车辆的位置和状态实时有效地上传到控制中心，以便救援人员根据这些信息迅速做出响应，实施救援。

汽车自动驾驶系统实际上是智能信息处理技术和智能控制技术在汽车上的具体应用，自动驾驶定位子系统用于确定运动的位置和方向，子系统可以有多种设备选择，如基于北斗定位终端的行车记录仪、车速传感器、相机、罗盘等。为了提高定位子系统的稳定性和可靠性，使自动驾驶得到更准确的定位，通常为定位子系统提供冗余的定位信息。环境模型子系统的建立是通过综合地理图集、环境图像等环境地理信息来实现的，自动驾驶的地理信息系统是框架式的，这种结构不仅具有地理信息系统的基本功能，而且具有可重用性和可扩展性，适合于自动驾驶场景。

数字地图技术主要应用于环境建模领域。自动驾驶车辆获取定位信息后，需要地图信息来确定其位置和与目标点的关系，并根据地理环境信息和路径规划准则获取最佳规划路径。智能网联汽车技术的发展离不开卫星定位导航、惯性测量、道路环境感知、高精度地图等技术的发展和应用，无人驾驶汽车与自动控制、人工智能等技术融为一体，利用车载传感器感知车辆周围环境，根据采集到的道路、车辆位置和障碍物信息控制车辆的转向和速度。

传感器结构包括外部环境温度传感器、速度传感器、相机等设备。通过这些设备及时收集当前数据信息。通过与设备进行有效的数据通信，驾驶员可以实时了解当前出行路线中可能遇到的天气状况、路况及周边服务信息，并针对这些信息制定相应的出行方式。

网络结构包括远程无线通信系统、北斗卫星定位系统和大数据分析处理系统。通过以上系统，可以在远距离有效地处理大量数据，达到实时远程监控的效果。

应用结构主要由车载终端和车载计算机组成，即智能视听导航系统。该结构的核心部分是移动通信信息导航系统，由电子地图、卫星定位导航、汽车电子和4G/5G移动通信网络组成。它可以为驾驶员提供天气状况、路况及周边服务信息，确保未来出行更加便捷，也可以保证人们的出行安全。接收机硬件和车载软件以及GPS数据后处理软件包构成了完整的GPS用户装置。GPS接收机硬件包括接收机主机、天线和电源。其主要功能是接收GPS卫星发送的信号，获取必要的导航定位信息和观测数据，并通过简单的数据处理实现实时导航定位。GPS软件是指具有差分定位功能或RTK定位功能的各种机内软件、后处理软件、实时处理软件，通常由厂家提供，其主要作用是对观测数据进行处理，以获得更精确的定位结果。

自动驾驶车辆必须在左右两侧安装前后雷达和传感器，以确定车辆在道路上的具体位置。通过视觉摄像技术，将前景和后台图像及时发送到智能系统处理中心。交通系统中心根据道路交通规则，对每辆自动驾驶车辆进行远程控制。

7.3.2 汽车导航系统常见故障维修

汽车导航系统包括导航主机（导航模块）、显示屏、天线和扬声器等部件。汽车导航仪与其他多媒体系统共享一个显示屏，也共享一些其他组件和电路，这可能会导致一些相互关联的故障。此外，在驾驶过程中产生的振动和其他电气设备的电磁干扰也可能是故障的原因。

汽车导航系统的常见故障包括无法显示汽车的位置、无法找到目的地、间歇显示距离和方向偏差大。主要原因是：①速度信号和陀螺传感器信号不足；②导航卫星信号太弱；③导航信息存储介质（导航盘）损坏；④导航本身异常；⑤线束断裂；⑥电池断电；⑦短路、断路或虚接等。

当导航模块接收到卫星信号时，应激活 GPS 图标。如果导航模块未接收到卫星信号，可以参考以下步骤进行检查：

1）检查车身周围是否有遮挡物，将车辆移至室外空地继续检查。当车辆在高层建筑、隧道和地下停车场时，导航信号可能会被遮挡。

2）检查风窗玻璃是否贴有太阳膜。如果贴了太阳膜，则会改变导航天线的位置。太阳膜对导航天线和遥控器信号有一定的屏蔽作用，特别是金属太阳膜。可以使用延长电缆将导航仪的天线移动到玻璃上。如果操作后有信号，说明是太阳膜的原因；如果没有信号，说明导航天线或导航模块性能不好。有些导航天线与收音机天线集成，安装在后风窗玻璃或车顶上；有的为单独的导航天线，通常安装在仪表板下的 A 柱附近，注意导航天线的安装位置应处于水平状态。

3）检查导航模块是否进水。

如果在正常导航过程中，电子地图突然没有变化或出现空白，这种情况可能是由于速度过快造成的。当车速超过一定范围（如 140km/h）时，某些导航显示屏上显示的信息会停滞。此外，如果将显示区域设置为没有道路或显示比例设置过大，则可能存在显示信息不变化。

检查显示屏是否能显示，如果除导航信息外还能显示其他多媒体信息，则应检查导航主机是否正常。对于后装的汽车导航仪，如果导航仪由点烟器供电，则检查点烟器是否正常工作。如果导航打开显示器为空白，说明可能是导航主机或导航模块故障。

7.4 高精度地图

在智能网联汽车技术应用领域中，高精度地图主要用于车联网与智能路网交通管理，具体的技术应用如图 7-22 所示。智能网联应用场景软件由 V2V 应用程序、V2I 应用程序、V2P 应用程序以及 HMI APP 构成。OBU 通过射频模块（LTE-V/DSRC）进行数据的收发，接收周边车辆 OBU 或路侧交通设施 RSU 发来的车辆状态与路况数据，并进行解析、数据整合、场景预警决策等，最终实现前向碰撞预警、盲区预警、变道辅助、闯红灯预警等主动安全功能，帮助驾驶员规避危险、提升驾驶效率，也可将数据上行传输以便自动驾驶实现进一步的数据融合决策与协同控制。

高精度驾驶定位技术和高精度地图技术是自动驾驶汽车的两大核心技术。高清晰度地图是指高精度、精细定义的地图，其精度需要达到分米级才能区分车道。如今，随着定位技术的发展，高精度定位已成为可能。精确的定义需要格式化和存储交通场景中的各种交通元素，包括道路网络数据、车道网络数据、车道线和传统地图的交通标志等数据。

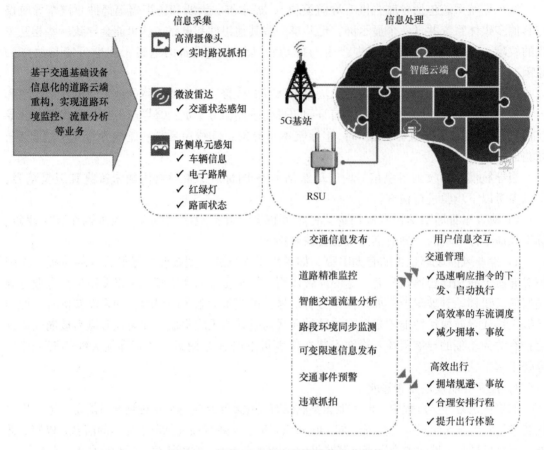

图 7-22 智能 RSU 与交通设施信息化架构

7.4.1 高精度地图的作用与原理

高精度电子地图又称高分辨率地图，是一种专门为无人驾驶服务的地图。通俗地说，高精度地图就是精度更高、数据维度更多的电子地图。高精度地图是基于三维电子地图数据库对现实世界的一个或多个方面或其中一部分进行的三维抽象描述。高精度地图需要为自动驾驶构建一个相对真实的道路环境，不同于传统的导航地图，高精度地图在内容图层方面更加丰富，且精度要达到厘米级。

高精度地图的作用如下：

1）高精度定位。高精度地图在地图匹配中更多地依赖于其先验信息，将自动驾驶车辆上的传感器感应到的环境信息与高精度地图进行比较，以获得车辆在地图上的精确位置，这是路径规划和决策的先决条件。传统地图的匹配依赖于 GPS 定位，而定位精度取决于 GPS 的精度、信号的强度以及定位传感器的误差。与传统地图相比，高精度地图具有更多的维度数据，如道路形状、坡度、曲率、航向和坡度角等。通过高维数据与高效匹配算法相结合，高精度地图可以实现更高精度的定位和匹配。

2）辅助环境感知。在高精度地图上标记详细的道路信息，可以帮助车辆在感知过程中进行验证，并补充传感器无法检测到的部分，实时监控情况，反馈外部信息。传感器作为无人驾驶汽车的眼睛，具有一定的局限性。例如，它很容易受到恶劣天气的影响，此时可以使用高精度地图获取当前位置的准确交通状况。通过提取高精度的地图模型，可以提取车辆周围的道路、交通、基础设施等对象的位置和对象之间的关系，从而提高车辆对周围环境的辨别能力。此外，通用地图将过滤掉车辆和行人等移动障碍物，如果无人驾驶车辆在驾驶过程中发现不在当前高精度地图中的对象，则这些对象可能是车辆、行人和障碍物。例如，如果车辆传感器检测到前方道路上有一只猫，但它看起来像小狗，则可以将其与高精度地图中的数据进行比较，以确定该对象是猫还是狗。例如，如果前面的道路上有一个坑，如果地图上也标记了同一个坑，则可以使用该坑来验证判断。

3）规划和决策。使用云平台了解传感器无法感知的区域内的路况信息，并提前避开。对于预先规划的最优路线，由于实时更新的交通信息，最优路线也可能随时发生变化。此时，高精度地图借助云计算，可以有效地为无人驾驶车辆提供最新路况，帮助无人驾驶车辆重新建立最优路径。高精度地图的规划能力已下沉到道路和车道级别，传统导航地图的路径规划功能往往基于最短路径算法，结合道路条件，为驾驶员提供最快/最短路径。但是高精度地图的路径规划是针对机器人的，机器人无法完成关联和解释的步骤，给出的路径计划必须是机器人可以理解的，这只有高精度的矢量地图可以实现。矢量地图是在特征地图的基础上进一步抽象、处理和标记的地图，并提取抽象信息，例如道路网络信息、道路属性信息、道路几何信息和标记。它的容量比特征地图小，可以通过路网信息完成点对点的精确路径规划。

如图7-23所示，与传统导航地图不同，高精度地图除了提供道路级导航信息外，还可以提供车道级导航信息。无论从信息的丰富性还是信息的准确性来看，它都远远高于传统的导航地图。自动驾驶基础地图是静态高精度地图路网几何部分、ADAS地图基础路网、导航地图、地图核心要素动态变化部分、自动变化核心传感器动态变化数据等的集合。在特征和属性方面，导航地图仅包含简单的道路线、信息点和行政区划边界，而高精度3D地图则包含详细的道路模型，包括车道模型、道路部分、道路属性和其他定位层。

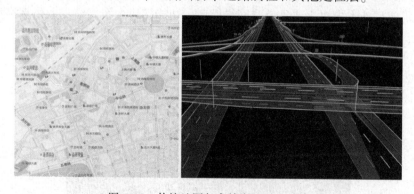

图7-23 传统地图与高精度地图的比较

车道级交通网络由道路中心线网络和交通道路网络组成，每条车道属于一条交通道路，多条平行车道组成一条交通道路，因此，车道与行驶道路之间是一种多对一的关系。在车道属性中可以给出其所属的行驶道路的 ID 号，并可以给出该行驶道路的每个从属车道的 ID 号集合和车道数。

高精度地图更依赖于其先验信息进行地图匹配，传统地图的匹配依赖于 GPS 定位，定位精度依赖于 GPS 的精度、信号强度和定位传感器的误差。通过提取高精度的地图模型，可以提取出车辆周围道路、交通、基础设施等对象及其之间的关系，从而提高车辆对周围环境的识别能力。

高精度地图的优点如下：

1）高精度地图可以通过无人驾驶车辆先验知识，让无人驾驶更加平稳。

2）高精度地图可以提供冗余保证，在传感器出现故障的情况下，定位和高精度地图可以保证无人驾驶汽车的持续运行。

3）高精度地图可以与传感器和车联网互动，实现更智能的地图。传感器采集的信息通过通信手段（5G）与云端交互，使地图更加智能化。

4）高精度地图可以与车内信息交互，如车内相机和激光雷达之间的信息交互。

5）数据量大。5G 带来高精度地图云呼叫的可能，本地存储高精度地图包含了大量的信息，需要在车内有更多的存储空间才能更容易实现。

6）通过高精度地图的应用，当定位能力发生变化时，无论是导航体验还是车辆自动驾驶控制体验，都会有显著的提高和变化。

定位分为绝对定位和相对定位，绝对定位输出位置坐标信息，目前在导航领域应用较多。由于位置坐标信息只是一个毫无意义的数字，车辆无法直接应用绝对定位的位置坐标信息。对于相对定位，更多的是输出特征识别和距离关系，车辆通过特征识别和距离关系将其控制在安全行驶范围内。

如图 7-24 所示，车道是车辆在行驶过程中占用道路的最小单位，是基本单位。考虑到车道的属性、拓扑语义关系和与道路的连接关系，车道级交通网络的建立是将实际的车道网络抽象出来，通过卫星定位实现导航控制的物理过程。车道功能划分包括车道数和车道位置的划分，以及车道宽度设计、分界线性质设计、允许车辆类型、行驶速度、时限等交通规则的制定。道路交通参数包括交通量、速度、密度和车头时距。道路交通系统模型由基本模块和功能模块组成。基本模块主要是道路网络模型；功能模块包括网络交通仿真模型、道路交通预测模型、道路工程评价模型。

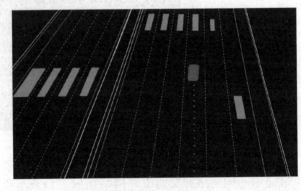

图 7-24　车行道

1）道路参考线。如图 7-25 所示，为了实现和改进路径规划功能，需要对现实世界中的道路结构进行抽象，形成由顶点和边组成的拓扑图结构，需要将道路用连续点表示基本形状。

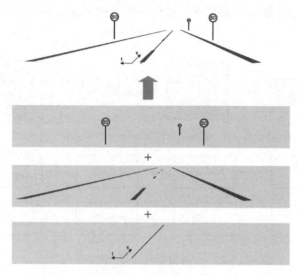

图 7-25　道路参考线

2）道路模型。除了在道路拓扑模型中显示道路趋势外，还描述了由顶点确定的道路连通性。除了几何属性外，道路模型还包括车道数、道路等级和功能属性。

3）车道模型。车道模型不仅记录了车道的行驶参考线、车道的侧线（标线）和停车线，还记录了车道与道路的拓扑关系。

4）对象模型。对象模型记录道路和车道行驶空间边界区域内的元素，模型属性包括对象的位置、形状和属性值。这些地图元素包括路肩、护栏、立交桥、隧道、龙门架、交通标志、可变信息标志、轮廓标志、收费站、标杆、交通灯、墙壁、箭头、文本、符号、警告区域、分流区域等。

如图 7-26 所示，高精度三维地图需要添加如道路拥堵、施工、是否发生交通事故、交通管制状况、天气状况等动态交通信息。但由于路网的不断变化，如翻修、道路标线的磨损和重新粉刷、交通标志的变化等，这些变化需要及时反映在高清地图上，以确保无人驾驶车辆的安全。实时更新高精度地图非常困难，但随着越来越多的多传感器无人驾驶车辆在路网中行驶，一旦一辆或几辆无人驾驶车辆发现路网变化，通过与云通信，就可以将路网的最新信息告诉其他无人驾驶车辆，使其他无人驾驶车辆更加智能和安全。

基于高精度地图最基本的路径规划问题是在一个完全已知的静态环境中，找到一条满足一定规划指标的从给定起点到目标点的路径。根据对环境信息的掌

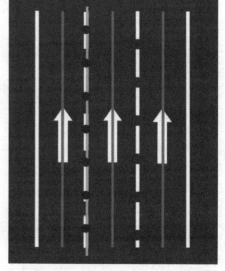

图 7-26　车道动态交通信息添加

据程度，可分为全局路径规划和局部路径规划。其中，全局路径规划需要掌握所有有关环境的信息。目前，汽车厂商对高精度三维地图的纯数据有着相似的要求，这些要求是基于元素、属性、精度、数据模型、质量等方面的，区别主要在于属性和元素的数量。实质上，车辆在地图上的应用依赖于底层数据软件。结构数据转换和深度学习模型如图7-27所示。

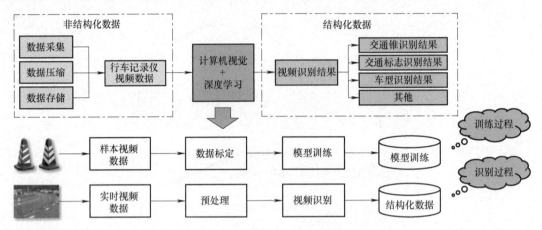

图7-27　结构数据转换和深度学习模型

高精度电子地图包含了大量的行车辅助信息，其中最重要的是精确的厘米级路网三维表示，例如，道路表面的几何结构、道路标线的位置以及周围道路环境的点云模型。通过这些高精度的三维表示，智能汽车可以通过比较汽车的 GPS、IMU、雷达或相机数据，准确地确定其当前的位置。此外，高精度地图还包含丰富的语义信息，如红绿灯的位置和类型、道路标线的类型、识别哪些路面可以行驶等。这些都可以大大提高智能网联汽车对周围环境的识别能力。

高精度地图利用实时更新的道路交通数据和街景数据实现自动导航，提供最优化的路径规划，帮助汽车感知复杂的路面信息，如坡度、曲率、航向等，结合智能路径规划和多传感器融合，这样汽车就能做出正确的决定，如图7-28所示。

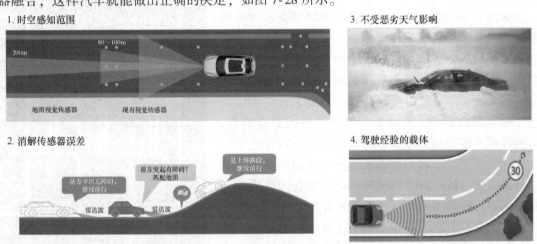

图7-28　自动驾驶对环境感知的要求

7.4.2 高精度地图的采集与生产

高精度地图的采集原理和数据存储结构与传统地图不同，传统地图大多依靠拓扑结构和传统的数据库存储，将现实中的各种元素作为对象堆放在地图上，将道路作为路径存储。在高精度地图时代，为了提高存储效率和机器可读性，在存储过程中将地图分为矢量层和对象层。通过提取车辆传感器采集的地图原始数据，获取特征值，形成特征地图。在此基础上，进一步对其进行抽象、处理和标注，得到一幅矢量地图，主要包括路网信息、道路属性信息、道路几何信息和主要道路标志的抽象信息。

如图 7-29 所示，为了获得激光雷达扫描的原始数据，需要在车辆上安装一个或多个激光雷达来指向路面。使用激光雷达获取三维信息的优点是它不依赖外部光，也不需要环境光。

图 7-29　高精度地图综合数据采集设备

在获取激光雷达扫描数据后，每帧扫描都可以看作是环境的局部地图。然而，要生成一个大比例尺的地图，需要一种地图匹配的方法将所有的局部地图拼接成一个全局地图。将地图匹配与局部激光雷达扫描进行比较，以确定部分扫描之间的重叠区域，然后使用重叠区域作为定位点将地图缝合在一起。高精度地图综合数据采集的路面状况如图 7-30 所示。矢量地图体积小，通用性好，但经过多层信息简化后，道路信息的几何特征将丢失。因此，在高精度状态下应用矢量地图时，预处理的难度要大于特征地图。

图 7-30　高精度地图综合数据采集的路面状况

用于高精度地图数据生产的移动测量系统主要包括高精度定位与姿态固定组合系统 GNSS/INS、可测量立体相机、全景相机、激光雷达等传感器，该技术通过 GNSS/INS 紧密耦合，获取高精度的位置和姿态信息，根据激光雷达和相机系统的外部标定参数，恢复成像系统和激光采集系统的空间几何位置关系，得到三维图像场景和三维激光点云场景的真实道路坐标，精确的三维激光点云场景可以快速用于车道级地图应用。基于移动测量系统的高精度地图生产的主要流程如图 7-31 所示。

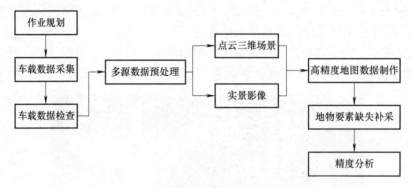

图 7-31　高精度地图数据生产流程

高精度地图生产的难点主要有以下几个：

1）如何整合多源数据，保证地图数据的一致性。多源数据是指在不同时间、不同车辆、不同传感器获取的数据。例如，有一个空间点从正向和反向扫过一次，很难确保此时的环境信息是一致的。

2）所有数据采集完毕后，除了数据融合外，还需要自动提取数据中的关键特征。

3）大比例尺测图难以满足，目前普遍使用大量的人或小比例尺应用程序生成局部高精度地图，但要生成超大型高精度地图非常困难。

高精度地图在采集原理、采集设备、生产工艺等方面与传统电子地图有着显著的不同。高精度地图的主要采集方法如下：

1）野外采集。制作高精度地图的第一步通常是通过现场收集工具完成的，采集的核心设备是激光雷达。如图 7-32 所示，它通过激光的反射形成环境点云，完成对环境中各种物体的识别。野外数据采集采用固定参考站加车载 GPS 漫游车差分定位方式，利用车载 CCD、全景相机、激光雷达传感器获取道路场景和激光点云的三维场景数据。如图 7-33 所示，事后数据预处理阶段基于 GNSS/INS 组合方案，可以获得高精度的位置和姿态信息，该地图基于具有真实地理坐标信息的三维真实场景图像和三维激光点云场景来提取高精度地图元素。在车辆数据采集阶段，在测量区域的已知点设置一个参考站，对车辆数据进行同步观测。参考站距实施范围不应超过 10km。参考站要求周围无障碍物（截止高度角大于 15°）等信号干扰源；车道数据采集应尽量避开行车拥堵高峰期，以免覆盖采集的数据，影响数据映射质量。

2）加工处理。包括人工处理、深度学习感知算法（图像识别）等，如图 7-34 所示，在多源数据预处理阶段，在完成 GNSS/INS 精细耦合解算后，如图 7-34 所示，应利用外部控制点对采集范围内的 GPS 丢失或不良信号进行校正，以保证数据产生的精度。一般来说，采集设备越精确，采集数据越完整，降低算法所需的不确定性就越低。收集的数据越不完整，就需要更多的算法来弥补数据缺陷；当然，错误也会更大。在高精度地图制作阶段，车道要素的提取主要基于数据制作平台上的车辆激光点云数据，包括车道分割器、变道点和道路设施。图像系统协助采集道路的长度、宽度、高度等属性信息，以及对标志解释和说明的限制。在精度校核阶段，结合现有测区数据或测区控制点数据，对提取的道路要素段进行精度校核，以保证高精度地图数据的精度，如图 7-35 所示。

图 7-32　车载数据采集阶段

图 7-33　多源数据预处理阶段

图 7-34　高精度地图制作阶段

图 7-35　精度检查阶段

3）后续更新。主要针对道路改造和突发路况，有很多方法可处理这方面的问题，如众包和与政府实时交通处理部门的合作。高精度地图的生产和交付并不意味着地图的生产已经结束，更新地图的工作更为重要。如果地图不能实时更新，将给自主车辆带来极大的安全隐患。目前，业界更新高精度地图的主要方式有两种：一种是地图厂商依靠自身能力实现实时更新，但地图厂商部署大型采集车是不现实的；另一种是通过众包实现更新地图，这也是很多公司公认的方法，但是它面临着多维的挑战，比如不同型号的采集设备标准不同，众包数据的质量和准确性也很难保证，更重要的是，地图数据的采集是严格管理的。

4）视觉众包。视觉众包通常使用成本相对较低的普通汽车摄像头来采集路况，然后通过深度学习和图像识别算法将其转换为结构化数据。除了可降低成本，众包在实时性上也有更大的优势，目前，通用、日产、丰田、上汽等汽车厂商都采用众包的高精度地图采集方法。视觉众包带来了丰富的道路信息，基于部分数据完成地图绘制，并利用同一路段的剩余数据多次绘制，然后对不同高精度地图的数据进行交叉验证。当同一路段上不同地图数据高度重合时，意味着地图信息更加准确。可采用多传感器融合定位算法对地图的精度进行验证。当各传感器的定位结果接近相同时，意味着地图信息更加准确。通过将高精度地图数据连接到决策系统而不实际控制车辆，阴影测试可以比较自动驾驶系统预测轨迹与车辆实际轨迹的一致性，从而判断高精度地图数据的准确性。通过不加控制的大规模测试，可以达到更快的验证速度。大规模众包设备的恢复数据可以在后台直接测试。与传统的实车现场试验相比，整个验证周期可以大大缩短。

需要强调的是，地理信息涉及国家机密，图商只有获得国家授予的"甲级导航电子地图制作资质"才能开展高精度地图采集绘制。也就是说，地图信息的采集必须遵守国家的法律，禁止地图在制作中涉及国家的敏感地理信息与国家机密。

7.4.3　高精度地图的应用

自动驾驶直面复杂的空间环境，需要高精度地图作为传感器的补充和增强。对于 L3 级及以上的自动驾驶系统来说，高精度地图是重要支撑技术。从技术发展来看，高精度地图技术的发展可分为三个阶段：

第一阶段是高精度数据，其核心是建立一条满足商品化需求的管线，实现高精度地图数据的采集和更新。

第二阶段是融合定位，重点是利用高精度地图数据和环境信息，通过差分和高精度惯性导航、航位推算等手段，实现基于视觉识别的高精度绝对定位能力、基于点云匹配等手段的高精度相对定位能力。

第三阶段是动态信息，主要是在实现精确定位的基础上，为自动驾驶提供动态、实时的数据服务，如动态交通信息、智能红绿灯信息、施工等临时或意外信息。

高精度地图可以拓宽车辆的视野，在特殊情况下提供辅助决策，增强车辆的感知能力。高精度地图数据不受天气、光探测距离等因素的影响，可以突破传统传感器的有效距离，实现超视距传感。同时，汽车传感器识别出各类静态特征后，与高精度地图上记录的目标进行对比，从而确定车辆在道路上的精确位置和姿态。在数据层，基于 HD 数据采集，实现更精确的初始地图信息，并完成基于云计算的实时数据更新和自动众包采集系统；在算法层，优化 DR 算法、多传感器融合定位算法等进行更精确、高效的计算。在大多数情况下，高精度地图可以提供车道水平和厘米水平的定位能力，以确保车辆在不同传感器和不同工作条件下获得准确可靠的定位能力。高精度地图是一个完整的系统，包括地图与定位系统、云服务、车辆控制系统、车内硬件甚至车内信息娱乐系统之间的多方向交互。

如图 7-36 所示，三维地图的组成非常复杂，收集到的信息大致可以分为几个层次：人行道、建筑物和树木、路标和红绿灯的实际位置，以及自动驾驶车辆应该做什么，例如观察限速标志。

在实际的应用中，卫星定位会受到太阳电离子辐射以及大自然影响，包括立交桥或山洞隧道等影响，紧紧依靠单一定位技术是无法满足车联网或无人驾驶的定位需求的。另外，民用级的公共定位精度及地图精度对高速移动行驶车辆在密集度较高时容易产生信号延时的问题，这是非常致命的。因此，需要融合定位来支持车联网或无人驾驶业务，关于车辆高精度定位的融合定位方法如图 7-37 所示。

将高精度地图与高精度定位紧密结合，通过应用相对定位和绝对定位，输出精确的智能网联汽车位置、行驶路线和环境信息，帮助自动驾驶系统辅助决策和定位。多变量融合定位是融合车辆所有传感器信息，提供更高精度和更高可靠性的定位能力。通过将车辆传感器识别出的各种静态特征与地图上记录的物体进行对比，可以确定车辆在道路上的精确位置和姿态，从而大大提高安全性。

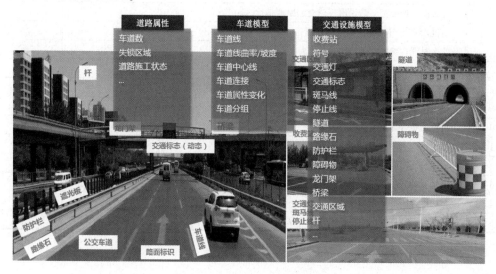

图 7-36　3D 地图的信息构成

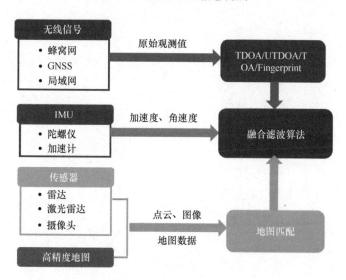

图 7-37　车辆高精度定位的融合定位方法

思 考 题

本项目的学习目标你已经达成了吗？请通过思考以下问题的答案进行结果检验。

序　号	问　　　题	自检结果
1	汽车定位与导航技术主要有哪些种类？	
2	全球导航卫星系统目前主要有哪些系统？	
3	卫星的发射信号由载波、测距码和导航信息等组成，请说出各自的作用是什么。	

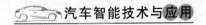

（续）

序　号	问　题	自检结果
4	什么是三球交汇？请说出三球交汇原理是什么。	
5	请说出 GPS 导航系统的基本原理。	
6	什么是惯性导航？其结构是什么？	
7	请说出惯性导航系统的作用与原理。	
8	请说出平台式惯性导航系统和捷联式惯性导航系统的区别有哪些。	
9	请说出卡尔曼滤波器的作用与原理。	
10	请说出组合导航系统的原理。	
11	请说出汽车导航定位系统的原理。	
12	请说出汽车导航系统常见故障有哪些。	
13	高精度地图的作用有哪些？	
14	高精度地图的原理是什么？	
15	请说出高精度地图生产与升级的方法。	

第8章　ADAS技术与应用

学习目标

1. 能够掌握前向碰撞预警系统结构原理与常见故障维修方法。
2. 能够掌握车道偏离警告系统结构原理与常见故障维修方法。
3. 能够掌握盲点预警系统结构原理与常见故障维修方法。
4. 能够掌握疲劳驾驶预警系统结构原理与常见故障维修方法。
5. 能够掌握自适应巡航控制系统结构原理与常见故障维修方法。
6. 能够掌握自动泊车系统结构原理与常见故障维修方法。
7. 能够掌握自动紧急制动系统结构原理与常见故障维修方法。
8. 能够掌握车道保持辅助系统结构原理与常见故障维修方法。

8.1　ADAS技术简述

高级驾驶辅助系统（ADAS）主要依靠包括视觉摄像头、毫米波雷达、计算平台的组合来实现自动驾驶辅助功能。它利用安装在汽车上的各种传感器，在汽车行驶过程中随时感知周围环境，采集数据，识别和检测静态或动态物体并进行跟踪，结合导航系统的地图数据，进行系统的计算和分析，使驾驶员提前意识到可能存在的危险，有效地提高了汽车驾驶的舒适性和安全性。

早期的ADAS主要由1个毫米波雷达构成，之后逐步发展到了1个摄像头+1个毫米波雷达，再往后开始出现1个摄像头+5个毫米波雷达，还可以继续增加摄像头+毫米波雷达+域控制器+激光雷达。

2019年7月29日，工业和信息化部宣布批准汽车工业推荐的三项国家标准，包括高级辅助驾驶系统（ADAS）、道路车辆盲点监测（BSD）和乘用车车道保持辅助（LKA）。并将ADAS定义为，利用安装在车辆上的传感器、通信、决策和执行设备，实时监控驾驶员、车辆及其驾驶环境，并协助驾驶员通过信息和/或运动控制来执行驾驶任务，该信息和/或运动控制是负责或积极避免/减轻碰撞危险的各种系统的总称。

目前，辅助驾驶系统多达20余种，如图8-1所示，包括自动导航系统、电子警察系统、车联网、自适应巡航、车道偏离警告系统（LDWS）、车道保持系统、前向碰撞报警系统、夜视系统、自适应灯光控制、行人保护系统，ADAS解决方案可以为驾驶员提供车辆的运行状况和周围环境的信息，提醒驾驶员注意安全，提高驾驶安全性。

ADAS基于不同的传感器技术，该系统的传感器可以测量前方车辆的速度和两车之间的距离，同时可以监测自己车辆的速度和距离。目前，车载激光雷达传感器已应用于中级车市场。这种传感器可以发射激光脉冲，能够探测到其他物体反射的光，与其他物体的距离可以通过信号延迟时间来计算。ADAS 的基本架构如图 8-2 所示。

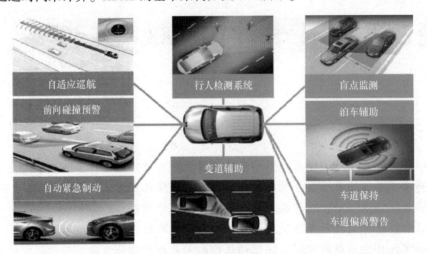

图 8-1　ADAS 主要功能

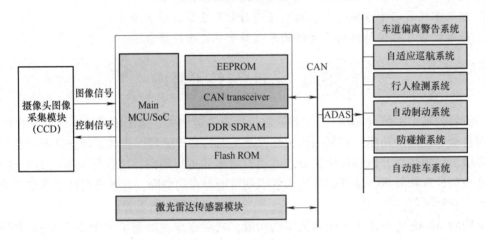

图 8-2　ADAS 的基本架构

　　ADAS 使用各种传感器来检测车辆的周围环境。在汽车行驶过程中，采集静态和动态目标数据，进行目标识别、监控和跟踪。同时，利用卫星定位系统的地图数据进行数据分析，根据计算，车辆驾驶员可以提前意识到可能存在的危险，并及时开展应急操作，有效避免危险的发生，提高车辆行驶的安全性。不同传感器采集的数据可以相互融合，以增加系统功能或增强现有功能。从目前汽车的 ADAS 结构和主要功能来看，相机和雷达作为前端信号采集设备发挥着越来越重要的作用。其中，相机采集道路环境信息后，对视频图像进行处理也是ADAS 中常用的技术手段。

　　ADAS 的主要传感设备有以下四种：

　　1）汽车雷达提供远程和中程功能，可以实时连续感知车辆之间的距离，提高驾驶效率和安全性，实现防撞和紧急制动系统。

　　2）视觉系统中的全方位视野相机系统使操作更简单、更安全，视觉系统还可以实现交通标志识别等功能。

3）V2V 通信，即汽车之间通过智能交通系统进行的"通信"，可以降低发生事故的可能性，使道路交通更加顺畅，降低成本和二氧化碳排放。

4）V2X 通信，即通过智能交通系统与更广阔的世界进行通信，使连接的汽车适应不断变化的路况，使旅行尽可能安全高效。

智能网联汽车是集环境感知、规划决策、多层次辅助驾驶等功能于一体的综合系统，具有道路障碍物自动识别、自动报警、自动制动、安全距离自动维护、车速和巡航控制等功能，使车辆与外部节点连接，实现信息共享和协同控制。ADAS 与智能汽车相结合，具有感知性、可连接性、人性化、个性化、共享性等特点，是未来发展的必然趋势。

在实际驾驶场景中，可以将不同传感器感知到的环境数据相互融合，增加预警系统的检测和识别功能。例如，结合相机和地图的信息可以提高交通识别系统的识别率，然后将检测到的交通信号与电子地图的数据进行比较。电子地图可以根据导航数据提供道路基础设施的具体信息。通常 ADAS 主要由以下几个部分组成。

1）智能驾驶辅助系统中心。整个驾驶辅助系统的控制中心负责接收和处理其他功能模块的信息。它是系统的控制中心，通过分时操作系统和发送控制命令来实现各个模块的功能。

2）车道偏离报警系统。通过安装在车身上的相机采集车道线信息，并将车道线检测和预警算法集成到中央处理器中，实现车道偏离报警功能。

3）人机交互界面、多媒体采集和回放功能。友好的人机交互界面设计能显著改善驾驶体验。多媒体的采集和回放可以满足车内人员的视听需求。

4）大容量存储模块。智能驾驶辅助系统无疑需要一个大容量存储设备，可以存储车身状态数据和信息娱乐数据。最常用的是 SD 卡、SATA 或 SSD 硬盘驱动器等。

5）车载导航系统。GPS、北斗等导航系统模块对采集到的定位数据进行分析，实时将车辆位置显示在电子地图上，方便驾驶员查看当前位置，查找相关服务。

6）用于行人检测系统的智能相机模块和雷达传感器。通过车身上的多个相机或雷达传感器采集车辆周围的图像信息，对视频格式进行转换和压缩，并发送到中央处理器进行图像预处理和目标分类、目标定位等图像算法并跟踪检测车辆周围的行人，从而达到安全驾驶的目的。

7）丰富的外部接口。汽车智能辅助驾驶系统需要大量丰富的外部接口，这些接口与车内外的各种外部扩展装置相连，以提高功能的可扩展性。

ADAS 不是一种配置，而是几种配置的组合，多个系统的组合可以最大限度地提高车辆的安全性。ADAS 目前的主要职责是在紧急情况下提醒驾驶员，例如盲点检测系统。今后，该系统将发展成为一个干预系统，即在有限的情况下对汽车进行控制。例如，相机系统将从车道偏离警告系统发展为车道控制系统。

8.2 预警类辅助驾驶系统

8.2.1 预警类辅助驾驶系统主要功能

ADAS 预警辅助系统的主要功能见表 8-1。

表 8-1　ADAS 预警辅助系统的主要功能

序　号	主要功能	功能相关介绍
1	驾驶员疲劳监测（Driver Fatigue Monitoring，DFM）	在行驶过程中捕捉并分析驾驶员的生物行为信息，比如眼睛、脸部、心脏、脑电活动。当前最多被采用的疲劳检测手段是驾驶员驾车行为分析，即通过记录和解析驾驶员转动方向盘、踩制动踏板等行为特征，判别驾驶员是否疲劳。但是这种方式受驾驶员驾驶习惯影响极大。另一类检测方法是，通过图像分析手段对驾驶员脸部及眼睛特征进行疲劳评估
2	驾驶员注意力监测（Driver Attention Monitoring，DAM）	这套系统会不断侦测驾驶员的行车方式。通过传感器在 80～180km/h 间的车速范围内检测纵向和横向加速度，系统感知到驾驶员正在疲劳驾驶之后提示应当适当休息。为了获得这些信息，注意力监测系统预先生成一个驾驶员驾驶前的形象，将该形象数据有规律地与驾驶过程中的传感器数据进行对比，如果注意力监测系统探测出一些过度疲劳的特征，它将用特别的声音或者通过显示器警告驾驶员："请休息片刻。"
3	车辆检测（VD）	在仅基于视觉的模式下，VD 目前能检测 70m 远的车辆，并能持续跟踪到 100m 开外。但在大雾、极端天气及相机被阻挡的情况下，VD 是不可用的，但能提示用户不可用。前方车辆检测可以用于防碰撞系统、自动巡航等功能，应用场景广泛
4	交通标志识别（Traffic Signs Recognition，TSR）	自动识别车辆行驶路段的交通标志并发出提示信息。交通标志识别实际上包括交通标志的检测和识别两个过程，检测是在图像中寻找到感兴趣目标并定位，识别是对感兴趣目标进行分类
5	智能限速提醒（Intelligent Speed Limit Information，ISLI）	自动获取车辆当前条件下所应遵守的限速信息并实时监测车辆行驶速度，当车辆行驶速度不符合或即将超出限速范围的情况下适时发出提示信息
6	弯道速度预警（Curve Speed Warning，CSW）	对车辆状态和前方弯道进行监测，当行驶速度超过弯道的安全通行车速时发出警告信息
7	抬头显示（Head Up Display，HUD）	将信息显示在驾驶员正常驾驶时的视野范围内，使驾驶员不必低头就可以看到相应的信息
8	全景影像监测（Around View Monitoring，AVM）	向驾驶员提供车辆周围 360° 范围内环境的实时影像信息
9	夜视（Night Vision，NV）	在夜间或其他弱光行驶环境中为驾驶员提供视觉辅助或警告信息
10	行人检测	行人在道路交通中享有优先权，在车辆行驶中应该主动避让行人。驾驶员的反应时间从眼睛发现到采取行动平均为 0.7s，而驾驶员处于疲惫或醉酒状态，则反应时间会更久。车辆行人检测能够帮助驾驶员及时发现行人，以最快的速度做出反应。车辆在运动中，所获取的视频图像后台和运动目标是一直改变的，这在行人检测中是最困难的部分，通过固定的相机去获取不确定性目标，确定感兴趣区域并实现行人检测
11	前向车距监测（Forward Distance Monitoring，FDM）	实时监测本车与前方车辆车距，并以空间或时间距离等方式显示车距信息
12	前向碰撞预警（Forward Collision Warning，FCW）	通过雷达系统时刻监测前方车辆，判断本车与前车之间的距离、方位及相对速度，当存在潜在碰撞危险时对驾驶员进行警告。FCW 系统本身不会采取任何制动措施去避免碰撞或控制车辆

（续）

序　号	主　要　功　能	功能相关介绍
13	后向碰撞预警（Rear Collision Warning，RCW）	实时监测车辆后方环境，并在可能受到后方碰撞危险时发出警告信息
14	车道偏离警告系统（Lane Departure Warning，LDW）	实时监测车辆在本车道的行驶状态，并在出现或即将出现非驾驶意愿的车辆偏离时发出警告信息。在车辆行驶过程中，主要通过相机采集视频图像，再对其进行处理，分辨识别出道路的车道线，当车辆偏离车道线时，车道偏离警告系统通过警报等方式提醒驾驶员及时修正车辆行驶方向，能够有效避免事故的发生。车道偏离警告系统可分为两类：基于道路结构与基于车辆。动态调整消失点的车道偏离警告系统，采用小区域图像处理与邻近峰值算法，获取车辆两侧车道线边界，再根据车道线相交点及消失点的动态调整来判断车辆是否偏离车道线，做出偏离预警
15	变道碰撞预警（Lane Changing Warning，LCW）	在车辆变道过程中，实时监测相邻车道，并在车辆侧方和/或侧后方出现可能与本车发生碰撞危险的其他道路使用者时发出警告信息
16	盲区监测（Blind Spot Detection，BSD）	实时监测驾驶员视野盲区，并在其盲区内出现其他道路使用者时发出提示或警告信息
17	侧面盲区监测（Side Blind Spot Detection，SBSD）	实时监测驾驶员视野的侧方及侧后方盲区，并在其盲区内出现其他道路使用者时发出提示或警告信息
18	转向盲区监测（Steering Blind Spot Detection，STBSD）	在车辆转向过程中，实时监测驾驶员转向盲区，并在其盲区内出现其他道路使用者时发出警告信息
19	后方交通穿行提示（Rear Cross Traffic Alert，RCTA）	在车辆倒车时，实时监测车辆后部横向接近的其他道路使用者，并在可能发生碰撞危险时发出警告信息
20	前方交通穿行提示（Front Cross Traffic Alert，FCTA）	在车辆低速前进时，实时监测车辆前部横向接近的其他道路使用者，并在可能发生碰撞危险时发出警告信息
21	车门开启预警（Door Open Warning，DOW）	在停车状态即将开启车门时，监测车辆侧方及侧后方的其他道路使用者，并在可能因车门开启而发生碰撞危险时发出警告信息
22	倒车环境辅助（Reversing Condition Assist，RCA）	在车辆倒车时，实时监测车辆后方环境，并为驾驶员提供影像或警告信息
23	低速行车环境辅助（Maneuvering Aid for Low Speed Operation，MALSO）	在车辆低速行驶时，探测其周围障碍物，并当车辆靠近障碍物时为驾驶员提供影像或警告信息

8.2.2　预警类辅助驾驶系统主要功能应用

1. 前向碰撞预警系统

（1）前向碰撞预警系统结构与原理

前向碰撞预警系统主要检测前方道路上的目标车辆和行人，计算相应的碰撞风险等级，利用碰撞时间（TTC）判断预警时机，并通过视觉、声音、触觉等方式对驾驶员进行警告，避免碰撞操作。发出碰撞警告的时间（TTC）的阈值是根据车辆的速度和前方目标车辆的运动状态来确定的。前向碰撞预警系统本身不会采取任何制动措施来避免碰撞或控制车辆，主要实现与前车保持安全距离、警示危险、防止追尾等功能。

如图 8-3 所示，前向碰撞预警系统主要包括最小安全距离模型、前方车辆检测和距离计算。目前，利用车辆底部阴影作为特征值的前方车辆检测方法很多。但是，阴影容易受到外部光线的影响，这会导致检测精度不稳定。此外，为了克服夜间、雨天等天气问题，未来检测前照灯特征值的方法很多。虽然这种方法可以在夜间取得良好的效果，但它只适用于夜间。如果车辆被识别，则使用距离测量模型来实现基于车辆与路面垂直投影角位置的距离测量。同时，利用速度估计，结合运行界面上路况（路面摩擦系数）的选择，根据最小安全距离预警模型和预警规则，实现预警功能，如果有追尾的可能，可以及时给驾驶员预警。

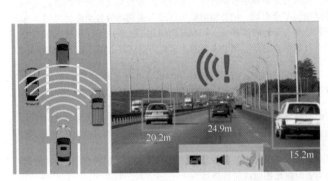
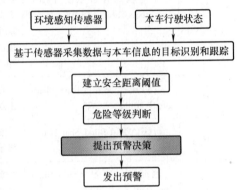

图 8-3　前向碰撞预警系统

汽车前向碰撞预警系统由环境感知传感器、决策控制器和执行器三部分组成：传感器的功能是准确、快速地测量车辆运行状况和交通环境信息；控制器根据传感器提供的信息和预先设定的参数和算法判断车辆当前的安全状态，并根据控制算法的计算结果向执行器发出控制命令；执行器接收来自控制器的控制命令，并以期望的方式实现车辆的控制操作。预警策略的合理性和预警方法的有效性决定了前向碰撞预警系统的性能和实用性。如何制定合理的预警策略取决于三个方面：汽车前向碰撞预警系统对目标的有效识别、跟踪、合理的报警时机。

传感器是汽车感知周围环境的硬件基础，主流的目标检测传感器主要有相机、毫米波雷达和激光雷达三种，前向碰撞预警系统的传感器在检测区域应具有足够高的刷新率和测量精度，以检测所有目标，包括汽车、摩托车、自行车、行人、动物、树木和电线杆等，并应具有测量目标速度和距离的功能。例如，当发现路上或路边有行人时，还可以立即制动。系统分三个步骤予以响应：

1）发出视觉和声音警示。

2）如果驾驶员没有反应，则制动踏板振动。

3）如果驾驶员还没有反应，则自动制动以降低车速。

视觉系统近距离识别率高，能够区分目标与车道线的相对位置，前向碰撞预警系统主要依靠单目视觉系统进行目标检测，主要采用基于机器学习、深度学习和图像特征的算法进行目标识别。

常见的视觉测距方法有车辆底部的距离阴影、目标像素大小范围、基于车辆宽度的距离测量。

车辆前向碰撞预警系统的具体策略是根据采集到的多个有效信息（车辆的距离、车辆的瞬时速度、车辆与前一车辆的碰撞时间及其阈值），确定车辆的安全状态，确定需要发送的信号电平。基于相机的最小安全车距预警系统的算法流程如图 8-4 所示。

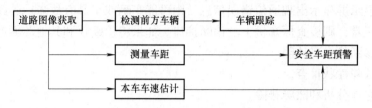

图 8-4　基于相机的最小安全车距预警系统的算法流程

首先，通过安装在车上的 CCD 相机采集图像，然后对采集的图像进行预处理，检测障碍物关于视频序列中相邻帧的图像，最后计算出主车与前车的相对距离和碰撞时间，并根据计算结果判断出车辆的风险等级，然后启动相应的避碰预警策略，提醒驾驶员及时采取避碰措施避免交通事故的发生。

根据车辆行驶速度的不同，设置不同的安全防撞时间，通过与车辆碰撞所需时间的比较，进行危险报警，可分为安全距离警告、预警、紧急报警三种形式。

（2）前向碰撞预警系统常见故障维修

汽车零部件因为自身的使用寿命有限，出现故障是不可避免的。当 ADAS 出现故障时，应当重点检查传感器的感知信号。在某些环境中探测有可能受到影响或者发生延迟，如自行车、四轮马车或者行人等目标的雷达反射截面积过小时，系统可能无法确认与前车距离的风险，这会导致对该类车辆反应延迟或无法反应的情况。此外，探测还可能被噪声或电磁干扰等影响，从而产生延迟或受到干扰。

雷达或视频传感器安装在车辆的前方区域或者风窗玻璃后，传感器的视野不能被遮挡，尤其当积雪完全覆盖传感器时会导致系统退出。系统将会通过人机界面向驾驶员传递系统退出的信息。当在跟随前车的过程中，在极少数情况下，系统不能识别车辆的末端而是识别目标下部的末端（例如有较高底盘的货车后轴或者车辆的保险杠，尽管车辆的末端可能向后方伸出）。在这些情况下系统不能保证适当的停车距离，最坏的情况是导致碰撞。因此，在此过程中驾驶员必须保持警惕并且随时准备制动。

如果判断摄像头故障，可以把摄像头拆下来用 12V 电源供电，把视频线接到显示器输入端，如果显示正常，说明摄像头没有故障，否则更换摄像头。当系统报警显示雷达温度过高/过低或硬件故障时，故障检查的步骤如下：

步骤一　用户所述故障分析。

1）进行故障排除时，确认故障症状已经得到准确识别。为了获得准确的判断，应摒除先入之见。为弄清故障确切症状，向客户询问故障发生时的故障现象及发生条件是极为重要的。

2）收集尽可能多的信息作为参考，某些情况下，也许可以从那些已发生且看似无关联的故障中得到帮助。

步骤二　用诊断仪读取故障码。

检查是否有故障码，如果是，则根据故障码表维修故障。将故障诊断仪连接到诊断接口上，将启动开关调整到 ON，按照诊断仪屏幕上的提示，读取故障码。如果需要清除故障码，可以按照诊断仪屏幕上的提示，删除故障码。

注意：在故障诊断仪的电缆已连接到诊断接口上、启动开关 ON，且已操作故障诊断仪的情况下，若显示屏显示出现通信错误信息，则可能车辆或工具有故障。若此工具与另一车辆连接时通信正常，则检查原车辆上的诊断接口。如果将诊断仪和其他车辆连接后仍无法通信，则可能是诊断仪本身故障。

步骤三　故障症状检查。

步骤四　总体分析和故障排除。

步骤五　如果有零部件或线束故障，应根据情况进行修理或更换。

步骤六　更换损坏的部件或维修工作完成后，应进行测试，确认故障排除。

2. 车道偏离警告系统

（1）车道偏离警告系统结构与原理

车道偏离警告系统实时监控车辆与车道的相对位置。如果车辆偏离车道，且驾驶员没有发出转向信号，系统会通过声音或方向盘抖动等发出警告，提醒驾驶员对车辆进行校正。

车道偏离警告系统的功能主要有以下三种：

1）显示警告信息和蜂鸣器功能。当系统判断车辆可能偏离车道时，使用警告信息和蜂鸣器警告驾驶员。

2）振动方向盘功能。当系统判断车辆可能偏离车道时，除了使用警告信息和蜂鸣器外，还可以振动方向盘警告驾驶员。

3）辅助转向功能。当系统判断车辆可能偏离车道时，除了利用警告信息、蜂鸣器、振动方向盘提醒驾驶员外，还可以施加一点力辅助转向操作。

车道偏离警告系统主要由前视相机、电子控制单元、报警装置和传感器组成。主要输入有车道位置、车速、方向盘转角、转向灯开关等参数；输出参数为报警信号，主要为视觉信号和触觉信号。基本工作原理是前视相机实时采集车道标线图像，电子控制单元相应地确定车辆在车道中的位置，并且当检测到车辆偏离车道线时，利用传感器采集车辆数据和驾驶员的工作状态，判断驾驶员是否有意识地操作偏离行为（如变道）。如果驾驶员无意识，控制器发出报警信号提醒驾驶员进行修正。警告系统工作流程如图 8-5 所示。

图 8-5　车道偏离警告系统工作流程

车道偏离评价算法的结构是提取感兴趣区域、图像预处理、特征提取和特征识别。

1）提取感兴趣区域：感兴趣区域的分割和提取。

2）图像预处理：系统通过安装在车辆前方的相机获取车辆前方的图像，通过数字图像处理技术完成数字图像的采集、灰度化和滤波增强。

3）特征提取：采用 Sobel 算子边缘检测算法作为图像边缘检测算法，在此基础上采用 Hough 变换完成车道线检测。

4）特征判别：根据车辆前方检测到的车道线信息，利用边缘检测函数判断车辆是否偏离车道线。

车道偏离警告系统对相机采集的道路图像进行处理后，根据车辆与车道的相对位置判断车辆是否偏离车道。车道预警决策是将图像分为三个区域，中间区域为危险区域，两侧区域为安全区域。如果在安全区没有检测到直线，但在危险区检测到直线，且车辆没有同时打开转向灯，当车速超过一定的临界值时确定驾驶员不知道车道偏离，需要发出警报。如果同时在图像的安全区域和危险区域中检测到直线，则将其确定为中间干扰信号。此时，中间干扰信号被过滤，并且仅显示车道线信息。同时，存储前一帧的车道线位置。如果此时没有检测到车道线信息，则只输出前一帧车道线的位置，以便实时输出车道线信息。

当车速超过 60km/h 超过 3s 且不超过 120km/h 时，车道偏离警告系统启动。当车辆逐渐接近车道线时，方向盘会有一定的角度。如果转向灯不亮或转向灯不正确，从车轮压到整个车道线的阶段，用声光报警器等提醒跟随偏移方向（左右），使相应的方向警告灯闪烁；当车轮完全驶过车道线时，除警示灯外，扬声器还会发出警报声，提醒驾驶员注意车辆行驶路线。如果图像中没有检测到车道线，方向盘超过一定角度，转向信号灯未打开或转向信号灯不正确，则同时激活警告灯和警告声。

车道线检测模块的主要传感器是单目相机，其主要功能是记录和拍摄车辆行驶时的实时环境。在车道线检测模块的工作流程中，首先确定相机图像坐标系下车道线的面积，然后通过特征提取和模型匹配提取车道线的角度信息，最后通过 LCM 实时通信协议将车道线角度信息作为局部环境感知信息实时传输到车道线检测模块。接口显示模块的主要任务有两点，一是将控制模块输入的控制信号发送给执行器，二是采集自主驱动执行器的信息。一方面，底层控制模块通过 CAN 协议将控制信号发送到执行器所在的 CAN 网络。另一方面，它从执行器所在的 CAN 网络收集车辆信息，并通过 CAN 协议解译控制信号。车辆执行模块由转向执行器、发动机、制动器、变速器和其他执行器组成。它通过 CAN 总线传输数据，并将底层方向盘转角等信息上传至底层控制模块。

在逻辑实现方面，各模块采集和处理的信息最终通过 LCM 实时通信协议实现数据传输。该协议可以完成本地程序和远程终端程序之间的实时数据传输。共建立两个 LCM 实时传输通道，以实现不同数据的独立传输。在硬件结构上，大致分为车辆传感器部分、车身部分和数据处理控制器部分。其中，车载传感器主要包括由单目相机组成的环境感知传感器，主要负责车道线信息的采集；车身部分包括底层执行器的变换，使车身的机械变换最小化。数据处理任务由主机完成。

视频采集通常是指用电信号记录、处理、保存和传输一系列静态图像的各种技术。根据人眼视觉原理，如果图像的帧数变化过快（超过 24 帧/s），肉眼将无法分辨单个静态图像。呈现这种不间断视觉体验的图片称为视频。常见的视频有多种格式，如 REMUX、AVI、TS 等。

车道标线识别技术是车道偏离警告系统中较为重要的技术，如图 8-6 所示，其原理是安装在车内的前置相机通过一定的倾斜角度拍摄道路。系统采用抛物线模型提取道路信息，描述车道标线的几何结构。此时，系统还将通过检测选择自己认为有用的信息，这些信息也可以是其感兴趣的信息（ROL），该信息除路面信息外，还包括车头罩、空中绿化带等。减少信息铺面可以提高准确率，同时减少数据处理量，提高系统处理速度。

该系统对不同照明条件的影响做出响应。当光线强度较弱时，系统在相机产生的噪声下具有平滑功能，改善图像中不清晰的暗线。其原理是系统判断接收到的图像有噪声时，替换设定的中值。另外，车道线特征的检测主要是基于路面颜色所反映的不同颜色值。在我国，车道线颜色以白色和黄色为主，路面颜色一般为深灰色和灰色。由于在大多数情况下，车道线的灰度值高于路面，因此可以根据系统的灰度来绘制车道线。

图 8-6　交通场景车道标线识别

根据我国公路建设标准，公路可以有三种形状：直线、圆曲线和环形交叉口，而一般的城市道路可能会有更复杂的形状。随着透视投影关系的建立，公路在图像平面上的形状将变得更加复杂，甚至不可能用解析数学表达式来描述，通常需要在模型的精度和复杂度之间做出折中。

在基于视觉的车道偏离警告系统中，结合已有的先验知识，在图像中检测车道线，通过反投影变换等方法计算出车辆在当前车道上的相对位置和偏航角，然后根据预先确定的车道偏离警告模型，判断车辆在当前或预期的时间内是否有偏离当前车道的危险，从而决定是否对驾驶员进行警告。

在现有的车道偏离警告系统中，采用的车道偏离预警决策模型大多是基于车辆与边线的横向距离，大致可以分为三类：基于车辆在车道上的当前位置的 CCP 模型；基于未来偏差差异的 FOD 模型；基于车辆穿越车道边界时间的 TLC 模型。

1）CCP 模型主要根据车辆与边线的当前横向距离判断车辆是否处于车道偏离状态。根据车道线的检测结果和车道平面与图像平面的透视关系，可以计算出车辆的当前位置。

2）FOD 模型在计算车辆偏差时考虑了驾驶员的驾驶习惯。FOD 模型将引入虚拟边界的概念。虚拟边界是驾驶员在自然转向过程中习惯性偏离在车道实际边界上的叠加。如果驾驶员在自然转向过程中没有惯常偏差，则虚拟边界与实际边界一致。FOD 模型将车辆的预测位置与虚拟边界进行比较，当预测位置超过虚拟边界时，车辆将被视为有偏离车道的危险。

3）在计算车辆穿越车道边界的时间时，TLC 模型对车辆未来短时间内的驾驶模型进行了假设。当估计的 TLC 小于设置的安全时间阈值时，会及时提醒驾驶员。

（2）车道偏离警告系统常见故障维修

车道偏离警告系统（LDW）的工作原理是利用车道偏离报警相机检测车道标线，计算转弯半径、车道、车辆偏移量和车道宽度。在系统工作时，在方向盘上增加一个振动电机来振动方向盘。方向盘振动可达 3s，当振动电机故障时，需要更换方向盘。可以通过操作车道偏离警告系统的主开关来启用或禁用车道偏离警告系统。系统可以在电源开关置于断开位置之前存储车道偏离警告主开关的状态，在电源开关再次置于接通位置时恢复先前的状态。

如果车辆的仪表板显示车道偏离警告系统故障，在故障诊断过程中，可以使用故障诊断仪检测并读取故障码，查看故障码的含义，保存并清除故障码。当车速大于 50km/h 且转向振动电机工作时，如果前向识别相机接收到转向振动 ECU 的故障信号，则可能的故障原因有前向识别相机故障、转向振动 ECU（方向盘总成）故障、安全气囊螺旋线束故障、相关电路和导线插接器故障。

如果车道偏离警告系统不起作用，可按照下面的步骤进行检查。

步骤一 用诊断仪读取故障码。检查是否有故障码，如果存在故障码，则根据故障码的含义进行维修。如果没有故障码，进入下一步检查。

步骤二 检查蓄电池电压。在检查前，操作启动开关使电源模式至 OFF 状态。用万用表检查蓄电池电压，标准电压应为 11~14V，确认测量值是否符合标准值。如果符合标准值，检修充电系统故障。如果不符合标准值，进入下一步检查。

步骤三 检查车道偏离警告系统的主机熔丝。操作启动开关使电源模式至 OFF 状态。检查仪表配电盒熔丝是否熔断，熔丝额定容量为 10A。如果异常，检修熔丝线路，更换额定容量熔丝。如果正常，进入下一步检查。

步骤四 检查车道偏离警告系统主机电源电压。操作启动开关使电源模式至 OFF 状态，断开 LDW 主机线束插接器。操作启动开关使电源模式至 ON 状态。用万用表测量端子与车身搭铁之间的电压，标准电压为 11~14V。确认测量值是否符合标准值，如果异常，修理或更换线束。如果正常，进入下一步检查。

步骤五 检查车道偏离警告系统主机接地线路故障。操作启动开关使电源模式至 OFF 状态，断开 LDW 主机线束插接器，用万用表测量端子与车身搭铁之间的电阻，标准电阻应小于 1Ω。确认测量值是否符合标准值，如果异常，修理或更换线束。如果正常，进入下一步检查。

步骤六 检查 BCAN 网络完整性。操作启动开关使电源模式至 OFF 状态，对 BCAN 网络进行完整性检查，参考 CAN 网络完整性检查，确认检查结果是否正常。如果异常，优先排除网络通信故障。如果正常，进入下一步检查。

步骤七 检查 PCAN 网络完整性。操作启动开关使电源模式至 OFF 状态，对 PCAN 网络进行完整性检查，参考 CAN 网络完整性检查。确认检查结果是否正常。如果异常，优先排除网络通信故障。如果正常，进入下一步检查。

步骤八 检查 DCAN 网络完整性。操作启动开关使电源模式至 OFF 状态，对 DCAN 网络进行完整性检查，参考 CAN 网络完整性检查。确认检查结果是否正常，如果异常，优先排除网络通信故障。如果正常，进入下一步检查。

步骤九 检查车道偏离警告系统与网关之间的线束故障。操作启动开关使电源模式至 OFF 状态，断开 LDW 主机线束插接器，断开网关线束插接器。用万用表测量端子之间的电阻，标准电阻应小于 1Ω。确认测量值是否符合标准，如果异常，修理或更换线束。如果正常，进入下一步检查。

步骤十、更换车道偏离警告系统主机。操作启动开关使电源模式至 OFF 状态，更换 LDW 主机。使用诊断仪，清除历史故障码，确认系统故障是否排除。如果是，系统正常。如果系统故障没有排除，进入下一步检查。

步骤十一 更换网关。操作启动开关使电源模式至 OFF 状态，更换网关。待更换完成后，使用诊断仪清除历史故障码，检查结束。

3. 盲区预警系统

（1）盲区预警系统结构与原理

盲区预警系统（BLIS）采用高科技检测车辆是否在相邻车道后接近，后视镜盲点内是否有车辆。当车辆接近或盲区内有车辆时，监控系统将通过声音和灯光提醒驾驶员。主要功能是扫除后视镜盲点，通过微波雷达探测车辆两侧后视镜盲点内的超车车辆，提醒驾驶员在换道过程中避免因后视镜盲点而发生事故。

所谓盲区，是指在驾驶过程中，由于地形、建筑物或其他车辆的影响，驾驶员的视线和视野形成的盲点。形成盲点的原因如下：

1）路况差造成的盲区。通过多年来的交通事故分析，多发生在山路或弯道上。这是因为在弯道上行驶时，路边有障碍物或树木，造成弯道对面的观察盲点。

2）车辆结构造成的盲区。无论哪种车型，在任何情况下，都不能完全消除视野中存在的盲点，如中梁、侧梁、前风窗玻璃后视镜的尺寸和角度、座椅高度等，因此，当驾驶员观察驾驶位置时，不可能看到车辆的前、后、左、右全景，特别是车头、车尾、左右两侧等，都是座椅位置的盲点。车辆本身的结构使车辆不可避免地出现视觉盲点。同时，车辆行驶时，会受到地形、交叉口建筑物、其他车辆阻塞、转弯时内轮差等影响。车辆盲区主要分为前部盲区、后部盲区、车辆底部盲区、后视镜盲区、AB柱盲区、转弯盲区。

3）跟踪距离对后车盲区的影响。如果距离前方车辆较远，则后方车辆的观察盲点相对较小。

4）会车和超车过程中形成的盲区。因为会车和超车都是一个运动过程，特别是超车前的速度要加快，所以无论是超车还是被超车，都会存在盲点。

5）交叉口障碍物造成的盲区。交通事故多发生在十字路口，其中一个原因是，市区交叉口的高楼林立，车辆密度大，人流多，驾驶员视线容易受阻。

6）道路两侧的农作物和树木造成的盲区。这些农作物和树木因枝叶茂密而挡住驾驶员的视线，无法及时观察周围情况。

盲区预警系统由安装在汽车后保险杠上的两个雷达模块、一个车门控制模块和一个外部后视镜组成。当车辆行驶时，系统监控盲区的情况并提醒驾驶员。以福特撼路者为例，配备盲区预警系统的左盲点监控传感器（SODL）和右盲点监控传感器（SODR）雷达模块监控汽车后保险杠后面7m的区域。当车速超过8km/h时，BLIS开始工作。

盲区预警系统的工作原理如图8-7所示。盲点信息采集模块实时监控车辆盲点的路况，采集的信息或图像数据经过初步转换后传输到数据处理模块。数据处理模块对接收到的信息进行分析处理，并将处理结果实时显示在显示模块上，使驾驶员能够及时了解盲区内的路况。同时，根据数据分析结果，如果盲区内路况危险，数据处理模块向声光报警模块发送启动指令，然后语音提示声响起，警告灯亮，驾驶员可根据提示及时进行相应的安全处理，避免车辆行驶危险。当车辆行驶时，系统的雷达传感器一旦确认驾驶员盲点内隐藏有车辆或其他障碍物，将立即向安装在后视镜边缘的接收装置发出指令，后视镜上的光标将点亮，提醒驾驶员注意盲区内的现有车辆，减少随机换道造成的安全隐患。如果驾驶员打开转向信号灯并准备在此时变道或转弯，预警系统将在检测到危险时立即警告驾驶员。如果驾驶员未打开转向信号灯，则在检测到车辆处于盲区后，警告灯将保持点亮而不是闪烁。

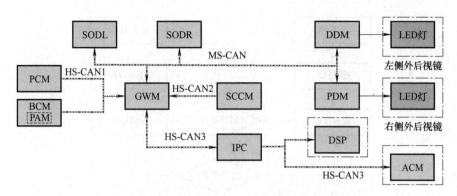

图 8-7 福特撼路者盲区预警系统工作原理

雷达模块可以检测车辆外部区域是否有车辆或物体快速接近车辆。当车辆或物体在盲区内快速接近车辆时，雷达将检测信息传输至车门控制模块。车门控制模块控制安装在汽车后视镜中的盲点监控和早期警告 LED 指示灯闪烁，提醒驾驶员有车辆或物体在车辆盲区内快速接近汽车。

当驾驶员倒车时，盲区预警系统将改变后雷达模块的探测范围，实现对两侧交通的报警功能。当变速杆处于倒档时，交通预警（CTA）系统可以检测以 8~64 km/h 的速度驶近的车辆或自行车，响应时间为 1~2.5s。报警距离取决于接近车辆或自行车的速度。如果车辆接近的速度超过 64km/h 或低于 8km/h，CTA 系统将不会报警。当传感器被遮挡时，覆盖面积将减小。缓慢倒车有助于扩大覆盖范围，提高效率。

由于雷达技术的缺陷，在某些情况下会出现误报。当 LED 在没有目标的情况下闪烁时，将出现错误报警。错误警报不超过 3%（100 个目标中有 3 次）是正常的。假警报是临时性和自我调节的。当车辆在路灯杆或建筑物、慢跑行人或快速移动的购物车周围急转弯时，可能会导致误报。

盲区预警系统在以下情况下可能有错误：

1）后保险杠两侧有碎屑堆积或贴纸。

2）进入或离开盲区车辆的机动操作。

3）车辆高速通过盲区。

4）几辆汽车排成一行穿过盲区。

车辆盲区监测流程如图 8-8 所示。目前，主流模型采用毫米波雷达作为盲区预警系统的传感器。毫米波雷达探测距离远，穿透雾、烟、尘的能力强，具有全天候（大雨除外）的特点，响应速度快，能监测移动物体的速度，区分隧道壁和即将从侧面超车的车辆之间的差别。借助这一功能，毫米波雷达盲区预警测系统可以在行驶过程中主动监测左右两侧经过的车辆，并主动提示驾驶员是否有车追尾。通过在汽车后保险杠上安装两个 24GHz 雷达传感器，当车辆行驶速度大于 8~10km/h 时自动启动，并实时向车后 7m 范围发送检测微波信号，系统将对反射的微波信号进行分析，经过处理，可以知道后面车辆的距离、速度和运动方向，通过系统算法，排除固定物体和远处物体。

车辆盲区预警系统由盲点信息采集模块、数据处理模块、信息显示模块和声光报警模块四部分组成。

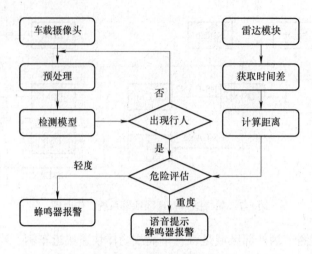

图 8-8 车辆盲区监测流程

1）盲点信息采集模块是监控系统的核心，主要由相机和多种传感器组成。用于盲区监测的传感器主要有红外测距传感器、毫米波雷达、超声波雷达、激光雷达和相机，它们在距离检测方面各有利弊。盲点信息采集模块的作用是采集盲点的路况信息，并将采集到的信息传输到数据处理模块。采集信息的质量将影响最终监测结果的准确性，信息的质量取决于传感器。

2）数据处理模块的功能是对盲区的交通信息进行处理并做出相应的决策。使用的主流设备是微控制器、处理器和高性能计算机。

3）信息显示模块使用的设备是显示屏。其功能是将数据处理模块分析处理的信息或图像显示在显示屏上，使驾驶员能够实时了解盲区内的路况。

4）声光报警模块包括语音报警装置和警告灯。当数据处理模块确定盲区内的路况存在危险时，语音报警装置发出危险报警，警告灯亮起，提醒驾驶员采取必要的安全措施。

（2）盲区预警系统常见故障维修

如果系统有故障，应重点检查是传感器故障还是指示器故障。以大众途昂盲区预警系统故障为例，盲区识别控制单元有两个：主控单元和辅助控制单元。主控单元安装在车辆后保险杠的右侧，通过扩展 CAN 线连接至网关，网关负责盲区识别控制单元与其他相关系统的双向通信，同时驾驶员辅助系统前部摄像头也并联在扩展 CAN 线路上；辅助控制单元安装在后保险杠的左侧，仅负责左右后视镜盲区识别警告灯的开启或关闭，其与主控单元的通信则是通过两条专门的 CAN 线完成的。主控单元和辅助控制单元两个控制单元内部集成了发射器天线和接收器天线，既可以发射雷达信号，当信号遇到障碍物返回后其接收器天线又可以接收信号，因此两个控制单元同时还是传感器，分别检测车辆后部两侧车道，距离为 3～25m 范围内是否有车辆。若某一侧有车辆的话，则对应一侧后视镜上的盲区识别警告灯会点亮，以提示驾驶员注意后方来车，变道有风险。假设此时驾驶员仍旧打开变道转向灯强行变道，则变道辅助系统就会切换至警告级别，对应一侧盲区识别警告灯会闪烁。

当盲区预警系统出现故障时，可以连接诊断仪至车上诊断接口，进入盲区识别系统地址，读取系统故障码。根据故障码的提示和盲区识别系统的电路图，可以判断故障点。常见故障主要包括：

1）盲区识别的辅助控制单元本身存在故障，无法正确输出高电平信号点亮右后视镜盲区识别警告灯。

2）右后视镜盲区识别警告灯存在故障。

3）盲区识别控制单元至右后视镜线路存在故障。

首先目测检查辅助控制单元的表面，如果辅助控制单元表面无任何脏污或损坏，检查辅助控制单元的插头线束有无破损等异常情况。拔下辅助控制单元的插头，检查相关端子接触是否良好，排除辅助控制单元端子线束存在故障的可能性。检查辅助控制单元的供电线路及搭铁线路存在故障的可能性，检查辅助控制单元至右侧后视镜之间线路以及右侧后视镜本身是否存在故障。

4. 驾驶疲劳预警系统

（1）驾驶疲劳预警系统结构与原理

驾驶员的疲劳驾驶有时很难避免，当驾驶员以 100km/h 的速度驾驶车辆，2h 后，生理机能便会进入睡眠状态，主动性下降。在一般情况下，驾驶员一天行车超过 6h 以上，或前一天睡眠时间不足 4~5h，事故发生率变得极高。驾驶疲劳预警系统是基于驾驶员的生理反应特征，由电子控制单元和相机两个模块组成，利用驾驶员的面部特征、眼睛信号、头部活动度等来推断驾驶员的疲劳状态，根据驾驶员的疲劳状况发出报警和采取相应干预措施的装置。

车载驾驶疲劳智能监控系统工作原理如图 8-9 所示。驾驶疲劳预警系统会根据车辆行驶速度自动调整瞌睡预警灵敏度，其基本的逻辑是车速越快，灵敏度越高；当车速低于设定速度值 15km/s 时，系统不启动。当车速高于设定速度值 15km/s 时，预警功能启动，且灵敏度设置为"低"；当车速高于 30km/h 后，预警灵敏度调整为"中"；当车速高于 50km/h 后，预警灵敏度为"高"。如图 8-9 所示，根据驾驶员的疲劳程度，驾驶疲劳预警系统可分为三级。

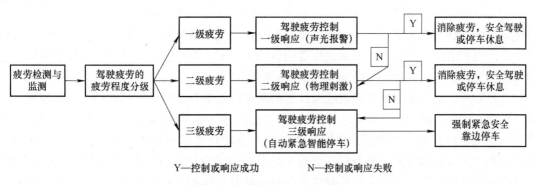

Y—控制或响应成功　　　N—控制或响应失败

图 8-9　车载驾驶疲劳智能监控系统

在一级疲劳状态下，虽然驾驶员的注意力不集中，但人相对清醒。在这种情况下，如果能够发出声光警告信息，则会引起驾驶员的警觉，并采取控制措施降低风险。

在二级疲劳状态下，驾驶员注意力非常不集中，人处于较疲劳状态，对路况和安全标志的识别程度降低。为了提醒驾驶员处于危险状态，应给予一定形式和频率的物理刺激，如二次声光报警，座椅上刺激点会产生振动，并打开车辆危险警告灯。

在三级疲劳状态下，驾驶员极度疲劳甚至睡眠，属于极度危险驾驶阶段。声光报警器或物理刺激使驾驶员难以保持清醒并实现安全驾驶。此时，应启动自动紧急智能停车，打开车辆危险警告灯，打开右转向灯，车辆减速。

如图 8-10 所示，驾驶疲劳预警系统对驾驶员的生理和其他非生理信号的变化进行采集、分析和处理，以确定驾驶员的状态是否是疲劳、瞌睡，如眼睛、面部、心脏、脑电活动等。有多种检测方法，如快速人脸检测方法、疲劳程度检测方法、驾驶疲劳问题检测方法等，通过视觉传感器实时检测和测量人眼睑眼球的几何和运动特性、眼睛的注视角度及其动态变化、头部位置和方向的变化等。目前应用最广泛的疲劳检测方法是对驾驶员的驾驶行为进行分析，即通过记录和分析驾驶员转动方向盘、踩制动踏板等行为特征，判断驾驶员是否疲劳，但这种方式受驾驶员驾驶习惯的影响很大。另一种主要的检测方法是，通过图像分析对驾驶员的面部和眼部特征进行疲劳评估。

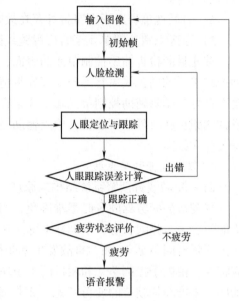

图 8-10　驾驶疲劳预警系统监测流程

系统前端为图像采集模块。图像采集模块主要负责图像的不间断采集，利用相机采集驾驶员面部视频图像序列并对其进行去噪，得到待检测的图像序列。将人脸分类器、人眼分类器和待检测的图像序列加载到系统中。图像处理模块对采集到的图像进行分析，完成对人脸和眼睛的检测，每帧图像都需要经过数字化、降噪、滤波、重建等处理。图像处理器利用图像处理算法不断优化结果，然后输出结果定位跟踪人眼，并使用算法确定开闭眼睛的程度，根据闭眼睛的程度判断驾驶员的疲劳状态，通过警告灯和声音进行预警。

当驾驶疲劳预警系统启动时，一旦发现驾驶员转向操作频率变低，且伴随着轻微但突然的转向动作，这是驾驶员注意力不集中的典型表现，此时系统对驾驶员的疲劳进行计算和判别，在仪表上给出一个咖啡杯图案提醒驾驶员休息一下。此外，只要打开疲劳识别系统，无论驾驶员是否疲劳，系统都会每隔 4h 提醒驾驶员需要休息。

驾驶员疲劳识别系统多源信息融合技术的基本特点是目标与环境特征的采集与建模、算法、概率与统计、决策识别科学、并行处理、仿真、测试、异构系统集成以及多级安全处理技术。如图 8-11 所示，多源信息融合是通过多传感器获取驾驶员典型疲劳特征、驾驶员行为、车辆行为信息和可变信息板信息等多个信息源的信息，并进行多层次、多方面的处理，然后通过信息处理技术实现多信息融合，获得对被测物体的一致解释或描述，获得综合感知信息。

（2）驾驶疲劳预警系统安装与常见故障维修

驾驶疲劳预警系统的摄像头安装与调整方法如图 8-12 所示。在加装驾驶疲劳预警系统时，利用螺钉将驾驶疲劳预警系统设备固定在驾驶员正前方偏右（10°～30°）位置，设备上仰 5°～30°，并将引出线端子与电源线束连接好，接上 GPS 天线和通信天线即可。对于后装的驾驶疲劳预警系统，如果是 6.0mm 摄像镜头，设备到驾驶员脸部距离为 60～95cm；如果是 7.5mm 镜头，设备到驾驶员脸部距离为 75～115cm。

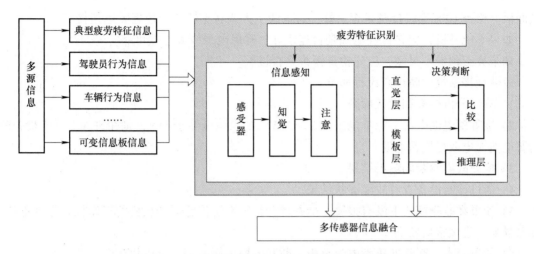

图 8-11 多源信息融合驾驶疲劳检测系统控制

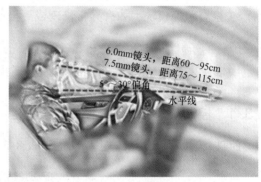

图 8-12 驾驶疲劳预警系统的摄像头安装与调整方法

在安装时，应确保后加装的设备上下角度选取合适并固定牢固，以免松动影响使用性能。安装完成后，应先对设备进行校准，通过调整驾驶疲劳预警系统的上下角度，使得驾驶员人脸在反光镜中央或者外接显示器时在屏幕中央即可。设置速度值 15km/s 为启动条件，启动驾驶疲劳预警系统，且车速超过设定速度值后，系统进入 30s 的自标定。该过程会针对驾驶员的个体特征标定系统核心参数。此过程结束后，系统进入正常运行状态。

注意：

1）不要将驾驶疲劳预警系统主机安装在会阻挡驾驶员行车视线的位置。

2）不要将驾驶疲劳预警系统主机安装在安全气囊仪表板之上或是气囊展开的区域里。

3）不要将驾驶疲劳预警系统主机安装在乘客容易碰撞到的地方。

4）定期使用专用清洁剂与清洁布清洁镜头正面黑色有机玻璃，以免过脏影响视频采集及设备使用性能。

在驾驶疲劳预警系统的使用过程中，如果驾驶员长时间闭眼仍无报警声，可能原因主要有：驾驶员面部未在摄像头可视范围内；车辆处于停止状态；GPS 搜星失败（有的驾驶疲劳预警系统带有 GPS 车辆定位功能）。在处理此类故障时，可以调整设备朝向使镜头能扫描到完整驾驶员面部。检查疲劳警示功能是否被激活，该系统只在车速高于设定速度值后才会被激活。检查 GPS 天线接触是否良好，且天线上方或者车辆所处位置无遮挡物。

如果不能开机，应先检查电源是否连接好，确保电源线束连接可靠。

如果疲劳预警不灵敏，应先检查镜头是否过脏。

疲劳预警系统故障检查流程如下：

1）故障分析检查和症状检查。

2）检查蓄电池电压。标准电压为 11~14V，如果电压低于 11V，则在进入下一步检查前对蓄电池充电或更换蓄电池。

3）检查故障诊断码输出结果。

4）通过诊断设备查看故障症状结果。

5）如果在监测模式下没有报警，检查疲劳报警系统传感器和相机的工作状态是否正常。如果异常，尝试重新校准。

6）如果异常，断开低压蓄电池负极，断开电控单元端子，分析故障。

7）检查疲劳报警信号与线束电阻值，如有异常，更换线束。

8）检查监控模块，如有异常修理或更换疲劳警告监控模块。

8.3 控制类辅助驾驶系统

8.3.1 控制类辅助驾驶系统主要功能

控制类辅助驾驶系统的主要功能见表 8-2。

表 8-2 控制类辅助驾驶系统主要功能

序　号	主要功能	功能相关介绍
1	自动紧急制动（Advanced/Automatic Emergency Braking，AEB）	实时监测车辆前方行驶环境，并在可能发生碰撞危险时自动启动车辆制动系统使车辆减速，以避免碰撞或减轻碰撞后果
2	紧急制动辅助（Emergency Braking Assist，EBA）	实时监测车辆前方行驶环境，在可能发生碰撞危险时提前采取措施以减少制动响应时间并在驾驶员采取制动操作时辅助增加制动压力，以避免碰撞或减轻碰撞后果
3	自动紧急转向（Automatic Emergency Steering，AES）	实时监测车辆前方、侧方及侧后方行驶环境，在可能发生碰撞危险时自动控制车辆转向，以避免碰撞或减轻碰撞后果
4	紧急转向辅助（Emergency Steering Assist，ESA）	实时监测车辆前方、侧方及侧后方行驶环境，在可能发生碰撞危险且驾驶员有明确的转向意图时辅助驾驶员进行转向操作
5	智能限速控制（Intelligent Speed Limit Control，ISLC）	自动获取车辆当前条件下所应遵守的限速信息，实时监测并辅助控制车辆行驶速度，以使其保持在限速范围之内
6	车道保持辅助（Lane Keeping Assist，LKA）	实时监测车辆与车道边线的相对位置，持续或在必要情况下控制车辆横向运动，使车辆保持在原车道内行驶
7	车道居中控制（Lane Centering Control，LCC）	实时监测车辆与车道边线的相对位置，持续自动控制车辆横向运动，使车辆始终在车道中央区域行驶
8	车道偏离抑制（Lane Departure Prevention，LDP）	实时监测车辆与车道边线的相对位置，在车辆将发生车道偏离时控制车辆横向运动，辅助驾驶员将车辆保持在原车道内行驶

（续）

序 号	主要功能	功能相关介绍
9	智能泊车辅助（Intelligent Parking Assist System，IPAS）	在泊车时，自动检测泊车空间并为驾驶员提供泊车指示和/或方向控制等辅助功能。目前主流的泊车功能主要包括自动泊车（APA）、遥控泊车（RPA）、智能召唤（SS）、记忆泊车（HPA）、自主代客泊车（VAP）
10	增强现实导航（AR NAVI）	AR NAVI 将普通导航仪与相机结合，不仅用前向相机将车前的路况记录下来，而且根据导航地图的信息，在视频上划出虚拟线路箭头，显示导航相关信息
11	自适应巡航控制（Adaptive Cruise Control，ACC）	实时监测车辆前方行驶环境，在设定的速度范围内自动调整行驶速度，以适应前方车辆和/或道路条件等引起的驾驶环境变化
12	全速自适应巡航控制（Full Speed Range Adaptive Cruise Control，FSRACC）	实时监测车辆前方行驶环境，在设定的速度范围内自动调整行驶速度并具有减速至停止及从停止状态自动起步的功能，以适应前方车辆和/或道路条件等引起的驾驶环境变化
13	交通拥堵辅助（Traffic Jam Assist，TJA）	在车辆低速通过交通拥堵路段时，实时监测车辆前方及相邻车道行驶环境，并自动对车辆进行横向和纵向控制，其中部分功能的使用需经过驾驶员的确认
14	加速踏板防误踩（Antimal Operation for Accelerator Pedal，AOAP）	在车辆起步或低速行驶时，因驾驶员误踩加速踏板产生紧急加速而可能与周边障碍物发生碰撞时，自动抑制车辆加速
15	酒精闭锁（Alcohol Interlock，AIL）	在车辆起动前测试驾驶员体内酒精含量，并在酒精含量超标时锁闭车辆动力系统开关
16	自适应远光灯（Adaptive Driving Beam，ADB）	能够自动调整远光灯投射范围以减少对前方或对向其他车辆驾驶员眩目干扰
17	自适应前照灯（Adaptive Front Light，AFL）	能够自动进行近光/远光切换或投射范围控制，从而为适应车辆各种使用环境提供不同类型光束
18	远光自动控制	这项功能是利用车辆后视镜部位的相机侦测前方行驶的车辆，探测范围可达400m。如果检测到对面来车，系统就会有选择性地遮蔽远光灯光束范围，让光束避开对面车辆，这样在确保驾驶员清晰视野的同时，亦不会影响对向来车的行驶，驾驶员也不再需要自己频繁切换远近光避免对向眩目
19	高速领航驾驶辅助（NOA Highway）	指车辆在高速公路上行驶时，当系统激活后，车辆能基于导航路线，让车辆自动按导航的路径实现点到点行驶
20	城区领航驾驶辅助（NOA City）	指车辆在城区路面行驶时，当系统激活后，车辆能基于导航路线，让车辆自动按导航的路径实现点到点行驶

8.3.2 控制类辅助驾驶系统主要功能应用

1. 自适应巡航系统

（1）汽车自适应巡航控制系统结构与原理

汽车自适应巡航控制系统（ACC）是一种主动安全技术，也称为智能巡航控制或高级巡航控制，为传统定速巡航的升级技术，主要适用于高速公路，不仅具有定速巡航功能，还可以通过相机、雷达等传感器感知道路交通环境，获取距离、速度、方位等信息，通过决策控制与前方车辆保持适当的跟车距离，自适应跟踪目标车辆的加减速。当驾驶员开启巡航控制功能时，巡航控制模块会检测当前的车速，当车速大于 20km/h 时，巡航系统工作。碰撞警告系统在车速大于 8km/h 且小于 20km/h 被激活。巡航雷达及控制模块检测到车辆即将发生碰撞时，命令抬头显示器（HUD）闪烁红色警告灯，同时通过仪表激活蜂鸣警报器工作并使音响系统静音。当碰撞险情解除时，警告灯熄灭且蜂鸣警报器静音。

自适应巡航控制系统结构如图 8-13 所示，其环境感知的主要功能是通过传感器对周围目标进行识别、跟踪和筛选，为底层控制算法提供有效的目标状态信息。用于环境感知的传感器主要有毫米波雷达、相机（视觉传感器）和激光雷达。毫米波雷达受天气影响较小，对距离和速度信号有准确的检测，但在角度检测方面容易出现误检、漏检等问题，视觉传感器成本低，能够提供丰富的交通环境信息，但对天气和光线变化更为敏感；激光雷达可以清晰地感知周围环境，但易受天气影响，成本更高。

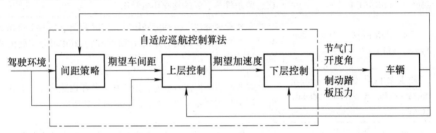

图 8-13　自适应巡航控制系统结构

巡航雷达与巡航控制模块通常被集成在一起，安装于前格栅后面、散热器框架下方。巡航雷达在工作时，通过发送和收集雷达波检测自身车辆与所跟随车辆的距离和相对车速，并将信息储存至巡航控制模块。在需要的时候，巡航控制模块会向发动机控制模块发出提高车速或向 ABS 发出降低车速的请求，以保持与前车的距离始终处于设定范围。出于车辆舒适性考虑，制动时的制动效果只能达到制动系统最大制动减速能力的 30%。

巡航控制开关用于驾驶员控制自适应巡航系统，安装在方向盘上的组合开关内。巡航控制开关的作用包括：开启和关闭巡航功能、暂停和继续巡航功能、定速巡航功能、自适应巡航功能。驾驶员可以通过巡航控制开关设定巡航车速，也可以通过巡航控制开关设定与前车的距离。

碰撞警告系统是自适应巡航系统的一个子系统，当车速低于 20km/h 时起作用，与巡航系统相辅相成，是车辆主动安全系统的重要组成部分。碰撞警告系统由巡航雷达及控制模块、抬头显示器（HUD）、仪表显示器、蜂鸣警报器等部件组成。作为自适应巡航系统的子系统，碰撞警告系统也是通过巡航雷达来探测与前车的距离和相对速度，并由巡航控制模块来控制。

巡航控制模块与发动机控制模块（PCM）、车身控制模块（BCM）通过高速网进行信息交换，需要加速时，发动机控制模块会根据巡航控制模块的请求提高车速，但不会超过设定车速；巡航控制模块通过高速网将信息传递至仪表，以便驾驶员能通过仪表掌握巡航情况；巡航控制模块通过高速网给转向系统及 ABS 发送信号，以维持自适应巡航功能。

当自适应巡航系统工作时，信息中心会显示前方车辆或同一车道车辆和后方车辆图。前方车辆驶入同一车道或同一车道前方车速较慢时，巡航系统会自动调整车速以保持预设间距。驾驶员可以通过方向盘上的控制开关，增加或缩小与前方车辆的间距。

为了保证巡航系统工作时车辆依然有应急能力，有些车辆自适应巡航系统在制动系统中附加了安全功能，即踩下制动踏板时，制动灯电路向发动机控制模块传输电子信号，让巡航系统失效。

通过高速网，ABS 模块检测约束控制模块的偏航角速度信号，并与轮速和转向角信号进行对比。如果 ABS 模块认为偏航角速度无效，ABS 模块将禁用自适应巡航控制系统，信息中心将显示信息"碰撞预警故障"或"自适应巡航故障"。

在下列情况下，车辆将无法保持与前方车辆的间距：

① 前方车辆急加速，速度超过设定车速。

② 前方车辆驶出车道或驶出视线范围。

③ 车速减速至 20km/h 以下。

④ 设定了新的间距。

每次点火循环后，系统会保留上一次设定的间距并设为默认间距。踩下加速踏板后，间距记录被删除。

ACC 系统执行器控制层算法的主要功能是接收前一层的加速度指令，通过对车辆驱动和制动系统的精确调节和控制，准确、快速地跟踪期望的加速度。传统的 ACC 系统是通过执行器的控制来实现速度巡航和距离跟随的功能。在具有起停功能的自适应巡航控制系统中，还需要通过执行器来控制车辆，实现自动起动和自动泊车，以及驻车后自动泊车等。目前，自适应巡航系统的主要执行器控制算法有经典的 PID 控制、基于车辆的纵向动态模型控制和数值查表法。经典的 PID 控制结构简单，稳定性好，但在实际工况中很难使一组参数适应所有工况，现场适应性差。数值查表法的可靠性相对较高，但该方法需要通过大量的实际车辆试验来标定输入目标与控制量之间的对应关系，成本高，可移植性不强。基于车辆动力学模型的方法可以减少实际车辆试验的标定工作量，但这种方法更依赖于精确的动力学模型，外部干扰和参数的精度会影响控制效果。

（2）汽车自适应巡航控制系统常见故障维修

自适应巡航系统最常见的故障是雷达和语音故障。

当 ACC 检测到雷达信号受阻、雷达故障或相关系统（如电子稳定控制系统）故障时，仪表上的巡航状态指示灯变为橙色，同时仪表上提示"雷达阻塞"或"自适应巡航系统故障"。如果雷达信号受阻，检查前相机和前雷达孔有无污垢，并清洁。如果清洗后仍不能解决问题，则应注意检查 ACC 模块的螺钉是否松动或 ACC 模块前面是否有污渍或异物。雷达传感器安装位置油漆过多或变形也会导致自适应巡航系统故障。

巡航控制系统和其他控制系统共用了一些传感器，如车速传感器和节气门位置传感器。因此，如果传感器出现故障，不但巡航控制系统不能工作，而且自动变速器也会出现问题。所以巡航控制系统的故障原因大部分是执行机构和巡航控制 ECU 有故障。

当 ACC 发生故障时，可通过直观检查或自诊断检查的方法进行检查。

1）直观检查。当巡航控制系统发生故障时，应首先进行直观检查，目测检查所有线束是否紧固，连接点是否清洁，还要检查导线是否良好及走向是否妥当；然后检查熔丝有无断路并根据需要进行更换。如果直观检查没有发现异常，一般应进行自诊断检查。

2）自诊断检查。在汽车巡航期间，如果传感器、执行机构等部件发生故障，巡航控制 ECU 将自动解除巡航控制功能，并使巡航指示灯闪亮报警，提醒驾驶员系统出现故障，应及时进行检修。与此同时，巡航控制 ECU 还将故障内容编成故障码存入储存器中。汽车巡航系统一般都具有故障自诊断功能，可利用自诊断系统读取故障码，根据故障码进行故障诊断，以进一步确定故障部位。如果没有读取到故障码，则可以按照故障征兆进行故障诊断与分析。确定具体故障部位后，对有故障的部件进行修理或更换。

3）执行器驱动测试。利用故障分析仪驱动测试功能进行驱动测试，记录驱动测试结果。驱动测试功能是用来检测执行器的工作状况，维修人员通过故障分析仪直接向控制单元发送命令，若执行器动作，则控制单元、执行器及相关的连接线正常；若执行器不动作，则检测控制单元、执行器及相关的连接线。检测步骤从组合开关信号输入端开始，向电控单元控制的执行器输出端推进。现代汽车电控化程度越来越高，检测方法趋于智能化、模块化和区域化，充分利用现代化检测仪器设备检测，维修更加准确、快捷。自适应巡航系统故障及原因见表 8-3。

表 8-3　自适应巡航系统故障及原因

常 见 故 障	可 能 原 因
不能进入定速巡航	巡航开关
	网关、ESP、EPB 等模块
	通信错误
	线束或插接器
巡航过程中不能设置速度/时距	巡航开关
	自适应巡航模块

下面以比亚迪唐为例介绍故障的检查方法。

如果 ACC 系统不工作，可以按照如下的顺序进行检查。

1）检查巡航控制系统主开关状况，检查主开关电路是否断路。

2）检查离合器开关、变速器开关、制动开关状况、信号及其线路是否断路。

3）检查车速传感器、线束。

4）检查节气门传感器、线束是否正常。

5）检查执行机构的供电是否正常。

6）检查执行机构是否有卡滞或机械损坏。

7）检查巡航控制 ECU 各端子信号。

8）如果以上检查没有问题，更换 ECU。

如果巡航功能时有时无，可以按照如下的顺序进行检查。

1）检查巡航系统开关、线路是否有虚接。

2）检查车速传感器信号是否稳定，线束是否有虚接。

3）检查执行机构电机工作是否平稳或脏污。

4）检查所有线束及插接器。

5）检查巡航控制 ECU 输出信号情况。

6）如果经查找没有问题，更换巡航控制 ECU。

如果巡航控制功能不能正常进入，可以按照如下的顺序进行检查。

1）检查是否可以进入巡航状态。检查车辆的功率和驾驶功能是否正常。如果异常，检查车辆相关系统。检查驾驶时是否可以进入巡航模式。如果可以正常驾驶但不能进入巡航，继续下一步检查。

2）检查自适应巡航设置手柄开关。更换新的自适应巡航设置手柄开关。如果更换后系统正常，则表示自适应巡航设置手柄开关有故障。如果故障依然存在，继续下一步检查。

3）检查驾驶员安全带、车门开关和前舱门开关。系好驾驶员安全带，关好车门，关上前舱门，观察仪表指示灯是否反应正常。如果异常，检查相应故障模块的线束。如果线束没有问题，则更换相应的模块（安全带问题更换仪表板，车门问题更换车门多路控制器，前舱盖问题更换配电箱）。

4）检查自适应巡航模块的电源和接地。打开整车电源，断开自适应巡航模块插接器 B60，用万用表测量 B60 各端子的电压和电阻。如果不正常，检查线束。如果线束没有问题，但模块电源电压仍然低，则检查仪表板配电箱模块。如果正常，继续下一步检查。

5）断开自适应巡航模块插接器 B60，检查自适应巡航模块的控制器局域网（CAN）电缆。如果异常，检查线束。如果正常，继续下一步检查。

6）检查自适应巡航模块的故障码。使用诊断仪读取自适应巡航模块的故障码，并根据具体故障码查询故障。

如果巡航期间不能设置速度/距离，可以按照如下的步骤进行检查。

1）检查是否可以进入巡航状态。检查车辆的正常功率和驾驶功能是否正常。如果异常，检查车辆相关系统。检查驾驶时是否可以进入巡航模式。如果可以正常驾驶但不能进入巡航，继续下一步检查。

2）检查自适应巡航设置手柄开关。更换新的自适应巡航设置手柄开关。如果更换后系统正常，则表示自适应巡航设置手柄开关有故障。如果故障依然存在，继续下一步检查。

3）更换毫米波雷达，注意检查毫米波雷达的安装支架和固定情况。更换毫米波雷达后，需要重新校准毫米波雷达。

在检测自适应巡航系统电路时，可以关闭点火开关，拆卸巡航控制模块插接器，将诊断仪或数字万用表连接到巡航控制模块插接器上进行检测，并根据相关部件和电路的状态进行检查。确保巡航控制部件的连杆机构连接良好，可以自由移动；检查线路绝缘是否损坏，否则应更换或修理。检查熔丝是否熔断，必要时更换；目视检查巡航系统电子设备是否安装正确。

自适应巡航故障检查注意事项：

1）当对巡航控制系统进行自诊断测试后，如果读取到故障码，还要进一步进行故障码诊断，以确定故障的具体部位。同一个故障码的产生可能有多种原因，在进行故障码诊断时，应按照从简到繁的顺序进行检查。

2）执行机构的检测要因车型结构不同而区别对待，有些车辆采用单独电机带动节气门，而另外的车辆则采用电子节气门电机。

3）检测或拆卸巡航控制系统的元件时，会接触安全气囊和防抱死制动系统，必要时要进行泄压或解除这些系统，以免造成人身伤害。

4）如果是毫米波雷达故障，应仔细检查雷达的安装支架与线束，如果是雷达故障，须及时更换，并按照毫米波雷达标定的方法重新进行校准。

2. 自动泊车系统

（1）自动泊车系统结构与原理

自动泊车系统（APS）由最初的泊车辅助系统演化而来，如图8-14所示。泊车辅助系统是借助倒车雷达或倒车影像等声效或影像技术，辅助驾驶员安全、准确地停车入位，提高泊车驾驶的安全性。随着人工智能技术的飞速发展，在泊车辅助系统基础上进行技术升级，APS在泊车过程中可以替代驾驶员进行驾驶操作，实现了泊车的高效率、安全性和智能化。自动泊车系统使用车载传感器（通常是超声波雷达或相机）来识别有效的停车位，并通过控制单元控制车辆停车，是一种无需人工干预即可自动停车的系统，驾驶员只需要控制车速。

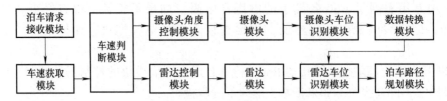

图8-14　自动泊车系统控制原理

如果考虑到传感器的精度，激光雷达数据与底层传感器数据的融合将使车辆的定位精度更高，但使用成本较高。基于汽车制造成本的考虑，超声波传感器检测方法是自动泊车中应用最广泛的方法。当车辆通过泊车位时，超声波传感器自动检测车辆与周围车辆之间的距离信息。同时，根据里程计算，可以知道检测到的车位长度是否符合停车要求。随着图像处理技术和模式识别技术的飞速发展，机器视觉已经开始应用于自动泊车系统的位置检测。自动泊车系统检测到停车位时，超声波传感器和图像传感器同时工作，并进行相关数据融合，确定停车位是否满足泊车要求。超声波传感器与图像传感器的结合有利于提高停车位识别的准确性和多样性。

目前，停车位检测模块的主要传感器和信号处理方法如下：

1）基于超声波传感器的方法。超声波传感器广泛应用于平行泊车，该系统的工作模式是车辆驶过停车位，控制器接收超声波传感器的信号，识别并存储停车位的尺度信息，从而建立停车区域的地图。

2）基于图像识别的方法。应用模式识别技术从采集到的图像中识别出停车位置。在车辆行驶过程中，通过连续采集图像建立三维虚拟环境，帮助检测出空位。

3）基于反光带的方法。车后光源投射的光线被车后障碍物反射，通过对反射光的分析识别停车场的外部环境。这种方法在黑暗的室内停车场更有效。

4）基于激光雷达的方法。激光雷达扫描的二维地图可以识别出可行的停车位。

停车位视图可以显示绿色和红色静态指示线，指示与车辆前方或后方障碍物的距离，系统可借助摄像头检测超声波驻车传感器范围外的障碍物。除了指示距离的绿色和红色静态指示线外，黄色动态指示线还可以指示当前方向盘角度的轨迹。侧面停车视图可以显示橙色表面和指示线，以帮助驾驶员操纵。地形视图显示正面正前方的底视图，以显示凹坑、石块、桩等障碍物。拖车辅助视图可显示静态指示线，以指示拖车的距离，动态黄线表示拖车钩在当前方向盘角度下的运动轨迹。

随着电子技术的不断发展，多传感器信息融合技术在汽车上的应用越来越广泛。利用超声波雷达、毫米波雷达、激光雷达、摄像机等多传感器的信息融合，自动选择最合适的停车方式，可以实现平行停车、垂直停车、斜停车和圆弧停车，这不仅提高了环境感知的准确性和停车场场景识别的多样性，而且提高了驾驶员操作的方便性和安全性。此外，利用无线通信技术实现自动停车也越来越普及，驾驶员可以使用 4G/5G 移动网络，通过智能手机或智能手镯向汽车发送停车指令，起动汽车自动寻找合适的停车位，让汽车自动进出停车位。自动泊车技术是自动驾驶的基础技术之一，其原理是车辆周围的雷达探头测量自身与周围物体之间的距离和角度，依据传感器传回的周边环境的数据信息，经中央处理器处理并反馈给控制传感器相应的驱动信息，然后根据车速调整方向盘的旋转控制车辆的行驶、转向、倒车等一系列动作，使汽车可以自动停在正确的停车位上，从而达到成功驶入目标停车位的目的。

自动泊车系统主要由环境数据采集系统、中央处理器、控制系统、执行器和人机交互系统组成。

1）环境数据采集系统。自动泊车系统可以采集图像数据和周围物体离车身的距离数据，并通过数据线传输到中央处理器；中央处理器可以对采集到的数据进行分析和处理，得到汽车的当前位置、目标位置和周围环境参数，基于上述参数制定自动停车策略并将其转换为电信号。自动泊车系统的环境数据采集系统一般有图像采集检测（如相机）和距离检测（如超声波）两种检测方法，用于采集停车过程中的周围环境信息和停车位参数。车身运动状态感知系统通过轮速传感器、加速度传感器、陀螺仪等获取车辆的实时行驶状态信息。

2）中央处理器。中央处理器可以称为自动泊车系统的"大脑"。所有的信息处理和控制命令都由中央处理器发出。当环境采集系统反馈的车辆周围环境信息被识别后，中央处理器将对传输的数据进行分析，找到并定位合适的停车位。同时，处理器通过相应的算法，在短时间内制定并规划到目标停车点的最优路径。路径规划成功后，处理器会根据路径向相应的控制传感器发出指令，从而实现自动停车。值得注意的是，由于停车场所在的环境不一定是静态的（如其他运动车辆和突然经过的行人），处理器必须实现高速实时算法处理，并能在第一时间反馈控制传感器。相应的应急措施，因此处理器选择和相应算法优化的重要性不言而喻。

3）控制系统。控制系统由各种控制传感器组成，中央处理器根据环境采集系统反馈的信息进行路径规划和分析后，向控制系统发送相应的停车指令，如方向盘需右转 35°、档位需倒挡、紧急制动等。根据这些指令，控制系统可以操作相应的传感器，实现整个停车过程。

4）执行器。执行器主要是指转向执行器，它执行控制单元的控制指令，执行转向操作，完成停车时的行驶方向控制。如果驾驶员批准并确认目标停车位信息，则控制单元规划最佳停车路径并向执行器发出控制命令，执行器专门执行转向动作。同时，车身运动状态感知系统将车辆的行驶状态实时反馈给控制单元，便于控制单元及时调整停车策略，实现闭环控制。

5）人机交互系统。人机交互系统是一个驾驶员与车辆信息交互的平台，它可以让驾驶员实时了解车辆的情况。紧急情况发生时，驾驶员有权随时干预，确保行车安全。当自动泊车系统的控制单元通过安装在车身周围的相机、雷达等设备检测到合适的泊车位时，通过人机交互系统通过语音或屏幕显示等方式向驾驶员提示目标泊车位信息，并对驾驶员进行确认。

自动泊车系统的关键技术如下：

1）泊车车位检测。通过超声波雷达或相机等设备对目标车位进行检测，确定目标车位类型，分析车位大小，确定车位起止点。在停车位识别技术方面，停车位一般分为两类：一类是空间停车位，如两辆车之间的停车区；另一类是直线停车位，即地面有停车标志的区域。前者主要利用超声波检测停车位，后者则经常利用相机获取停车位信息。超声波检测传感器的主要功能是检测前后障碍物和识别停车位。一般情况下，4~6个雷达布置在车头和车尾。其中，用于前后障碍物感知的雷达，探测距离可以小于5m，但需要较大的波束角。用于停车位识别的雷达要求探测距离大于5m，但波束角小。基于相机的直线停车位检测利用相机采集目标停车位及周围环境的图像，利用图像处理算法有效识别停车位的标识区域。

2）泊车路径规划。通过车位检测信息获取车位几何，以及当前车位与目标车位的相对位置数据，分析低速时的车辆动力学模型和避碰条件，采用两种最小半圆法和圆弧切线法对停车场的几何路径进行预规划。

3）泊车运动控制。也称为路径跟踪控制。自动泊车系统根据停车位信息和车辆初始位置选择合适的停车路径，实时跟踪车辆的实际行驶路径。当车辆偏离目标路径时，设计车辆跟踪路径调整控制策略，使车辆返回目标路径或重新规划新路径。对于停车运动控制，基于行车安全和路径跟踪的影响，车速要求一般控制在5~12km/h范围内。

目前，常见的停车方式主要有三种：平行停车、垂直停车和对角停车。其中，平行停车和垂直停车最为常见。与平行停车相比，后两者对驾驶员的要求更高，难度也更大。汽车自动平行泊车系统流程如图8-15所示。

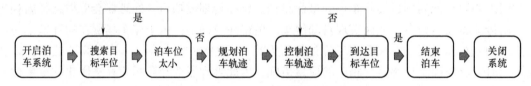

图8-15 汽车自动平行泊车系统流程

1）平行停车路径规划。

① 驾驶员打开自动泊车模式，车辆进入停车位搜索状态，从左向右行驶。此时，车辆侧面的测距雷达扫描出可行的停车区域，并将停车空间的几何信息反馈给自动泊车控制器。

② 控制器需要根据停车位的大小选择合适的停车起点和目标点，路径规划算法求解从起点到目标点的合理停车轨迹。

③ 停车运动控制算法控制车辆跟随预定的轨迹。如果意外情况导致跟踪错误，控制器应用程序可以纠正并允许驾驶员干预，以便随时接管车辆。

2）垂直停车路径规划。垂直停车路径规划主要针对停车位的纵向与道路方向垂直的情况。垂直停车分为以下两个步骤：

① 寻找可行的停车位。驾驶员打开自动泊车系统后，车辆的环境感知模块进入正常工

作状态。车辆右侧的超声波雷达检测车辆右侧的可行停车位。控制器需要根据自己的算法判断停车位是否满足停车条件。如果满足车辆条件，则进入下一步，否则车辆将继续寻找可行的停车位。

② 停车路径规划与跟踪。这一步作为泊车控制器的核心环节，对停车效果起着决定性的作用。停车路径规划根据车辆的初始位置和可行停车位的方向规划合理的停车路径；路径跟踪由车辆的运动模块控制，使车辆沿着预定的轨迹行驶。

垂直停车路径主要包括两条直线轨迹和一条曲线轨迹。第一阶段直线轨迹是车辆停车搜索的过程；第二阶段是车辆位置调整的过程，是停车路径规划的核心；第三阶段直线轨迹是车辆就位的过程。一般情况下，第一阶段直线轨迹的位置是泊车控制器的不可控量和输入，第三阶段直线轨迹是停车位平面的水平垂线。泊车控制器需要根据两条直线轨迹与周围障碍物的相对位置关系，规划一条平滑连接两条直线段的曲线轨迹，然后完成垂直停车路径规划。

在自动泊车时，车辆姿势的控制分为横向控制和纵向控制：

1）横向控制模块的任务主要是对前轮的转角进行闭环控制，是实现自动泊车最关键的模块，车辆姿态控制的准确性与此密切相关。其功能主要包括前轮转角测量、方向盘限位、伺服电机控制以及与上位机的通信。

2）纵向控制模块完成对后轮速度的控制，要求实现高精度的闭环控制。其主要功能为测量车速、控制驱动电机、紧急制动控制和通信，包括多种运动状态，如加速、前进、后退、制动等。

（2）自动泊车系统常见故障维修

自动泊车系统的故障排除可以从倒车雷达和自动泊车系统两个方面着手。一般来说，装有倒车雷达系统的汽车都有一个自诊断系统，可以利用系统的检测器读取故障码，根据故障码的含义找出故障原因。

倒车雷达系统常见故障主要有以下五种：

① 系统不工作。

② 系统蜂鸣器不工作。

③ 系统显示不工作。

④ 传感器不工作或内部接触不良。

⑤ 传感器信号弱。注意倒车雷达不能涂太厚的油漆。

倒车雷达系统的具体故障检测见表8-4。

表 8-4　倒车雷达的故障现象、原因及诊断排除方法

故障现象	故障原因	故障诊断	诊断方法
尚未挂入倒档即发生长鸣现象挂入倒档时，无声音产生（倒车灯已亮）	电源线与非倒档电源并接 1）蜂鸣器插接器未插或损坏 2）控制主机损坏	确认电源线是否与倒档电源并接 1）确认蜂鸣器插接器是否有12V电压 2）确认主机是否有12V电源 3）确认主机是否损坏	将电源线与倒档电源并接 1）将蜂鸣器插入 2）将插接器插入控制主机中 3）更换主机

（续）

故障现象	故障原因	故障诊断	诊断方法
挂入倒档时为两短音	1）检测器未与车上电路连接 2）有一组检测器损坏	1）确认检测器是否确实插入 2）使用新检测器测试	1）将检测器拔起重新插入 2）先更换其中一个检测器，确认是否仍为两短音，若是，则更换另一个
挂入倒档时，虽车后有障碍物，但无声音发生	1）检测器损坏 2）超过检测范围 3）控制主机损坏 4）障碍物反射面积小	1）确认检测器是否损坏 2）确认障碍物是否在检测范围内 3）换一个新控制主机，确认是否正常 4）反射面积是否大于 $25cm^2$	1）更换新检测器 2）使用卷尺测量待测物距离 3）更换控制主机 4）要有足够的反射面积
挂入倒档时，虽车后无障碍物，但蜂鸣器长鸣	1）检测器粘有泥、水等异物 2）检测器损坏	1）确认检测器上是否有异物 2）用两组新的检测器插入后，确认工作是否正常	1）将检测器擦拭干净，确定插入后，确认工作是否正常 2）更换检测器
挂入倒档时，虽车后无障碍物，但蜂鸣器间歇鸣叫	1）检测器未安装在指定位置 2）检测器检测到凹凸不平地面	1）确认位置正确与否 2）确认地面是否凹凸不平	1）调整检测器角度及位置 2）移动车辆至平整地面
在某些特定情况下系统总是工作不正常，其他情况正常	检测器受到其他声波的干扰	此情况下系统是否正常	清除干扰源

对于自动泊车系统，必须检查自动泊车控制单元是否损坏、传感器信号是否异常、编码和匹配故障、线束和传感器总成故障、状况限制和其他故障。如果泊车系统出现故障，可能会导致车辆的泊车位置发生偏移，导致车辆划伤或对车辆造成其他损坏。因此，当汽车的泊车系统出现故障时，需要及时维修。自动泊车是目前车辆上较为复杂的功能，它涉及多个系统，需要多个控制单元的配合才能正常工作。因此，对于此类故障，不能仅限于一个泊车控制单元。在检查过程中，可以连接故障诊断仪检查故障存储器，以检查是否存在故障码。如果没有相关的故障码记录，应该先列出系统操作条件并逐一分析。

如果发现自动泊车系统不能正常工作，应根据故障原因进行分析，并将传感器数据和编码与正常车辆进行比较，检查线束和编码有无异常，检查 ABS 有无故障。如果有故障，应及时更换。注意，为了使自动泊车系统正常工作，某些车辆需要在更换零件后激活。

3. 自动紧急制动系统

（1）自动紧急制动系统结构与原理

自动紧急制动（AEB）系统是指车辆在非自适应巡航下正常行驶，如果车辆遇到突发危险情况或车辆与行人的距离小于安全距离，则主动施加制动，以避免或减少追尾等碰撞，提高驾驶安全性。

AEB 系统是一种汽车主动安全技术，主要由三大模块组成，包括控制模块（ECU）、距离测量模块和制动模块。其中，测距模块的核心包括微波雷达、人脸识别技术和视频系统等，能够提供安全、准确、实时的前方道路图像和路况信息。车辆检测是车辆自动紧急制动系统的一项关键技术，它通过视觉传感器所获取的道路场景图像完成对前方车辆的目标检测。车辆检测属于目标检测的范畴，目标检测帮助系统在道路场景中定位多个目标物体，不仅对目标进行分类，同时还对目标进行定位。AEB系统利用雷达测量前方车辆或障碍物的距离，然后利用数据分析模块将测量到的距离与警告距离和安全距离进行比较。当距离小于警告距离时，给出报警提示，当距离小于安全距离时，即使驾驶员没有时间踩下制动踏板，AEB系统也会启动，自动制动，从而保证车辆安全行驶。

车道线检测技术也是车辆自动紧急制动系统的一项关键技术，车道线检测算法的准确性、鲁棒性都会影响整个系统的性能。基于视觉的车道线检测算法根据摄像头拍摄的道路图像，利用车道线的颜色信息、几何形状、边缘特征和纹理特征等将车道线和道路图像背景分离，从而得到车辆相对于车道的位置信息和车道线走向等信息。

实现AEB的环境感知与识别主要基于视觉传感器、毫米波雷达和激光雷达。视觉传感器和毫米波雷达实现车辆AEB功能的原理不同，基于毫米波雷达实现自动紧急制动的原理是通过向目标发送电磁波和接收回波来获取目标物体的距离、速度和角度。视觉传感器实现自动紧急制动的原理是首先进行目标识别，然后根据图像中目标的像素大小估计目标的距离。AEB系统有明显的速度上限和下限。以毫米波雷达为传感器实现AEB功能的最大工作上限为30km/h，以单目相机为核心传感器实现AEB功能的最大工作上限为40km/h。单目和毫米波雷达融合实现AEB功能的最大工作上限为70km/h，以双目为核心传感器实现AEB功能的最大工作上限为90km/h。单目相机作为核心传感器的工作下限为8~10km/h，毫米波雷达为5km/h，相机和毫米波雷达融合为3km/h，双目相机为3km/h。

如图8-16所示，AEB系统利用传感器检测技术和现代信息技术，提高驾驶员对前方事物的感知能力，辅助驾驶员对车辆进行控制，确保车辆的安全，是车辆主动安全的重要组成部分。车载传感器采集到的信息（如前后车的距离、相对车速等）发送到控制单元，控制单元综合分析判断前方车辆的实时状态。

当控制单元确定两车存在追尾的潜在危险时，系统会提前警告驾驶员，提醒驾驶员采取相应措施，并在前后车距离小于安全距离时主动控制车辆减速，避免碰撞。如果控制单元没有发现危险，会指令传感器扫描车辆前方的路况，随时提醒即将到来的潜在危险，并防止交通事故的发生。

在车辆制动过程中，采用电动力与摩擦制动力相结合的方式，最大限度地回收制动能量，实现车辆的再生制动。AEB系统通过合理控制车辆的纵向行驶速度，使车辆与目标车辆之间的距离保持在安全水平。

AEB系统结构包括四个部分：驾驶信息感知模块、中央控制单元模块、执行器模块和再生制动模块。

1）驾驶信息感知模块。驾驶信息感知模块又称车辆信息采集系统，是AEB系统准确可靠工作的前提。它主要通过各种传感器采集车辆自身信号和前方环境信号。前向距离测量传感器用于检测车辆前方的目标，获取车辆与各目标车辆之间的相对位置和相对速度等信息；车辆自身的速度、加速度和方向盘转角通过车辆的各种传感器获取。

市场上有很多类型的测距传感器，如毫米波雷达、超声波雷达、红外传感器、机器视觉测距技术和激光雷达。

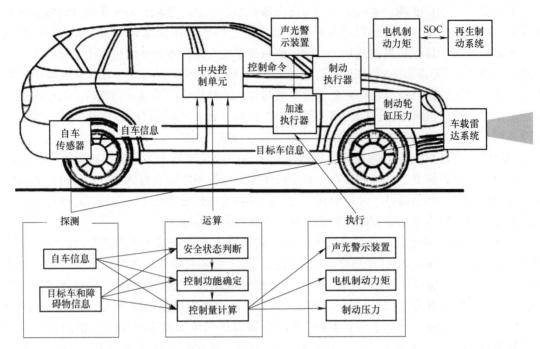

图 8-16　AEB 系统技术结构

2）中央控制单元模块。驾驶信息感知模块采集车辆和目标车辆的信息，然后将采集到的信息发送到中央控制单元。中央控制单元根据内置的安全距离模型确定当前车辆的安全状态，然后执行相应的控制程序，最后将相应的信号发送到相应的执行器模块。

3）执行器模块。当车辆遇到潜在危险时，首先通过语音提示驾驶员注意安全，同时显示模块进行相应的危险警示，提醒驾驶员集中注意力，避免发生交通事故。当驾驶员仍不采取制动措施时，系统将通过节气门执行器模块减小节气门开度，制动执行器模块向车轮施加所需的制动力，使车辆减速。当无法避免碰撞时，系统将使用最大制动力制动，使车辆以最快速度减速。此时，声光停止报警并系紧安全带，以尽量减少碰撞造成的损失。车辆的减速制动是通过常规制动的摩擦制动和电机的减阻制动相协调来实现的。

4）再生制动模块。再生制动模块主要是针对电动汽车（包括混合动力汽车），在汽车的制动过程中，为了保证汽车的安全，其目标是最大限度地回收制动能量。摩擦制动与再生制动协同工作，实现车辆的减速或制动。当车辆制动时，电机主动减速。当电机转速低于车轮转速时，从电动机模式变为发电机模式，并开始为蓄电池充电。

自动紧急制动系统控制单元的距离警告功能可分为静态距离警告（仅通过视觉模式输出）和碰撞临界距离警告（通过视觉和听觉模式输出）。除了来自雷达传感器的数据外，自动紧急制动系统还需要综合评估车辆的行驶方向和速度、加速度/横摆率、方向盘角度、驾驶员操作等，计算出障碍物、物体之间的距离和可能发生碰撞的时间。

将车辆与前方车辆的距离除以当前速度，如果结果在 3s 以上，自动紧急制动系统控制单元将输出一个静态距离警告请求，并由外围设备控制器局域网络、电子点火开关控制单元和用户界面控制器被传送到仪表板，远程控制系统的报警指示灯由仪表板启动点亮，提醒驾驶员。

如果雷达传感器检测到2.6s内有可能碰撞的障碍物，自动紧急制动系统控制单元将输出碰撞临界距离警告请求，并通过外围设备控制器局域网、电子点火开关控制单元和用户界面控制器发送至仪表板，距离限制控制系统的警告指示灯由仪表板激活，仪表板扬声器发出间歇性警告音。

距离警告功能可对最高车速250km/h的移动障碍物或最高车速70km/h的静止障碍物做出响应。但是，当与动物、迎面驶来的车辆等物体碰撞或车辆转弯时，不会发出碰撞临界距离警告。

自动紧急制动系统的控制单元评估来自雷达传感器的数据，并连续计算紧急制动所需的制动力。如果驾驶员采取紧急制动操作来响应存在碰撞危险的距离警告，自动紧急制动系统将为其提供制动辅助（在车速为7~250km/h的范围内提供制动辅助功能），以充分利用与障碍物的制动距离。自动紧急制动系统可根据制动踏板的动作速度和动作强度（制动踏板的动作速度和动作强度由制动主缸上的制动压力传感器确定）来判断驾驶员是否进行了紧急制动操作。

紧急制动时，自动紧急制动系统控制单元通过外围设备控制器局域网、电子点火开关控制单元和底盘FlexRay将所需的制动力数据传送到ESP控制单元。ESP控制单元评估当前请求的制动力，并在必要时采取适当的措施。如果碰撞不可避免，除了制动系统的干预外，系统还将采取驾驶员和乘客保护措施。

如果驾驶员没有响应可能发生事故危险的警告信息，自动紧急制动系统控制单元将启动自动制动功能并减小发动机转矩。自动紧急制动系统控制单元将综合考虑与车辆、障碍物或行人的相对速度，与车辆、障碍物或行人的相对距离等变量来计算所需的制动力。

自动紧急制动系统控制单元通过外围设备控制器局域网（CAN-PER）、电子点火开关控制单元和底盘FlexRay向ESP控制单元发送相应的增加制动力和减小发动机转矩的请求。对这些请求进行评估后，ESP控制单元通过底盘FlexRay、驱动系统控制单元和驱动系统控制器局域网（CAN-C）将降低发动机转矩的请求发送到发动机控制单元。

如果要启用自动制动功能，需要满足以下要求。

1）驾驶员侧的安全带已系好。

2）当前方有车辆或障碍物向同一方向移动时，自动制动功能工作的速度范围为7~200km/h。

3）当车辆前方有静止障碍物或车辆时，自动制动功能工作的速度范围为7~50km/h。

4）行人通过车辆前方危险区域时，自动制动功能工作的速度范围为7~60km/h。

自动紧急制动系统的碰撞避免算法决定了预警的时机和逻辑。在危险情况下，AEB系统不仅要干预驾驶员的正常驾驶，还要在各种危险条件下成功避免碰撞。目前，AEB系统的预警算法主要有两类：安全距离（AS）算法和即时触摸时间（TTC）算法：AS算法根据两辆车的速度和距离确定两辆车所需的安全距离（AS）阈值。TTC算法根据两辆车的状态来计算两辆车相撞的时间，得到相撞时间（TTC）阈值。当实际车辆状态小于计算的阈值或TTC阈值时，AEB系统将相应地响应以提醒驾驶员或自动制动。

在车辆行驶过程中，当雷达检测到两车之间的实际距离逐渐接近系统设定的警告距离时，系统会发出不同级别的警告，提醒驾驶员。当实际距离小于或等于安全距离时，系统会自动控制车辆减速，以避免碰撞或降低碰撞造成的损失程度。

当 AEB 系统开关打开时，由于不同路况下路面的附着系数不同，因此必须设置路况模式。系统调用车上的毫米波雷达扫描前方路况信息，当发现前方有潜在危险目标时，测量前后车距离、相对速度等；结合车速传感器和设定的路面附着系数，得出不同路况下车辆的最小安全距离（图 8-17）、一次预警距离、二次预警距离等。

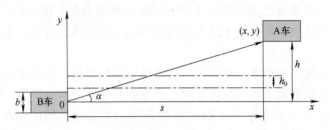

图 8-17　AEB 紧急制动系统的最小安全预警距离

当两车之间的实际距离小于第一个警告距离且大于第二个警告距离时，为一级警告，以声光提醒驾驶员；当两车之间的距离大于最小安全距离且小于第二个警告距离时，车辆进行二级报警，声光报警频率加快，节气门开度保持在空转状态，严禁再次加速；当两车之间的距离小于或等于最小安全距离时，声光报警停止，并产生紧急制动信号。

为了防止驾驶员在紧急制动过程中的误操作干扰紧急制动系统的正常工作，必须对加速踏板和制动踏板进行控制。在预警和紧急制动过程中，要求发动机始终保持怠速。

（2）自动紧急制动系统常见故障维修

当自动紧急制动系统出现故障时，可以连接故障检测仪，对车辆进行测试，检测自动紧急制动系统控制单元与其他控制单元的故障码。对于检测不到控制单元所引起的故障，应重点检查该控制单元的供电、搭铁、数据线（CAN 线）及控制单元本身。

自动紧急制动系统控制单元安装位置根据车型不同而略有不同，大多数车辆的自动紧急制动系统控制单元通常位于前保险杠的右侧，需要先拆除前保险杠，才能找到其导线插接器进行测量。测量自动紧急制动系统控制单元导线插接器供电端子与搭铁端子之间的电压是否正常；测量 CAN-L 端子与搭铁之间的电压是否正常；测量 CAN-H 端子与搭铁之间的电压是否正常，如果线路没有问题，可能是自动紧急制动系统控制单元损坏，应予以更换。如果故障引导提示需更新自动紧急制动系统控制单元软件，应当根据故障引导的提示对自动紧急制动系统控制单元进行升级，然后进行路试校准。

4. 车道保持辅助系统

（1）车道保持辅助系统结构与原理

车道保持辅助（LKA）系统用于帮助驾驶员保持车辆在车道线上行驶。它是在车道偏离警告系统（LDW）的基础上开发的横向运动控制 ADAS 功能。系统通过环境感知传感器识别车辆相对于车道中心的位置，如果驾驶员无意偏离车道，则警告驾驶员或通过自动转向干预将车辆返回车道。车道保持辅助系统是智能驾驶辅助系统之一，主要通过相机识别行驶车道的标线，为车辆保持在车道上行驶提供支持，能有效缓解或避免车辆偏离车道造成的交通事故。

车道保持辅助系统建立在车载网络基础上，摄像头模块通过 CAN 网络将信息共享，同时转向控制模块通过 CAN 网络得到指令，操纵转向系统工作实现相关功能。车道保持辅助系统主要包括收集道路图像的车载相机、具有振动提醒功能的多功能方向盘、带有警告灯或其他警告灯的组合仪表板、带有集成电动转向系统控制单元的单个转向单元以及车道保持辅助系统的控制单元（ECU）。车道保持辅助系统关键技术主要包括车道线识别、车道偏离警告和横向控制算法等。

1）车道线识别主要是通过车载相机获取道路信息并识别车道线，然后根据相机参数和坐标转换得到道路的曲率信息和本车的位置信息。

2）车道偏离警告是根据车道线的位置信息和车辆的运动状态来计算的，以确定车辆是否偏离车道。如果车辆即将偏离，则需要发出警报或采取相应的控制措施。

3）横向控制算法需要根据车辆的行驶状态和目标道路信息设计车辆的横向控制器，并控制车辆的转向机构来调整车辆的运动状态。控制执行方式主要有电动助力转向、直接横摆控制和线控转向。

以福特探险者为例，其工作原理如图 8-18 所示，摄像头模块（IPMA）通过 CAN 网络共享信息，而电动转向控制模块（PSCM）通过 CAN 网络接收指令以操纵转向系统，实现车道保持辅助系统的相关功能。图中，SCCM 是转向柱控制模块，RCM 是安全气囊控制模块。

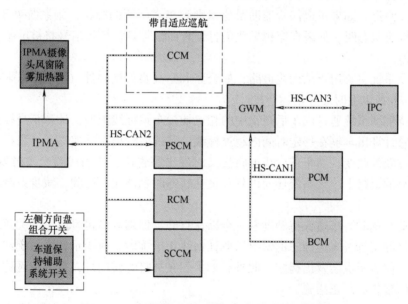

图 8-18　福特探险者车道保持辅助系统工作原理

车道保持辅助系统打开后，仪表模块（IPC）中的信息中心显示屏将显示一个单独的图标。当系统关闭时，车道标记开放图表不显示。当自动自适应巡航控制系统接通时，车顶上的车辆图标将保持显示。当系统打开时，车道标记颜色将指示系统状态。

1）灰色表示系统暂时无法提供车道保持辅助或警报功能，可能的原因如下：

① 车速过低。

② IPMA 模块检测到高强度光。

③ 太近，无法捕捉车道标记。

④ 车道标线太窄或太宽。

⑤ 摄像机视角中没有道路标记或不良道路标记。

⑥ 离前面车辆太近。

⑦ IPMA 摄像头被遮挡。

⑧ 风窗玻璃变脏或损坏。

⑨ 道路上有积水。

⑩ 环境条件（重要日照角、阴影、雪、大雨或雾）。

⑪ 转向指示灯亮。

⑫ 车辆处于动态机动状态。

⑬ 车辆急转弯。

2）绿色表示系统可用或准备提供车道保持辅助或警报功能。

3）黄色表示系统正在提供车道保持辅助功能。

4）红色表示系统正在提供车道保持警报功能。

当车道保持辅助系统工作时，转向模块持续监控转向系统中的转矩传感器，并确定手是否在方向盘上，并向摄像头发送数据。如果摄像头检测到驾驶员的手离开方向盘超过几秒钟，系统将发出警报。如果车辆接近识别的标记并可能离开车道，将通过方向盘的振动或声音引起驾驶员注意。如果车道保持辅助系统识别到车道两侧的标记，则系统处于待机状态。当系统处于待机状态时，如果在穿越标线前打开转向信号灯，警告信号将被屏蔽，并将被视为有意识换道。

目前，该系统主要用于结构化道路，如公路和路况良好的道路（车道线清晰）。仅当车速达到 65km/h 或以上时才开始运行。

车道保持辅助系统通过汽车后视镜中的相机捕捉车道标线图像，计算车身接近速度和车道标线，如果计算出车辆在一定时间内越过标线，系统将发出振动或提示音警报。系统的灵敏度可以通过软件改变，当车道标线即将交叉时发出警告声，或当线路交叉时发出警告声。此外，在狭窄的道路上，该系统还允许驾驶员在转弯时稍微压线行驶，减少系统对驾驶员的干扰。

每次起动车辆时，车道保持辅助系统会默认打开，但驾驶员也可以手动关闭。当系统确定驾驶员未对即将越过车道标志的情况采取任何纠正措施时，将指示转向系统纠正方向，但纠正力很小，仪表板也会发出提醒。此外，如果驾驶员打开转向灯，系统在越过车道标记时不会发出任何警告或纠正措施。

如图 8-19 所示，车道保持辅助系统主要包括人机交互界面、车道保持辅助控制决策模块、电动助力转向控制模块和前相机模块。其中，人机交互界面接收驾驶员预设的系统选项和显示系统状态，如是否打开车道保持辅助系统等。前置相机模块主要负责感测和传输车道线信息，如车辆的横向和车道线位置偏移、纵向角度偏移、车道曲线率等。车道保持辅助控制决策模块根据前相机输出的车道线信息，计算确保车辆返回并保持在车道中心附近所需的目标方向盘角度，然后转向控制模块结合车辆当前的状态来协调驾驶员的转向力，计算跟踪目标方向盘角度所需的主动转向力矩，以确保驾驶安全性和驾驶舒适性。

车道保持辅助系统的工作原理如图 8-20 所示。

车道线识别主要分为两步：图像中车道线边缘点的检测和车道线的拟合。其中，图像在检测边缘点之前需要进行预处理。预处理方法主要包括图像滤波、图像灰度化和图像二值化。拟合车道线时需要使用车道模型。

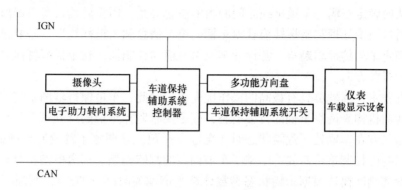

图 8-19 车道保持辅助系统架构

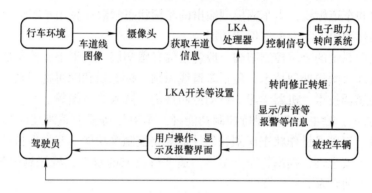

图 8-20 车道保持辅助系统工作原理

确定车道偏离最常用的方法是计算车辆穿过车道线（DLC）的距离，并将其与设置的阈值进行比较。如果值低于临界值，系统会发出车道偏离警告。

横向控制算法是车道保持辅助系统的核心，算法控制效果的好坏将直接影响系统的性能。

图像识别与处理技术是基于机器视觉的车道保持辅助系统的重要基础和前提。在车道保持辅助系统中，通过相机可以获得许多图像信息，包括车道线、车辆和车牌、红绿灯、行人和障碍物。如图 8-21 所示，首先对图像进行灰度化处理，然后进行二值化和滤波，去除图像中的噪声干扰。然后确定被研究对象的特征，以及对象所在的可能区域，分割图像，仅分析感兴趣的区域。这将减少图像分析和计算时间，提高系统的计算速度。

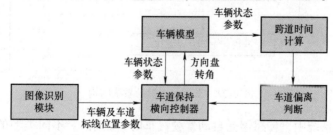

图 8-21 车道偏离判断和车道保持控制

在对图像中的车道标线信息进行处理和检测后，需要进行坐标变换来获取现实世界中的道路信息，从而确定车辆与车道标线之间的当前位置关系，用于后续的车道偏离判断和车道保持控制。通过图像处理和坐标转换获得车辆的位置信息和车道标线后，需要根据车辆自身的运动状态确定车辆的运动趋势，并设计车道保持横向控制器，在车辆即将偏离时控制车辆返回到正确的行驶方向。

在日常驾驶中，驾驶员具有最高的操作优先权。因此，车道保持辅助系统并不总是通过控制车辆的转向机构来调整车辆的行驶姿态，而是实时监控车辆的行驶状态。车道保持辅助系统的控制器只有在车辆处于危险状态时才会进行干预，并调整车辆返回正确的行驶方向。因此，车道保持的控制策略需要一个基于车道偏离的判断模型。车道模型实时输出车辆状态参数。车道偏离判断模块根据车辆状态参数计算车道偏离时间（TLC），判断车辆是否有偏离车道的危险，如果判断车辆即将偏离车道，车道保持横向控制器根据图像识别模块输出的车辆的位置信息和车道标线，由车辆模型输出的车辆状态参数计算用于车道保持的方向盘角度，输入到车辆模型中，实现车道保持功能。

车道保持辅助系统的分层控制结构一般包括信息感知层、决策层、控制层、执行层和控制对象。该系统涉及图像处理技术，包括车道线识别、标志物和障碍物识别、驾驶场景变化检测等，以及传感器技术、机器学习、移动控制理论、嵌入式系统等。

如图 8-22 所示，除主动车道保持控制功能外，车道保持辅助系统还应具有车辆位置和运动监测与估计、驾驶员操作状态识别和驾驶员优先控制等功能。车道保持辅助系统不仅可以提高车辆的主动安全性，提高行车安全性，适度解放人的双手，减轻驾驶员的驾驶疲劳，而且需要人与机的协调配合。

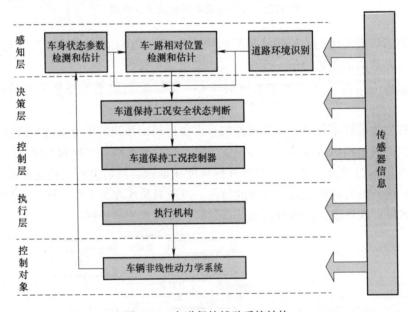

图 8-22　车道保持辅助系统结构

车道保持辅助系统中，传感器是自动驾驶汽车的"眼睛"。不同类型的传感器必须结合使用，相互补充，提供可靠的 360°全景视图。传感器可以分为内部和外部传感器，内部传感器主要用于监控车辆的各种状态参数信息，外部传感器主要用于识别和感知车辆外部环境以及车辆与周围物体的位置关系。在实际应用中，对传感器获取的所有信息进行融合分析，有助于提高车辆的控制和决策水平，预防事故的发生。

在车道保持辅助系统工作时，车辆横向控制算法根据道路形状和车辆与道路的相对位置不断给出指令，以纠正方向、转弯或避开障碍物。车辆根据内部存储的地图信息或通过实时环境中采集的外部信息来规划合理的路径，并采用合适的路径规划算法，自动完成方向和速度控制，无需人工干预。

如图 8-23 所示，车道保持辅助系统主要由人-车-路闭环系统、状态监测系统、决策控制系统和执行系统组成。各类传感器组成状态监测系统，主要负责人-车-路的闭环监测和分析，包括目标识别、道路相对位置和车辆自身状态参数的测量等，利用监控系统获取的信息控制车道保持辅助系统，控制执行器（电机）实现车辆的方向修正。车道保持辅助系统根据车辆道路的相对位置和车辆状态参数计算车辆的车道偏离时间，并通过偏离时间判断车辆是否有偏离车道的危险。驾驶员操作车辆的状态取决于驾驶员转矩输入。然后，将车道偏离信息和驾驶员的操作状态结合起来，以确定电机是处于主动转向模式还是传统的动力辅助模式。在主动转向模式下，根据车道保持控制算法计算出理想转向角，驱动电机转动方向盘相应角度，实现车道保持中的主动转向功能。

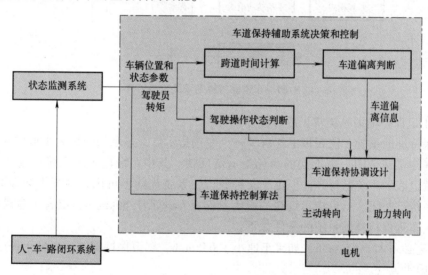

图 8-23　车道保持辅助系统的控制原理

如图 8-24 所示，当系统判断车辆的控制权在驾驶员手中时，电机应处于正常工作模式，为驾驶员提供转向辅助，确保驾驶的便利性。当系统无法检测到车辆的驾驶员操作时，车辆处于不需要驾驶员操作的状态（例如车辆在直道上直行），或者处于车辆偏离但驾驶员不知道的状态。当出现后一种情况时，车道保持辅助系统的主动转向机构需要获得车辆控制权才能实现车道保持辅助功能。

对于车道保持辅助系统来说，重要的是判断驾驶员是否处于控制车辆的状态，这直接影响到整个协调控制过程，因此有必要寻找合适的参数来表征驾驶员对车辆的控制状态，以保证正确的车道保持辅助系统的协调控制。由于人们通过向方向盘施加转矩来控制车辆，因此通常通过作用在方向盘上的驾驶员转矩信号 T_d 来判断驾驶员的工作状态，进而确定电机的工作模式。系统从转矩传感器收集驾驶员的转矩 T_d。当 T_d 大于某一阈值 T_0 时，驾驶员处于控制车辆的状态。电机协助驾驶员控制车辆，实现常规的 EPS 功能，并提供转向辅助。当 T_d 小于阈值 T_0 时，认为驾驶员没有控制车辆。此时，检测车辆是否偏离车道，如果没有，则不执行任何操作。如果存在车道偏离的危险，则电机切换到主动转向模式，电机获得车辆控制，电机驱动转向机构完成主动转向，纠正车辆偏差，并将其返回车道中心线附近。

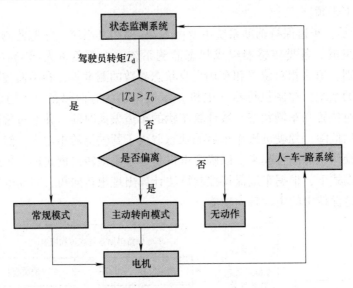

图 8-24　车道保持辅助系统监控流程

（2）车道保持辅助系统常见故障维修

车道保持辅助系统在仪表板上配备了一个专用指示灯，显示的图标为车道样式，系统的当前状态（激活或关闭）由不同的彩色指示灯反映。其中，绿色表示系统已连接并随时可以工作；黄色表示系统已打开，但由于某种原因，系统当前不可用，系统不会提醒驾驶员；灰色表示系统已关闭。黄色指示灯亮的原因可能是车速低于 65km/h，或者车道模糊且无法识别。启用车道保持辅助系统的条件如下：

1）车速必须大于 65km/h，如果车速小于 65km/h，车道保持辅助系统处于备用状态。

2）非雨雪天气。

3）路标很清楚。

4）转弯半径不能太小。

5）驾驶员不能双手离开方向盘。

如果不满足上述条件，车道保持辅助系统将自动关闭或不激活。如果车辆在偏离车道前打开转向灯，系统确定车辆将变道，车道保持辅助系统将自动关闭。

车道保持警报和车道保持辅助系统的正常运行需要校准摄像头。校准摄像头时，应使用故障诊断仪并按照说明完成相应的校准工作。在执行摄像机校准时，维护人员需要以超过 64km/h 的速度行驶约 10min。

如果校准失败，应检查室内后视镜是否安装正确。校准系统后，故障诊断仪中的信息"前摄像头有故障，需要维修"将消失。更换前风窗玻璃、更改轮胎规格、悬架维护或校准、展开前气囊、更换室内后视镜等，都应校准摄像头。

当车道保持辅助系统的故障指示灯亮起时，可以通过仪表板中央显示屏上的文字信息判断车道保持辅助系统的故障。

当显示车道保持辅助系统不可用且传感器未检测到任何东西时，可能的原因如下：

1）摄像机的视窗外侧脏污，或者结冰。

2）摄像机的视窗内侧有雾气。

3）道路上覆盖着冰雪或者其他污物。

4）道路上没有车道边界线。

当显示车道保持辅助系统不可用时，可能的原因如下：

1）CAN 总线系统的通信有问题。

2）控制单元内的湿度过高。

当显示车道保持辅助系统不可用，系统故障时，可能的原因如下：

1）控制单元损坏。

2）振动电机损坏。

3）系统主开关损坏。

4）系统未校准。

在维修期间，转向柱电子控制单元可以诊断振动电机的状态。如果振动电机损坏，则必须更换整个多功能方向盘。维护完成后，需要清除故障码以匹配转向柱电子控制单元。

当车道保持辅助系统出现故障时，应首先进行目视检查。检查车道保持辅助系统的线束和插接器是否完好，部件是否丢失或损坏。目视检查后，一般应进行故障自诊断。其内容包括车道保持辅助系统状态指示检查、故障码读取、输入信号检查、取消信号检查等。

在故障自诊断过程中，如果读取到故障码，则应分析故障码以进一步确定故障位置；如果未读取到故障码，则可根据故障症状进行故障诊断。

1）检查电压。打开点火开关，测量位于仪表板左下侧的诊断插座端子之间的电压（需要参考维修手册），该电压应为蓄电池电压。否则，继续下一步。

2）检查线束。检查车道保持辅助系统电子控制单元和诊断插座之间以及诊断插座和搭铁之间的线束。如果线束有问题，应及时修理。

3）检查控制单元。检查车道保持辅助系统的相关控制单元的工作情况。检查图像处理控制单元的方向，通过数据总线诊断插接器检查，测量引脚的导通性，并使用诊断仪测量波形。检查车道保持辅助系统的相机控制单元，利用诊断仪检测其 CAN-H 波形。通过对波形的分析，得到断路、短路和正常情况下的波形，找到故障可能发生的部位。对故障的检查顺序应按从简单到复杂的步骤逐一进行，以确保能及时、准确地对故障进行检查。

此外，如果相机没有校准或风窗玻璃被更换，车道保持辅助系统将失效，无法识别车道边界。在某些情况下，相机控制单元中会存储一条记录，表明校准不正确，需要重新校准相机。

思 考 题

本项目的学习目标你已经达成了吗？请通过思考以下问题的答案进行结果检验。

序 号	问 题	自检结果
1	ADAS 的定义是什么？	
2	ADAS 主要功能有哪些？	
3	请说出 ADAS 基本架构。	
4	ADAS 应用的关键信息设备主要有哪些？	
5	ADAS 主要由哪几个部分组成？	
6	预警类辅助驾驶系统主要功能有哪些？	
7	控制类辅助驾驶系统主要功能有哪些？	
8	请说出前向碰撞预警系统的结构组成与工作原理。	
9	请说出车道偏离警告系统的结构组成与工作原理。	
10	请说出盲区预警系统的结构组成与工作原理。	
11	请说出驾驶疲劳预警系统的结构组成与工作原理。	
12	请说出自适应巡航控制系统的结构组成与工作原理。	
13	请说出自动泊车系统的结构组成与工作原理。	
14	请说出车道保持辅助系统的结构组成与工作原理。	

第9章 智能座舱与车载计算平台

学习目标

1. 能够说出人机交互的技术原理与交互方法。
2. 能够掌握抬头显示系统技术原理与常见故障处理方法。
3. 能够说出智能座椅技术原理与常见故障处理方法。
4. 能够说出智能座舱技术结构与工作原理。
5. 能够说出车载智能计算平台技术结构与工作原理。

9.1 人机交互

HMI 是 Human Machine Interface/Interaction 的缩写，意为"人机接口"，也叫人机界面/人机交互、用户界面（图 9-1），是系统与用户之间进行交互和信息交换的媒介，实现了信息的内在形式和人类可以接受形式之间的转换，并实现了信息的内部状态与人类可接受形式的互动。

图 9-1　车载人机交互场景

从驾驶员的主要交互行为来看，车内人机交互界面可分为主驾驶界面、辅助驾驶界面、车内外信息交互和娱乐界面，以及移动设备和车辆之间的集成接口。

1）主驾驶界面主要显示路况信息，交互控制内容包括方向盘控制及加速、制动、离合器等踏板控制。

2）辅助驾驶界面主要显示仪表板信息、泊车辅助信息等各类辅助驾驶信息，交互控制

213

内容包括刮水器控制、灯光控制、车道保持、自适应巡航控制等。

3）车内外信息交互和娱乐界面包括收听广播音乐、车内娱乐、电话、GPS 导航、在线收发电子邮件和短信等功能的操作和信息显示。

4）移动设备和车辆之间的集成接口是指手机、平板电脑等移动设备与汽车连接的接口。其信息显示主要是二者信息的融合。

人机交互界面中的人机交互在一定意义上可以理解为驾驶任务的执行，驾驶行为通常包括各种不同的任务，主要任务是保持正常驾驶和监测道路危险。在完成主驾驶任务时，双手主要用于方向盘控制（横向控制），双脚用于纵向控制（加速/减速）。车内其他需要视觉资源的任务，如无线电操作和电话拨号，被视为次要驾驶任务。从驾驶员的驾驶安全性和易用性来看，纯手动的任务可以让驾驶员集中精力完成一级驾驶任务，并使视觉干扰范围最小。

随着车内功能和信息娱乐系统功能的增加，以视觉任务为中心的操作任务大量增加。在驾驶情况下，驾驶员最基本的驾驶任务控制设备是方向盘、离合器、加速和制动踏板，这些设备主要用于确保正常驾驶和监控道路危险。需要在车内控制和操作的系统还包括辅助驾驶系统、信息娱乐系统、空调和照明系统，因此，汽车主人机界面的相关控制设备还包括按钮、旋钮、方向盘和各种控制设备。

1）按钮和旋钮。按钮是汽车人机界面中最常用的控制设备，按钮控制的最大特点是可以依靠位置和触觉进行操作。用户在操作时不需要过于分散视线，这不会对驾驶安全造成影响。除了按钮，旋钮也是汽车交互界面中常用的控制装置之一，根据调节方法，主要分为连续调节旋钮和间断调节旋钮，如播放机音响调节旋钮、空调调节旋钮和温度调节旋钮。

2）集成多功能旋钮。采用集成按钮和旋钮的控制方法，尽量减少汽车人机交互界面的控制次数，简化操作界面。多功能旋钮可以控制更多的功能，类似于桌面操作，其功能相当于鼠标，如宝马 iDrive、奥迪 MMI、奔驰 Comand 的多功能旋钮，这样的控制方式进一步将驾驶员在计算机中的操作习惯整合在一起，使操作过程中形成的设备控制操作相对简化。在 iDrive 的多功能按键控制中，可以通过旋钮并按下确认来选择，并且有八个可定制的快捷功能键，因此其集成度相当高；在奥迪 MMI 系统中，通过触屏和旋钮模式控制来操作系统；奔驰的 Comand 系统中的旋钮也是同 iDrive 类似的操作方式。

3）方向盘。方向盘是典型的汽车操纵装置，一方面体现在对汽车行驶方向的控制上，另一方面体现在对汽车其他功能的控制上。现在方向盘已经发展成为一个多功能的控制装置，现有的汽车多功能方向盘分为简单多功能方向盘和复杂多功能方向盘两大类。复杂的多功能方向盘可以利用菜单键和仪表板附近的显示屏对车内大部分功能进行菜单式操作和设置，而简单的多功能方向盘主要控制音频和巡航等特定功能。简单多功能方向盘的按键通常具有实际的功能指向性，在获得反馈的同时可以直接操作特定的功能，基于方向盘功能操作的交互行为主要包括选择、确认、调整和返回四种类型。就交互方式而言，交互界面的操作范围相对集中，即在握方向盘时拇指容易触及的范围内，主要方法是触摸。要完成各种功能的操作任务，手指的运动必须符合握着方向盘的手势轨迹，以降低操作的复杂性。

人机交互在汽车人机交互界面中的表现是驾驶任务的执行，而人机交互的本质是信息的传输和处理。目前，汽车内部信息模型已经从单一的驾驶和车况信息模型逐步发展到包括车辆信息、车间信息、车辆与其他信息载体相互作用的信息等复杂信息系统。随着车联网和车联网技术的发展，这一复杂的信息系统直接表现为人与车、车与车、车与路等通信系统服务内容的多样化和复杂性。例如，在车对车服务中，车对车信息交换可以为驾驶员提供数据和信息交换的平台，扩大驾驶辅助的范围，促进车辆主动安全系统的发展。通过车辆之间的协同信息，驾驶辅助系统可以自适应地获取广播信息或驾驶员安全警告信息。在同一行驶过程中，基于车对车的通信，驾驶员可以主动了解和交换有用的信息来辅助驾驶，如车道保持、转向控制、泊车辅助、障碍物检测、距离保持等。

这种交互信息系统和服务内容的复杂性直接影响到人们所面临的信息的复杂性，这种复杂信息模型包括复杂的人-车信息内容模型、复杂的人-车交互态势模型、复杂的人-车交互界面信息显示模型。在复杂的人-车信息内容模型中，人-车信息主要指驾驶员信息（生理状态、情绪等）、车辆信息（车辆性能、车载功能）和人-车通信信息。这些信息将直接或间接影响驾驶员的驾驶行为和信息认知，汽车人机界面面临的挑战是如何在保证驾驶安全的同时，为驾驶员提供更好的人机交互体验。

多通道交互是指用户在人机交互中可能涉及多种交互模式的操作，基于手势操作的交互原理如图 9-2 所示。汽车人机界面中的多通道用户界面集成了语音交互、触摸屏交互、空间体感交互、眼动交互等多种交互方式，通过多个感官通道提供用户反馈，为驾驶员提供更加直观自然的互动体验。为了满足日益增多的车内功能，越来越多的互动方式，如触摸、手势、语音、眼动等都开始进入车内。

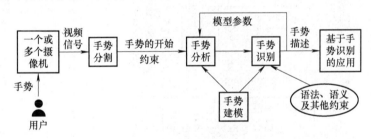

图 9-2　基于手势操作的交互原理

手势交互为车载系统的操作提供了一种更有趣的交互方式。手势交互允许驾驶者将注意力集中于行驶道路上。手势能够为口语交流提供附加的或多余的信息，手势本身也有自己的意义，或者能提供关于个性或文化后台的微妙线索。同时，自然手势无需与控制的实体进行物理接触，因此可以作为人体的延伸。

汽车人机交互系统技术架构如图 9-3 所示。通过各种传感器获取人的情绪引起的生理和行为特征信号，可以发现人的愉悦情绪与相应的生理和行为特征值之间的关系，可以评价人的愉悦情绪值，并能培养人机交互产品感知、识别和理解人类情感的能力。通过人机交互，车主可以轻松掌握车辆状态信息（油耗、车速、里程、当前位置、车辆保养信息等）、路况信息、巡航控制设置、蓝牙设置、空调和音频设置等。

综上所述，未来的汽车人机交互发展趋势将会越来越以人为中心，如体感交互、眼动交互、生物识别、语音交互等。目前常见的人机交互系统包括宝马的 iDrive、奔驰的 Comand、奥迪的 MMI、沃尔沃的 Sensus、上汽荣威的 iVoka、福特的 SYNC、通用的 IntelliLink 等。

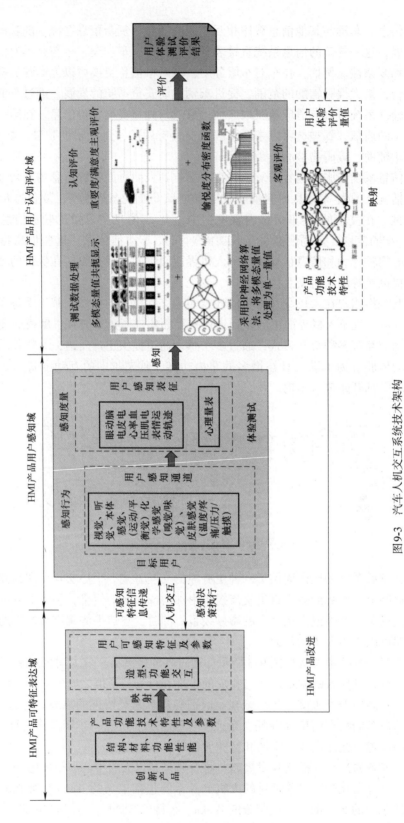

图9-3 汽车人机交互系统技术架构

9.2 抬头显示系统

抬头显示系统（HUD）也称平视显示器，是人机交互技术的典型应用，抬头显示系统的主要任务是协助驾驶员安全驾驶，通过车载系统将有效信息转换成驾驶员可以直接识别的图像，改变过去俯视仪表的姿势和动作，以减少交通事故的发生。该系统是一个光学系统，抬头显示器安装于驾驶员侧前风窗玻璃下方，可以将各种车辆系统的信息放大投影到驾驶员的视野中，使驾驶员能够快速、准确地获取重要的车辆信息。

对于装有抬头显示系统的汽车，前风窗玻璃是特制的（或者在前风窗玻璃上粘贴反射膜），因此抬头显示系统投射的图像不会出现在前风窗玻璃上，而是投射在驾驶员前方 1.5~2.5m 处，这样看起来投射的图像似乎悬浮在发动机舱盖上方，所以驾驶员感觉很舒服。

抬头显示系统由多台数据采集设备、数据转换设备和图像投影显示设备组成。根据传感器的不同，可以用于测量温度、压力、流量、位置、气体浓度、速度、亮度、干湿度、距离等。对于功能传感器，HUD 系统收集每个传感器的信号数据的方式与低头显示（HOD）系统收集每个传感器的信号的方式相同。ECU 等外部传感器将汽车的各种工作状态信息，如车速、各种介质的温度、发动机的工作状态等，转换成电信号给控制单元（ECU）。存储器中的程序和数据对各种传感器输入的信息进行操作、处理和判断，然后输出指令，向控制单元提供一定宽度的电脉冲信号，对控制单元进行控制，控制单元由微型计算机，输入、输出及控制电路等组成。

抬头显示器由巡航控制模块控制，该光源由多个发光二极管组成，以警告驾驶员可能发生的碰撞。为了实现这种抬头显示器功能，使用了非常明亮的光源从后部传输到高分辨率 TFT 显示器上，投射的光源类似于幻灯机，发射的光束通过两个折射器投射到风窗玻璃上。其中一个折射率是可调的，用于调整抬头显示的高度。为了使抬头显示图像与座椅位置或驾驶员的体型相匹配，这两个折射镜的另一个功能是纠正由风窗玻璃曲率引起的图像失真。在实际应用中，需要注意的是在某些情况下，如强烈的阳光下或高温时，HUD 警告灯不会工作。因为在 HUD 内有一个温度传感器，能感知发光二极管的温度。当传感器检测到车内温度很高时，则发光二极管不会工作。如果发生这种情况，只会听到蜂鸣器的警告声，而 LED 灯不会点亮。

在驾驶过程中，驾驶员有三种动作：眨眼、扫视和凝视。眨眼是眼睛注视的焦点或方向的瞬间变化，发生在两次注视之间。根据人机工程学，视野反射光在双眼视网膜上的投影类型不同，窗口主视区的水平范围为 3°~13°，垂直方向的角度为 5°~15°。

HUD 图像由投影仪成像，由两个球面镜反射，投射到风窗玻璃上，然后反射/折射到驾驶员的眼睛，在驾驶员面前形成图像。抬头显示器成像的主要部件是抬头显示器成像单元和抬头显示器风窗玻璃。抬头显示器玻璃不同于普通玻璃，其玻璃之间夹有一层楔形 PVB 薄膜。普通玻璃在成像时，由于玻璃的厚度，会在前面形成两个不重叠的图像。抬头显示器玻璃可以将两幅图像重叠，这样驾驶员可以看到清晰完整的信息。

成像单元通过线束从 MIB 和其他控制器获取车辆信息后，对数据进行分析并转换为图像信息，并通过照明单元进行投影。在抬头显示器成像单元中有一个可调节的球面镜，电机接收到抬头显示器（HUD）按钮旋转信息后，通过蜗轮蜗杆机构调整球面镜的位置，控制图像高度的变化。抬头显示器的蜗轮蜗杆机构如图 9-4 所示。

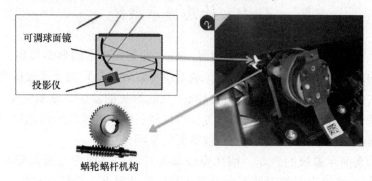

可调球面镜

投影仪

蜗轮蜗杆机构

图 9-4　抬头显示器的蜗轮蜗杆机构

由于直接反映了驾驶员的主观感受，抬头显示器的标定和性能测试内容主要包括抬头显示器重启记忆位置测试、亮度调节测试、高度调节测试、画面清晰度测试、图像失真测试、图像重影测试等。

抬头显示器（HUD）具有记忆功能，即可以在断电前存储车辆的状态，减少驾驶员重新起动车辆然后进行调整的麻烦。实现存储主要有两种技术方案。第一种方案是抬头显示器的反光镜由直流电机驱动。此解决方案用于低成本解决方案。通过给定一定的电压值，分析运动阻尼状态，使抬头显示器的反射镜工作在理想位置，同时对带间隙齿轮的生产工艺要求较高。第二种方案是抬头显示器的反射镜由步进电机驱动，步进电机可以根据需要将反射镜移动到理想位置，且偏差很小。

采用独立的试验台（由试验台底座、抬头显示器安装支架、抬头显示器距离调节器、刻度板和观察板组成），将抬头显示器放在安装支架上，如果要模拟抬头显示器的近似投影距离，需要使用距离调节器调整抬头显示器和刻度板之间的距离，调整的界面如图 9-5 所示。刻度板上有一个毫米级的刻度表，可以计算出记忆位置的偏差值。观看面板由不透明的顶部、底部和中间的透明结构组成。当抬头显示器（HUD）存储位置时，关闭系统（车辆断电或功能开关关闭），然后再次将其打开。通过上述测试方法，记录观察者在同一位置得到的两个不同的标度值，并比较得到偏差值。根据人眼辨别距离的能力，要求记忆偏差值在10mm 以内。由于位置在驾驶员前方约2m 处，10mm 的误差不太可能对驾驶员的视角产生不同的影响。

图 9-5　HUD 的调整与设置界面

基本上，每个 HUD 都配备一个阳光传感器，它可以根据外部光线的强度自动调整屏幕的显示亮度值，因此，需要校准阳光传感器的亮度值。根据阳光传感器的特性参数，一般分为 21 级。一般情况下，车辆上还配备一个独立的调节开关，以满足少数客户的需求，除了默认的阳光传感器调节外，还可以调节明暗度。可设置 7 级供客户调整。工程师需要在各种天气条件下进行 28 级亮度校准。在全天候情况下模拟驾驶员不同驾驶环境的亮度值。测试环境应包括晴天的直射阳光、晴天的侧面照明、阴天、多云天、阴影、夜晚等，以便在 28 个级别上识别自然环境光。如果当前亮度级别为 28，则主观评估当前亮度是否眩目，如果是，则减小亮度参数值，如果当前亮度下显示不清晰或难以清晰显示内容，则增大亮度参数值。以此类推，对剩余的级别逐一进行调整和设置。

抬头显示系统常见故障的检查：正常情况下，发动机起动后，荧光显示器应显示"0"，行驶时应显示正常的行驶速度。一般来说，主机（抬头显示器控制单元）、荧光显示器、抬头显示器开关和光缆线等的损坏概率很低，没有特殊的情况不用更换。常见故障与处理措施如下：

1）发动机起动后荧光显示器没有车速显示。如果出现该故障，检查开关操作是否错误，或开关是否有故障。

2）发动机起动后荧光显示器显示"8888"。如果出现该故障，检查连接到主机端口的插接器是否接触不良或线束故障，如果是后装的抬头显示系统，应检查 OBD 接口。

3）发动机起动后荧光显示器显示"----"。如果出现该故障，说明系统没有进入工作状态。

4）行驶时荧光显示器有时有显示，有时没有显示。如果出现该故障，检查连接到主机端口的连接器是否接触不良或线束故障。

5）系统故障导致显示异常。如果出现该故障，需要对软件进行升级。

注意：更换风窗玻璃时，不能使用普通风窗玻璃。

9.3　智能座椅

普通汽车座椅，驾驶员与座椅接触的主要部位是背部、臀部、大腿等。由于长时间的坐姿不变和对局部车身结构给人体的持续压力，使车内的人感到不舒服，导致血液循驾驶员环和神经传导不良。智能座椅与传统座椅的一个重要区别是，智能座椅能更好地了解用户，实时监测乘员的生理指标，包括人体体温、心率、呼吸频率等并分析乘员的健康状况，当发现异常生理指标时，智能座椅可以主动提供按摩、降温或加热，帮助乘员恢复到健康舒适的状态。采集到的生理特征数据也可以传输到云端，对驾驶员和乘客进行健康管理，使驾驶员和乘客能够实时了解身体状况。智能座椅技术原理如图 9-6 所示。

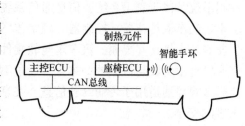

图 9-6　智能座椅技术原理

汽车座椅是集装饰性、舒适性和安全性于一体的智能部件，新型汽车座椅技术包括：

1）眼睛位置传感器可以测量驾驶员的眼睛位置，然后相应地确定和调整座椅位置。

2）电机自动升降座椅至最佳高度，为驾驶员提供最佳视野。

该系统由传感器、执行器、人机交互和控制单元组成。汽车座椅电子控制单元（ECU）用于检测座椅是否被占用，测量座椅温度，并根据设定的温度要求控制加热元件；检测空气中的酒精浓度，判断是否有酒后驾驶行为；手环读取心率数据，根据心率变化判断是否存在驾驶疲劳行为。座椅 ECU 通过 CAN 总线将判断结果和测量参数发送给主 ECU，提醒驾驶员安全驾驶。

智能座椅的控制单元、传感器和执行器的布局如图 9-7 所示。加热垫采用 12V 的标准电压；压力检测开关置于座椅下方，用于检测座椅上是否有人；座椅电子控制单元置于座椅后方，该位置受振动和压力的影响相对较小；温度传感器放置在加热垫后面，靠近电子控制单元；考虑到目前非接触式心率测量技术还不成熟，系统采用智能手环测量驾驶员心率，并通过蓝牙传输到座椅电子控制单元进行处理。

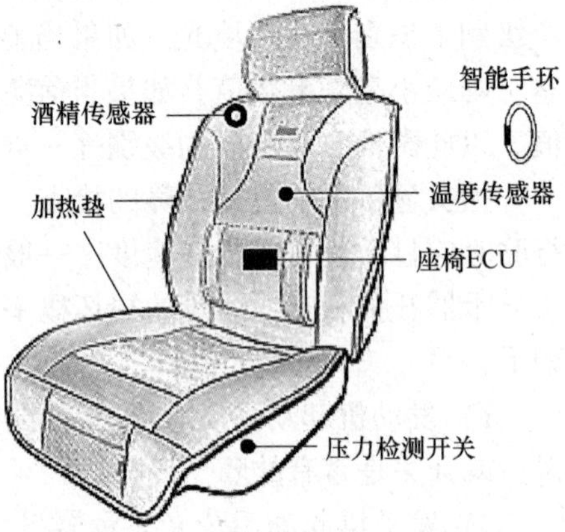

图 9-7 智能座椅电控部件的安装位置

智能座椅维护和检查：

1）检查电动座椅下侧及其滑轨的清洁度，及时清理杂物和垃圾，以免影响座椅的调整。

2）保持座椅干燥，防止座椅电路因潮湿而出现故障。

3）操作座椅调节开关，检查座椅在各个方向的调节情况。

智能座椅故障诊断与维修：

1）故障确认。确认故障，操作电动座椅开关，确认故障的真实性。

2）原因分析。重点检查熔丝、搭铁点、短路点和座椅开关、电路、传感器、控制模块等。

3）故障排除。参考电路图，检查断路器和搭铁点是否正常。

9.4 智能座舱

智能网联汽车的智能座舱最早是从飞机的座舱演变而来的，主要由人机交互系统、环境控制系统、视听娱乐系统、信息通信系统、导航定位系统等组成，它以车联网为依托，集成了丰富的车辆传感器、控制器、网络传感器、云数据和计算能力资源等。人机交互技术提供了友好的人机交互界面，汽车座舱软硬件集成系统提高了汽车驾驶安全性和用户体验。智能座舱实现了驾驶与汽车的一体化，通过不同的视觉模式控制驾驶环境和车内信息。车载传感器和多媒体通道用于传输驾驶信息，在享受各种娱乐的同时，还可以随时上网，确保行车和乘客的安全。

如图 9-8 所示，智能汽车座舱包括驾驶员监控、环境监控、车况监控、人机交互系统和决策执行系统。其中，环境监控包括毫米波雷达、激光雷达、相机等；车况监控包括关键系统、CAN 等；驾驶员监控包括疲劳监测、健康监测等；人机交互系统包括 HUD、车辆、设备以及基于输入的交互方法（手势、语音、肖像识别、身份识别等）；决策执行系统用来获取信息和做出决策，使车辆更加智能化。

图 9-8　智能汽车座舱

智能座舱主要由车载信息娱乐系统、流媒体后视镜、抬头显示系统、全液晶仪表、车载网络系统、乘客监控系统等组成，典型的应用例如以特斯拉为代表的互联网技术公司将大屏幕搬入车内，试图通过多屏集成实现人机交互，以 LCD 仪表、HUD、中控屏（车辆信息终端）、后 HMI 娱乐屏为载体，实现语音控制、手势操作等更智能的交互方式。

人机交互是体验的核心。传统的汽车座舱功能区布局零散、信息过载，给人机交互带来障碍。智能手机成为人机交互的入口，而汽车入口本身的价值也被低估。随着汽车电子化水平的提高，集液晶仪表、抬头显示、中控屏、后座娱乐为一体的多屏融合智能座舱将带来更加智能安全的互动体验，也是高级辅助驾驶系统（ADAS）、自动驾驶和人工智能的关键接口。

智能座舱集成了座舱仪表屏、中控屏、辅助屏等屏幕。它可以通过指尖控制或声控在屏幕和屏幕之间轻松切换，以适应驾驶员的不同视角；采用多块高清屏幕，色彩更加生动逼真，视觉体验可以得到全面提升。该系统集成了人脸识别、语音控制、驾驶员疲劳监测、手势识别、驾驶 SOS 等智能交互功能，打造了集生活、工作、娱乐于一体的全方位智能座舱系统。

1）车载 AR 技术结合抬头显示器，通过清晰的 3D 图像将驾驶信息投射到前风窗玻璃上，带导航的抬头显示器和增强现实（AR），除完成导航外，抬头显示器还可以增加某些信息功能（如来电显示、信息显示等），从而提高驾驶安全性。

2）座舱智能平台可以管理座舱内电子系统的所有功能，实现驾驶员与车辆的零距离。座舱智能平台（CIP）依托人工智能技术，通过相机和传感器积累采集到的信息，量身定做，从自动识别驾驶员、调节座椅和灯光偏好等方面为乘员带来个性化的车辆体验，创建个性化的音响系统，使用语音、手势或触摸与汽车互动，然后通过程序帮助驾驶员和乘客提升体验感。CIP 与云连接，整个系统可以安全存储和访问在线和离线数据，实现家庭、办公室和车辆中各种服务的无缝连接。

3）汽车与手机互联可以通过手机下载应用或云操作实现，用户可以通过手机提前启动车内的一些功能，如空调、座椅加热、开窗或关窗等，如果用户可以在车辆出借时通过手机设置访客模式，车载系统可以进入访客界面，这样既能保证用户隐私，又能保证借用汽车的驾驶员使用一个完整的汽车-机器交互系统。

电子仪表板的大规模使用是未来汽车发展的必然趋势，显示屏越多，车辆处理的数据越多。车辆的车-机交互系统可以帮助驾驶员更好地完成驾驶过程。当数据量较大时，车机系统会主动处理一些有助于驾驶的信息，如目的地位置、加油站搜索、前方道路交通、车辆周围是否有行人或其他障碍物等，都会显示在不同的屏幕分区上，帮助驾驶员做出判断。全数字智能座舱可以提供更高的集成度和非常实用的功能，并融合了智能控制、人机交互、人工智能等更多技术，成为一个情感交流空间。

典型的应用案例如宝马自然交互系统。宝马自然交互系统可以让驾驶者通过语音、手势及眼神就可轻松实现如同人与人之间交流般自然顺畅地与自己的车辆进行互动，根据不同的情形和场景，车辆能够有效识别语音指令、手势及眼神并执行相应的操作。驾驶者可根据个人偏好和具体情境，在 iDrive 旋钮、方向盘按键、触控屏、语音及手势控制之间自由选择。这一多模式交互是通过语音识别、优化的传感器技术以及对情境手势的敏锐分析实现的。通过对驾驶者手指运动的精准识别，将手势类别和手势方向首次应用于扩展的交互空间，即驾驶者的整体操作环境。而语音指令则是通过自然语言识别系统来启用和进行操作，通过一套不断优化的学习算法，综合处理复杂信息，使车辆能够根据情况做出相应反应。

智能数字座舱是用户体验的载体，其技术架构如图 9-9 所示。具有丰富表现力和内容的大型全液晶仪表板，全面进入触控时代的中央控制设备，先进的车内信息娱乐系统，驾驶员辅助系统，集成的 HUD 或增强现实系统，流媒体中心后视镜、车联网模块和 SRV 环绕视图构成一个完整的系统，为座舱中的驾驶员和乘客创造了新的用户体验，其背后是人工智能、AR、全息成像等技术的融合。

同时，多屏联动将逐渐成为人机交互的核心体验。智能座舱整体集成度更高，实现了快速响应和多屏联动，通过连接技术的转换，可以将某一屏幕上的内容转移到其他屏幕上进行显示和屏幕共享。未来，屏幕将被智能玻璃、全息图、抬头显示器等无屏幕形式所取代。屏幕区域分为左屏与右屏两个区，左屏用于驾驶员导航等重要信息，右屏大部分为乘客服务，主要用于娱乐信息的显示，并能实现一屏多任务的操作模式。支持汽车数字仪表系统、数字音频和视频娱乐系统、车内多媒体播放系统、车内导航系统和后座娱乐系统、操作系统等实现多屏联动。当驾驶员使用它来访问导航功能时，乘客可以使用它来玩游戏、阅读或观看电影，同时，数字仪器深度图像技术可以实现三维立体效果，这种功能大大增强了视觉感官效果。智能座舱和高级驾驶辅助系统一般是一个智能嵌入式计算机主机系统，是一个可以直接运行操作系统软硬件的综合集成平台。

交互式屏幕可以在中控台、扶手、后排、车门、车窗的任何位置，满足车内每位乘客的出行需求。多屏联动延伸至手机侧，通过专用连接设备相互连接，可以将某一屏幕上的内容传送到其他屏幕上进行显示和屏幕共享。区块划分可以将重要信息放在直接观察的位置，以减少注意力转移，例如抬头显示系统。也可以把娱乐和社交的交互信息投射在前排乘客位置的玻璃上，位置不同，信息也不同，驾驶员还可以根据优先级和偏好定制车辆接口。

在智能座舱的安全识别功能上，当车主接近车辆时，汽车可以感知车主的身份，在车窗上显示问候信息、巡航范围、行程安排和路线推荐信息。车窗内壁的屏幕可以与乘客互动，通过触摸屏、图像采集、传输等技术，乘客可以与车窗外的景物互动。

在汽车获得了用户在前一辆车的所有配置信息后，驾驶员可以在使用前将座椅角度、屏幕显示等调整到相同的参数。系统可以识别人类的指纹、脸和其他特征，以验证其身份；在驾驶过程中检测驾驶员的身体状况（如心率、血压、疲劳、血液酒精含量），监测驾驶员是否处于驾驶疲劳状态，为驾驶员、乘客和公众带来更高的安全保障。

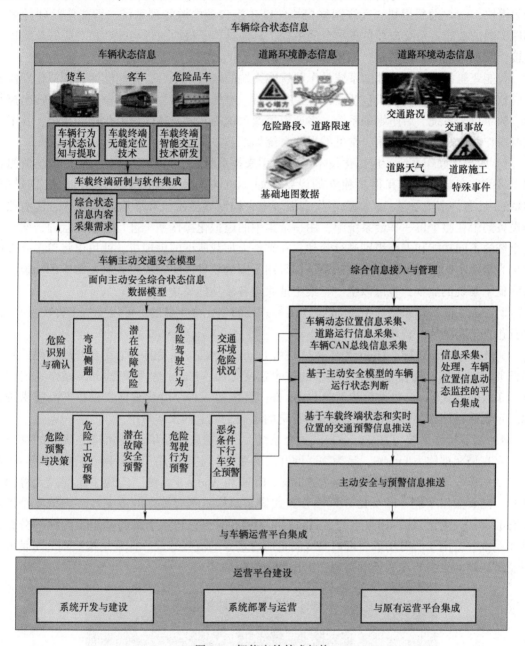

图 9-9　智能座舱技术架构

此外，车窗还具有绘图、缩放、导航定位等功能。通过 WiFi 连接，可以将支持的手持设备的屏幕镜像到显示屏上。信息娱乐系统为某些设计提供后座娱乐功能，并为车内所有乘客提供多种显示和多内容支持。这些功能的实现依赖于车内的各种接口，从而实现各种功能。

在操作系统软件兼容性方面，智能座舱需要能够支持车载 Linux、车载 Android 以及 QNX、Green Hill 等车载虚拟化操作系统。

智能座舱平台嵌入式系统组件包括 CPU、存储单元模块、显示模块、模拟输入模块、音频模块、CAN 总线模块、无线网络模块、USB 接口和电源管理系统。智能座舱硬件主要部件实现的功能：系统 SoC 负责平台的主控，其他具体子模块通过与 SoC 相对应的总线接口连接，实现系统的具体功能。

智能座舱和高级驾驶辅助系统是车载智能终端的嵌入式平台，是能够运行虚拟化操作系统的软硬件结合。车载主机包括硬件主控处理器、电源管理芯片、存储设备、输入输出控制器、数字仪表系统、后座娱乐系统、多通道摄像系统等，以及软件虚拟化操作系统、各子域实时操作系统和车辆端应用，常见的操作系统如下：

1）虚拟化操作系统。虚拟化技术经常被用来提高性能、增强系统安全性和系统资源管理。目前，车载设备中有很多独立的设备，如 T-BOX、抬头显示器（HUD）、信息娱乐、ADAS，还有许多电子设备，如数字仪表板、中央控制导航系统和后座娱乐系统。这些独立的设备集中在整个单一平台系统中，用一个集中的虚拟化操作系统进行有效的管理，然后对一个域的不同功能和安全级别进行管理，在硬件上加载所谓的虚拟机，就可以将单个硬件虚拟化为多个不同的虚拟硬件。该体系结构采用不同的软件或驱动程序来实现相应的功能，大大降低了系统的成本，也可以统一、集中地管理各子功能模块。

2）Android 操作系统。Android 源代码是开放的、完全免费的，可以支持多种硬件平台，并且包含丰富的软件模块。

3）Linux 操作系统。Linux 操作系统是由 Linux Torvalds 开发的一个完全开放源码的免费多任务"宏内核"操作系统，在基本的技术定义方面，Linux 是指开源 Unix 操作系统的内核。车载嵌入式 Linux 操作系统是对 Linux 操作系统的一种小型化裁剪，根据产品需求进行深度定制后存储在存储芯片中，应用于特定的车载主机上的操作系统。

4）鸿蒙操作系统（HarmonyOS，融合系统）。鸿蒙是中国华为公司自主研发的操作系统，它在早期被称为 LiteOS，是为物联网开发的系统，主要应用于物联网、智能家居、车联网以及远程控制、医疗等领域，兼容 Linux、Unix 和 Android 系统，实现了跨终端无缝协作体验。鸿蒙操作系统（图 9-10）基于分布式体系结构，具有极强的流畅性、内核安全性和生态共享性。鸿蒙 OS 的出发点与 Android 和 iOS 不同，它是一个新的基于微内核的分布式操作系统，适用于所有场景，可以同时满足所有场景的流畅体验、体系结构级别的可信安全以及跨终端的无缝协作，可以实现一次开发多终端部署。

图 9-10　鸿蒙操作系统

华为以"平台+生态"的发展战略，通过"鸿蒙车机 OS 平台+鸿蒙车域生态平台+智能硬件平台"为智能座舱提供更多的互动，打造人、车、生活的全场景出行体验。鸿蒙汽车操作系统不同于 Android Automotive 和 Apple CarPlay，主要有以下几点优势：

1）向下兼容 Android 系统的应用，通过屏幕投影可以实现丰富的应用生态。所有安装在手机上的应用程序都可以在鸿蒙车机上使用。基于华为的屏幕投影技术，手机屏幕可以投影在汽车屏幕上，也即手机上的应用程序可以在汽车上操作。

2）基于鸿蒙的分布式能力，华为的设备和汽车可以实现信息无缝传递。上车时，手机视频可以无缝传递到车上。当在车内播放音乐时，移动设备的播放过程将暂停并循环。下车后则再次传递到移动设备。或者通过车内摄像头、扩音器、扬声器实现车内通话，两辆鸿蒙车机系统的车可以实现视频交互功能。

3）鸿蒙车机集成了非常强大的语音系统，不仅支持前沿的分区识别、可视对讲等功能，还支持多模式唇部识别和底层所有应用的控制能力。语音助手具有识别子段区域的能力，可以控制车上几乎所有的硬件，包括车窗和空调。

4）一切都可以实现互联互通，大量的智能家居产品可以远程控制。智能手机直接与汽车系统相连，用户可以实现导航、汽车语音控制、手机车钥匙、防撞报警等多项功能，还可以实现手机与汽车之间真正的软硬件互联互通。

5）配备麒麟 990A 汽车仪表芯片，可以实现汽车芯片与底层系统的自主性。基于华为麒麟 990A 芯片和多点触控功能，运行速度非常快，不仅可以轻松执行多任务操作，甚至可以将屏幕一分为二。前排乘客上车关门后，车上的长条状屏幕会立即分成两部分，一部分用于驾驶员，另一部分用于前排乘客，支持前排驾乘同时操作，允许前排驾乘同时接触而不相互干扰。

综上所述，国产的鸿蒙系统提供了 Android 和 Linux 车辆无可比拟的多设备联动能力。5G 时代到来后，除了常见的车内互联功能外，华为的车机系统还可以实现车内语音控制、视频通话、前向防撞报警、手机车钥匙等，还可以直接使用华为的 AI、语音、计算机视觉等功能，直接控制车速、方向盘转角、档位模式、汽车环境光照传感器和车身数据，以及空调、车窗、喇叭等车身控制部件，同时，还可以实现在车内遥控家电、手势互动、移动应用生态共享等互联功能。

智能座舱及高级驾驶辅助系统硬件的平台硬件部分包括系统电源模块、主控 SoC 处理器、显示模块、输入输出控制器模块、存储单元、模拟视频输入模块、非易失性闪存单元、CAN 收发器模块、LCD 模块、无线网络及蓝牙连接模块、音频模块、USB 接口等。

面对多个应用集成在多个显示子系统中的问题，这就要求平台运行多个操作系统实现系统虚拟化。系统虚拟化是指将一个物理计算机系统虚拟化为一个或多个虚拟计算机系统。每个虚拟计算机系统（称为虚拟机）都有自己的虚拟硬件（如 CPU、内存和设备）来提供独立的虚拟机操作环境。通过模拟虚拟化层，虚拟机中的操作系统认为它仍然是一个运行的独占系统。每个虚拟机中的操作系统可以完全不同，执行环境完全独立。

一般的虚拟化系统由硬件、虚拟机监控和虚拟机三部分组成。通过在底层硬件处理器上构建虚拟层，信息娱乐系统、仪表板系统等多个操作系统可以同时独立运行，以维护整个汽车系统的安全。

虚拟机监视器（VMM）将物理资源虚拟化为三个主要任务：处理器（CPU）虚拟化、内存虚拟化和 I/O 虚拟化。虚拟机由虚拟处理器、虚拟内存和虚拟 I/O 设备组成，VMM 的主要功能是基于物理资源创建相应的虚拟资源，形成虚拟机，为客户操作系统提供虚拟平台。

处理器虚拟化要求多个操作系统共享 CPU，并且 CPU 的分配是可配置的。通过灵活的配置方法，实现了虚拟 CPU 与硬件 CPU 之间的不同映射，以满足实际的 CPU 分配需求，解决了不同体系结构的 CPU 之间的通信问题。内存虚拟化可以实现虚拟节点间高效的内存共享，实现合理的资源分配。I/O 虚拟化解决了外围设备的虚拟化问题，并基于应用程序的实现对外围设备进行了虚拟化。

在开源虚拟机软件的操作下，人机交互人机界面可以实现人与车的交互，车主可以通过系统掌握车辆信息和控制车辆。输入端多种交互方式+输出端多屏集成以及个性化的用户界面带来全新的交互体验。

由于各种硬件总线的连接，车辆各子系统可以相互连接，并与车内信息娱乐系统相连，如控制器局域网（CAN）总线、以太网和车内 TCP/IP 网络等。

Android Automotive 的硬件抽象层（HAL）为 Android 框架提供了一致的接口，无须考虑物理传输层。系统集成商可以将车辆特定功能的平台 HAL 接口与特定技术的网络接口（CAN 总线）连接起来，实现车载 HAL 模块。它包括一个专用的微控制器单元（MCU），运行一个专用的实时操作系统（RTOS），用于诸如 CAN 总线访问等操作。MCU 可以通过串行总线连接到主控芯片的 CPU。随着智能汽车的普及和 Android 系统的开放，致力于车内 Android 系统开发的企业也逐渐增多，车内 Android 系统在智能座舱中的应用也会越来越多。

从技术角度看，智能座舱分为硬件和软件两部分。硬件部分包括中央控制、LCD 仪表、抬头显示器（HUD）和后座娱乐等信息显示；软件部分包括操作系统和软件服务，这些操作系统和软件服务可以虚拟化硬件，实现语音识别和手势操作等交互技术。随着网络化、物联网的快速发展，各大车企逐步将高端技术配置下放到各个级别的车型上，并将实现语音控制、手势操作、车辆管家、远程云服务等，最终实现"人-车-云-路"的协同。

9.5 车载计算平台

智能网联汽车计算平台是指以环境控制数据、导航定位信息、车辆实时数据、云智能计算平台数据等 V2X 交互数据为输入，以环境感知定位、智能规划决策和车辆运动为核心控制算法，输出驾驶、转向、制动等控制命令，实现车辆智能行驶的决策规划和控制系统。

根据计算所在的实体，自动驾驶系统可分为汽车移动终端、边缘节点和云。汽车移动终端包括应用层、操作系统和硬件平台，主要负责运行实时功能和算法，包括感知和决策等关键功能；边缘节点主要提供稳定的网络连接和实时数据处理；云包括数据存储、仿真、高精度映射、深度学习模型训练、自动驾驶仿真、云控制、监控、云诊断等功能。

随着智能网联汽车的快速发展，汽车系统的功能越来越复杂，对实时性和安全性的要求越来越高。传统的基于 CAN 总线的汽车分布式电子电气体系结构已不能满足未来智能网络连接的需求，采用集成骨干网和多域控制的新型电子电气体系结构已成为智能网联发展的最佳选择。对于智能网联车辆复杂功能和大量互联信息的高效传输和管理，系统安全至关重要。

高智能的自动驾驶会采用冗余的 EE 架构，无论域控制器还是域控制器之间，都采用了各种传感器、执行器、通信、电源等双路计算交互方式，输入的数据会通过交换机传递给不同的 SOC。对于单个域控制器，为实现高安全等级算力，通常在主内核中配置一个影子内核，两个内核执行相同的指令，再利用比较器比较出两者之间的差异，如果其中一个内核出现计算错误，比较器就会自动纠正以确保安全。

美国汽车工程师学会对自动驾驶的水平有一个明确的定义。L2 级及以下采用基于 MCU 的多 ECU 分布式控制，而 L3 级及以上必须基于高性能 SOC 域控制器（DCU）集中控制策略。域控制器（DCU）集成了 CPU 和 GPU 等多个高性能芯片，计算能力和性能提高了一倍，多个应用程序可以并行运行。集成域控制器可以取代许多小型 ECU 来简化整车。在 DCU 成熟的基础上，可以形成集成度更高、计算能力更强、功耗更低的智能移动数据中心（MDC）集成解决方案。

DCU 需要承担多传感器融合、定位、路径规划、决策控制、无线通信和高速通信的计算任务。在集中式和混合式架构中，DCU 还需要承担全部或部分传感器数据处理。由于需要完成大量计算，DCU 通常必须匹配具有强大核心计算能力的处理器，即为自动驾驶提供不同级别计算能力支持的芯片。计算能力越高，支持的功能就越多。

自动驾驶域控制器以环境感知数据、GPS 信息、车辆实时数据和 V2X 交互数据为输入，基于环境感知定位、路径决策规划、车辆运动控制等核心控制算法输出驱动、传动、转向和制动等控制指令，实现对车辆的自动控制，通过人机交互界面（如仪表）实现自动驾驶信息的人机交互。

为了实现智能驾驶系统高性能、高安全性的控制要求，自动驾驶域控制器汇集了一系列关键技术，包括基础软硬件技术、系统功能安全技术、车辆通信技术、云计算技术，以及核心控制算法技术等。在自动驾驶域控制器的硬件结构中，智能传感器实现环境道路信息采集，基于 CPU/GPU 的 SOC 芯片实现环境感知定位和路径决策规划等核心算法，安全 MCU 实现高安全性的车辆控制和车内通信等。同时，为了满足智能驾驶功能安全级 ASIL-D 的要求，目前一般采用主控制器、从控制器来实现故障监测和冗余控制。

智能驾驶计算平台需要强大的硬件计算资源，可以实现基于相机、毫米波雷达、激光雷达、定位系统等多种信息融合的环境感知定位、路径决策规划和车辆运动控制，以满足智能驾驶系统的高精度地图、高性能和高安全控制要求。

计算平台软件的上层是应用层，运行"核心控制算法"和"安全管理"。智能驾驶的核心控制算法包括环境感知定位、路径决策规划和车辆控制。同时，针对智能驾驶需求，实施功能安全和信息安全管理，包括错误监控、信息安全策略、处理器监控和安全纠正执行，以及安全警告和降级策略。

计算平台软件的底层是基础软件，实现通信和 I/O 驱动、错误管理、硬件安全管理和存储管理。采用实时操作系统，通过虚拟机将硬件资源从硬件层划分出来，使多个软件系统保持独立稳定运行。

自动驾驶域控制器功能的实现需要涵盖环境感知、传感器融合、决策控制等方面，同时增加了功能安全和信息安全的要求，对控制器硬件和软件系统提出了更高的性能要求。通过在硬件（物理芯片）和软件操作系统之间嵌入虚拟机监控层，基于硬件抽象层，可以直接模拟到多个操作系统中，解决资源冲突和虚拟机选择问题。虚拟机监视器是所有虚拟化技术的核心，主要目的是允许多个操作系统和应用程序共享一部分硬件资源，这也被认为是一个硬件虚拟器。

汽车智能计算平台的体系结构包括车载智能计算平台、云智能计算平台、通信网络、资源库。

1）车载智能计算平台是新一代车载中央计算单元，由传统的电子控制单元（ECU）逐步向智能高速处理器转变，包括芯片、模块、接口等硬件和驱动程序、操作系统等软件，以及基本应用，能保证智能网联车辆感知、决策、规划和控制的高速可靠运行。

2）云智能计算平台主要是指为车载智能计算平台提供深度学习模型训练、仿真测试、数据存储等支撑能力，以及提供实时高精度地图数据服务和全球路径规划的云计算系统。

3）通信网络主要是指车辆与云之间的网络通信系统、计算平台与外部环境、身份认证与识别解析系统。

4）资源库主要是指支持系统和应用工程开发与维护的一系列组件，如开发环境、驱动程序、调试工具、编译工具等。

为了实现高水平的自动驾驶，智能网联汽车计算平台是必不可少的解决方案。在汽车智能化和网络连接过程中，汽车智能计算平台主要利用人工智能、信息通信、互联网等技术，完成汽车驾驶和信息交互过程中海量、多源、异构数据的高速计算处理，结合大数据、云计算等新技术，实时感知、决策、规划，并参与全部或部分控制，实现汽车的自动驾驶、联网服务等功能。

车辆本身需要完成感知、决策、规划、控制等一系列任务，这就导致了基于 CAN 总线的系统功能更加复杂，实时性要求和安全性水平要求不断提高，为了实现智能网联车辆的复杂功能，实现大量互联信息的高效传输和管理，实现系统的安全，需要一种新型的集中式电子电气体系结构。车内智能计算平台集成了多个异构处理器，提供了高性能计算能力，实现了集中控制策略，满足了 L3 级以上自动驾驶车辆的需求。

如图 9-11 所示，车载智能计算基础平台的参考体系结构主要包括两部分：自动驾驶操作系统和异构分布式硬件体系结构。其中，自动驾驶操作系统是基于异构的分布式硬件体系结构，包括系统软件的基本框架软件和功能软件。车载智能计算基础平台以系统可靠性、实时性、分布弹性、计算能力强等特点为核心，实现感知、规划、控制、网络连接、云控制等功能，最终完成安全、实时、可扩展的多级自动驾驶核心功能。

车内智能计算基础平台的异构芯片硬件是针对 L3 及以上级别的自动驾驶车辆，需要兼容多种类型和数量的传感器，具有高安全性和高性能。异构是在单板上集成多个体系结构芯片或在单片机上同时集成多个体系结构单元，如奥迪 zFAS 集成 MCU（微控制器）、FPGA（现场可编程门阵列）、CPU（中央处理器）等，英伟达 Xavier 集成 GPU（图形处理器）和 CPU 两个异构单元。现有的车载智能计算平台产品如奥迪 zFAS、特斯拉 FSD、英伟达 Xavier 等硬件主要由人工智能单元、计算单元和控制单元三部分组成，每个单元都有自己的定位功能。

L3 及以上级别的自动驾驶功能要求车内智能计算基础平台具有系统冗余和平滑扩展特性，一方面，考虑到体系结构和系统冗余的异构性，采用多板卡实现系统的解耦和备份；另一方面，采用多板卡的分配和扩展方式，满足 L3 级及以上的计算能力和接口要求。在同一自动驾驶操作系统的统一管理和适应下，需要整个系统协同实现自动驾驶功能，并通过改变硬件驱动程序和通信服务来适应不同的芯片。

自动驾驶操作系统是基于车辆智能计算基础平台的核心部分。自动驾驶操作系统使用并包括基于异构分布硬件/芯片组合的车辆控制操作系统，是车辆控制操作系统的异构分布扩展。车辆控制操作系统是指在传统的车辆控制 ECU 中，由主控芯片（MCU）加载和操作的

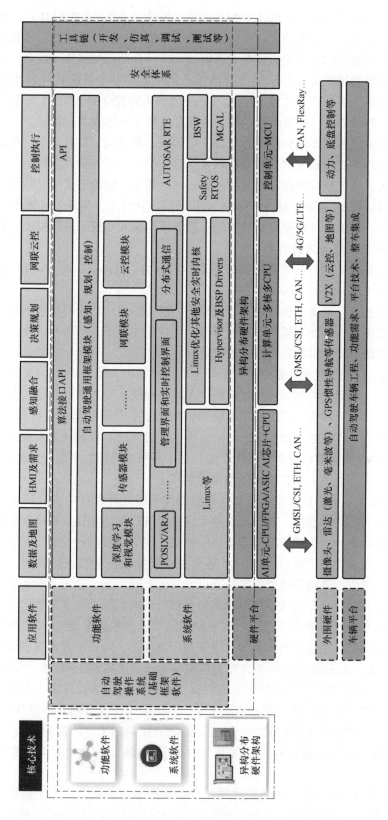

图9-11 车载智能计算基础平台架构

嵌入式操作系统，如 AUTOSAR（OSEK）操作系统。参考经典的 AUTOSAR 软件架构，吸收其模块化和分层的思想。自动驾驶操作系统不仅具有车辆控制操作系统的功能和特点，而且还提供高性能、高可靠性的传感器、分布式通信以及支持自动驾驶感知、规划、决策和控制的通用框架。自动驾驶操作系统将车辆控制操作系统集成到整个系统软件和功能软件框架中。车辆控制操作系统运行在单片机上，总体上保证了功能安全的 ASIL-D 级车载智能计算基础平台的安全性和可靠性，并根据自动驾驶的需要进行了一定程度的扩展。

系统软件和功能软件是车辆智能计算基础平台的核心和基础，具有安全、实时、高效的特点。自动驾驶操作系统由系统软件和功能软件两部分组成。系统软件创建了一个复杂的嵌入式系统操作环境。功能软件根据自动驾驶的核心共性需求，明确定义了自动驾驶的通用子模块。系统软件可以借鉴 AUTOSAR 软件体系结构的层次化思想，实现与经典平台和自适应平台的兼容和交互。功能软件根据自动驾驶的一般要求定义和实现了通用模块，弥补了 AU-TOSAR 体系结构在自动驾驶方面的不足。

系统软件一般包括异构分布式系统的多核设计与优化、Hypervisor、POSIX/ARA、分布式系统 DDS（Data Distribution Service）等。

功能软件主要包括自动驾驶核心通用功能模块。核心的通用功能模块包括自动驾驶的框架模块、网络连接模块、云控制模块、深度学习和可视化模块等，结合系统软件，形成完整的自动驾驶操作系统，支持自动驾驶技术的实现。

1）框架模块。自动驾驶通用框架模块是功能软件的核心和驱动部分。L3 级及以上自动驾驶系统具有感知、规划、控制等通用框架模块及其子模块。一方面，自动驾驶将产生安全和生产的共同要求，设计和实现通用的框架模块以满足这些共同的需求是确保实时、安全、可扩展和可定制的自动驾驶系统的基础。另一方面，关键算法，特别是人工智能算法仍在不断发展，如基于 CNN 框架的深度学习感知算法、基于高精度地图的多源信息融合定位算法、基于车辆动力学模型的通用人工智能规则决策规划算法。

2）网络连接模块。网络连接模块是自动驾驶操作系统功能软件中实现网络连接通信和处理网络连接数据的功能子模块。该子模块除了满足传统的网络连接业务场景的需求外，还通过改进总体框架的设计，实现了网络连接协同感知、网络连接协同规划、网络连接协同控制等网络连接自动驾驶功能。通过 V2X（车辆无线通信技术）获取连接数据，包括路侧数据、相机、智能信号灯、道路交通警示等信息以及其他车辆信息。它与车辆传感器系统的多种检测方法相结合和融合，能有效实现单车感知到数百米的范围，防止车辆之间的碰撞，并根据预警直接控制车辆起停等重要感知、规划和控制功能。智能车辆与 V2X 网络连接功能的结合，增强了自动驾驶系统的整体感知、决策和控制能力，降低了自动驾驶的成本。

3）云控制模块。云控制模块是与云控制基础平台交互的功能子模块。云控制基础平台为智能网联车辆及其用户、管理和服务组织提供车辆运行、基础设施、交通环境等动态基础数据，具有高性能信息共享、高实时云计算、多行业应用大数据分析等基本服务机制。云控模块通过对自动驾驶通用框架模块的支持，提供云控基础平台所需的数据支持，同时，通过高速通信实现云感知、规划和控制数据与中心云/边缘云的实时同步，实现云端分工协作。

4）深度学习和可视化模块。功能软件需要支持深度学习的嵌入式推理框架，便于成熟算法的移植和自适应，自动驾驶是深度学习算法的重要应用场景。特别是在视觉、激光雷达和决策规划方面，自动驾驶操作系统的功能软件需要支持深度学习嵌入式推理框架，并与深度学习模型兼容。

5）各种自动驾驶系统的传感器标准化和模块化为传感器数据融合提供了基础。L3级及以上级别的自动驾驶技术大多依赖于不同类型、不同安装位置的传感器，如激光雷达、相机、毫米波雷达等，这些传感器具有不同的硬件接口、数据格式、空时比和校准方法。针对传感器的多样性、差异性和通用性的需要，在自动驾驶操作系统的功能软件中预置了传感器模块，对各类自动驾驶传感器进行标准化和模块化，为异构传感器信息的融合处理提供了依据。

智能网联汽车的网络化给乘客带来了越来越多的便捷服务，同时也拥有越来越多的个人信息和驾驶员隐私。它甚至可以远程控制汽车，为网络安全埋下隐患。同时，由于自动驾驶完全由计算机控制，无需驾驶员的判断和操作，因此需要在传统车辆上增加大量的传感器和控制器，并对执行器进行升级。系统变得更加复杂，增加了系统故障的可能性。而自动驾驶汽车则要求系统在发生故障时具有可操作性。因此，网络安全技术和功能安全成为智能汽车的关键技术。目前，在功能安全方面，电子和电气系统故障可能导致系统功能异常，从而导致车辆意外移动的风险。电气电子系统的故障可分为随机硬件故障和由软件或过程原因引起的系统故障。通过实施功能安全，以危害分析和风险评估后获得的安全目标和汽车安全完整性水平（ASIL水平）为指导，制定和实施相关的安全要求，可以有效降低系统功能失效所带来的风险。针对自动驾驶所要求的系统发生故障时的故障运行要求，有必要在分析安全状态的基础上制定具体的系统冗余设计策略。

另外，智能汽车可以看作是利用计算机通过无线通信技术连接到大型云数据库，通过系统软件实现对汽车的自动控制，智能汽车的计算机网络属性，决定了所有计算机可能遇到的信息安全风险都可能发生在智能汽车上，它不仅涉及用户数据丢失和物品被盗，还涉及行车安全，因此智能汽车的信息安全显得尤为重要。

从汽车维修的角度来讲，新车的日常保养、易损件更换、事故维修、软件更新等操作维修也将更加智能化、便捷化，维修流程也将更加统一。高级驾驶辅助系统硬件设备的老化也将使车载摄像机、毫米波雷达等车载设备的测量精度越来越低。在未来，ADAS校准将像日常维护一样普及，但是，如果还使用传统的维修方法会使汽车维修过程更加复杂。在网络环境下，OTA技术正不断普及，汽车软件的更新将和手机软件的更新一样简单方便。当车辆出现故障时，针对大多数故障现象，只需将车辆连接到网络，并允许车辆在不使用的时间进行自我更新。作为维护技术人员，要求维护技术人员能熟悉OTA代码的含义，需要在OTA升级错误或失败后查找错误或失败的故障原因，并协助OTA升级。

9.6 其他智能控制系统

9.6.1 智能照明系统

许多现代汽车都配备了智能照明系统。当前照灯开关处于自动档位时，智能照明系统主要为驾驶员提供前照灯自动开启功能、自动远光功能、前照灯延迟关闭功能、前照灯自动水平调节功能、自动转向照明、日间行车灯功能、刮水器起动前照灯等功能。

1）前照灯自动开启功能。当车辆在黑暗的道路条件下行驶（如隧道）时，可以自动打开车辆的前照灯，为驾驶员提供照明。当前照灯开关处于自动位置时，车身控制模块（BCM）将根据光照传感器信号自动控制前照灯的点亮和关闭。智能照明系统的近光控制原理如图9-12所示。

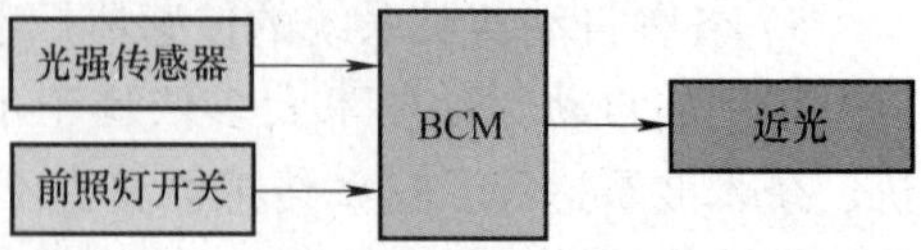

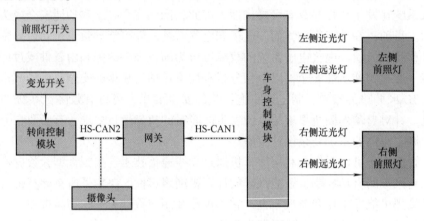

图9-12　智能照明系统的近光控制原理

2）自动远光功能。当前照灯开关处于自动位置时，如果环境亮度不足且此时未检测到车辆前方的其他车辆，则自动远光功能将自动打开远光灯。如果系统检测到迎面而来车辆的前照灯/尾灯或路灯，系统将从远光灯切换到近光灯。

如图9-13所示，用于检测车辆前部的部件是前视摄像头模块，该模块通过CAN2安装在前风窗玻璃后面的中央。网络通过网关向车身控制模块传输信息，由车身控制模块控制远光灯和近光灯的切换。

图9-13　自动远光控制原理

自动远光功能也可通过仪表模块（IPC）中的设置功能激活。在激活状态下，当车辆处于以下条件时，远光灯打开：

① 当环境亮度不足时，需要使用远光灯。

② 车辆前方无车辆或路灯时。

③ 车速高于40km/h。

当车辆处于以下状态时，远光灯将熄灭：

① 当环境亮度足够高时，不需要远光灯。

② 当检测到车辆前方有前照灯或尾灯时。

③ 当检测到路灯时。

④ 车速降至25km/h以下。

⑤ 摄像头模块过热或损坏。

3）前照灯延迟关闭功能。此功能在低亮度环境下自动延迟关闭汽车前照灯，目的是为驾驶员和乘客照亮回家的道路。当点火开关关闭时，多功能开关置于远光位置并松开，驻车灯和近光灯将亮起，并发出短嘟嘟声。此时，前照灯将保持点亮30s。在30s延迟时间内关闭所有车门后，打开任何车门将导致3min计时器重新启动。

4）前照灯自动水平调节功能。前照灯自动水平调节功能可根据车辆高度的变化自动调节前照灯的照明高度,当汽车因负载或其他情况而向后倾斜时,汽车的灯将改变其高度。在这种情况下,灯光将自动调整到正常水平。此功能是通过车辆高度传感器和LIN网络将车辆高度信息传输到前照灯控制模块,模块根据需要调整前照灯高度调节电机实现。

5）日间行车灯功能（DRL）。日间行车灯是指车辆在白天行驶时点亮的灯。日间行车灯的功能是使行人和其他车辆驾驶员更容易看到车辆,有效提高车辆的主动安全性。日间行车灯安装在前照灯中,当驾驶员打开点火开关时,日间行车灯功能启动。注意:日间行车灯仅在高光强环境下工作,当环境光强度降低时,日间行车灯将无法提供安全照明。此时,日间行车灯将切换至前照灯。

6）刮水器起动前照灯功能。当前照灯开关处于自动前照灯位置时,如果前刮水器低速或高速运行超过10s,车外灯将自动打开。注意:除雾期间或刮水器处于自动模式时,此功能不会激活车外灯。

9.6.2 地形管理系统

地形管理系统（Terrain Management System,TMS）广泛应用于路虎、吉普大切诺基、福特等车型,该技术可以通过独立选择越野模式来响应各种路况。路虎的全地形反馈自适应系统包括四种地形模式:正常模式、草地/砾石/雪地模式、泥泞/车辙模式和沙地模式。在不同模式下,全地形反馈自适应系统可以调整八个主要车辆系统:发动机管理系统（EMS）、节气门响应系统、动态稳定性控制系统、电子制动力分配系统、陡坡缓降控制系统、电子牵引力控制、变速器换档设置、电子差速器。

下面以福特撼路者为例,简要介绍地形管理系统的原理和应用。福特撼路者地形管理系统（TMS）的工作原理如图9-14所示。

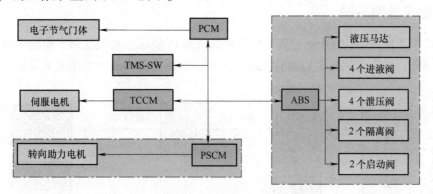

图9-14 福特撼路者地形管理系统工作原理

TMS由以下部件组成:
1）ABS模块及各种电磁阀和液压马达。用于接收CAN信息并向制动缸提供制动压力。
2）PSCM和转向助力电机。用于接收CAN信息并调整转向辅助电机的输出转矩。
3）PCM（动力总成控制模块）。用于接收CAN信息并控制输出转矩。
4）电子节气门体。输出转矩,由PCM的指令控制。
5）地形管理系统交换机。通过CAN线向其他模块发送开关状态信息。

6）分动器控制模块（TCCM）。用于接收 CAN 信息并控制伺服电机。

7）分动器伺服电机。在 TCCM 的指示下切换模式。

TMS 的各模式工作特性见表 9-1。

表 9-1　TMS 的各模式工作特性

序　号	工　作　模　式	各模式工作特性
1	正常模式	这个模式适合于在平坦且坚硬的良好路况上驾驶，或者是恶劣路况以外的路况上行驶。在正常模式下，以转向、节气门开度和车轮的抓地力为前提，向前轮输出最合适的转矩，能够展现出最佳的驾驶体验。牵引拖车时，选择该模式
2	雪地、碎石、草地模式	车辆行驶在湿滑或松散路面上时，优先选择该模式。这种模式能够应用在表面坚硬但下边松散或湿滑的路面上，包含碎石路况、较浅的泥路、湿滑的草地或覆盖积雪的公路
3	沙地模式	在该模式下，加速踏板响应更灵敏，强劲的转矩输出有助于快速通过沙地。这种模式被应用在通过较深的沙漠或较深的泥浆 注意：只有在低速行驶时，选择该模式后才能被激活
4	岩石模式	在低速四轮驱动模式运行的状态下才能激活该模式。激活岩石模式后能提供最大的牵引力输出和精准的低速控制能力，有助于驶出极端恶劣路况。这种模式提供低速控制以便驶离岩石

通过 TMS，车辆可以根据驾驶员选择的模式调整节气门响应速度、变速器换档正时、四轮驱动系统和牵引力控制，使驾驶员能够轻松应对各种路况。对于一些极端恶劣的越野路段，强大的智能四轮驱动系统可以根据转矩水平锁定分动器，从而获得更大的牵引力。该系统可以精确地调整车辆的加速系统、变速器、牵引力控制系统和四轮驱动系统，并可以在任何路况下提供最佳的车辆性能。

9.6.3　胎压监测系统

胎压监测系统缩写为 TPMS，其工作原理如图 9-15 所示，系统在每个轮胎中安装一个胎压监测传感器，以监测胎压。以福特探险者为例，当压力信号通过无线电波发送到接收模块

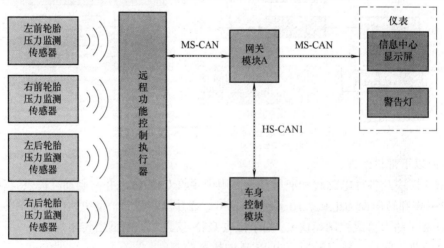

图 9-15　胎压监测系统工作原理

RFA（远程功能控制执行器）时，传感器将启动。RFA 模块接收到的信号通过 CAN 线传输至车身控制模块。车身控制模块识别胎压传感器的位置和胎压信息后，通过 CAN 线将其传输至仪表，以显示胎压状态。如果胎压过低或过高，仪表压力状态指示灯将点亮或闪烁，以提醒用户及时维修。

1）胎压传感器。胎压传感器安装在轮胎内，通过轮胎气门芯固定螺栓固定在轮辋上。胎压传感器有一个内置电池，为传感器提供工作电源。为了提高传感器的电池供电能力，提高传感器的使用寿命，在传感器内部设计了加速度计。

胎压传感器的工作模式主要包括两种状态：睡眠模式和驾驶模式。

① 睡眠模式。当车辆静止超过 30min 或车速低于 32.2km/h 时，传感器中的加速计未激活，传感器进入休眠状态。在此状态下，传感器将每 60min 进行一次采样和监测。如果胎压值没有改变，传感器将不会发送胎压值信息。如果检测到胎压突然变化，将立即发送当前胎压信息和传感器 ID 信息。

② 驾驶模式。当车速超过 32.2km/h 时，车轮的离心力关闭传感器内的开关，迫使传感器进入唤醒或驾驶模式。在此模式下，胎压传感器将每隔 60s 通过射频发送当前胎压信号和传感器 ID 信息。

2）远程功能控制执行器（RFA）。胎压传感器将胎压信息传输至远程功能控制执行器，RFA 收到信息后，通过网关模块（GWM）将信息转发给 BCM。

3）车身控制模块。接收来自 GWM 的胎压信息，并将其与内部存储的信息进行比较，以确定传感器的安装位置，然后通过 CAN 线路将胎压信息发送至 IPC。

4）IPC。接收 BCM 发送的胎压信息，并显示相应的轮胎信息。当胎压过低或过高时，仪表板组合仪表（IPC）将通过点亮轮胎图形来突出显示胎压。

5）警告灯。警告灯用于指示低胎压事件和可能的系统故障情况。警告灯有两种工作状态：

① 警告灯持续亮起。当任何胎压低于或高于车身控制模块中的设定值时，警告灯持续亮起，信息中心显示"低胎压"。

② 警告灯闪烁。如果点火开关接通时发生故障，警告灯将闪烁一段时间，然后保持点亮。故障的可能原因主要是传感器故障、仪表板组合仪表（IPC）超时且未收到来自车身控制模块（BCM）的任何数据以及胎压监测系统（TPMS）故障。

激活胎压监测系统的步骤如下：

1）将点火开关转到接通位置，确保车辆处于静止状态并拉起驻车制动器。

2）使用售后诊断软件通过诊断工具发送学习请求指令，使胎压监测模块进入学习模式。当车身控制模块接收到学习请求时，它将确定是否满足要求（点火开关需要处于接通位置且发动机关闭）。如果车身控制模块确定当前状态满足学习模式的要求，车身控制模块将进入学习模式。车身控制模块将清除先前读取的胎压传感器信息值，并且仪表上的所有胎压信息将显示为"--"。

3）车身控制模块进入学习模式后，使用专用工具靠近左前胎压位置传感器，按下按钮触发左前轮传感器，传输胎压信息和 ID 信息。车身控制模块在接收到传感器信号后设置相应的位置，如果传感器胎压数据有效，仪表上显示相应胎压值，表示左前传感器位置学习成功；依次按照左前右后车轮的顺序分别执行其他车轮传感器的学习。读入每个传感器后，仪表将相应地显示胎压值。当最后一个传感器的学习成功完成后，系统将退出学习模式，车身控制模块将发送学习完成的信号。

9.6.4 智能电源管理系统

如图 9-16 所示，智能电源管理系统的控制策略存储在 BCM 中，BCM 通过 LIN 线路接收来自蓄电池检测传感器的蓄电池状态信息。此信息用于计算发电机输出的充电电压，充电电压由车身控制模块通过 HS-CAN 线路传输至动力系统控制模块，然后通过 LIN 线路从动力系统控制模块传输至发电机。充电电压的调整基于大量参数，例如发动机的当前工作负载。

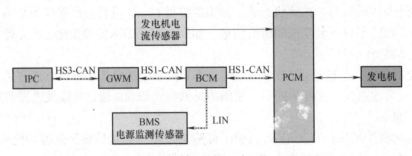

图 9-16　智能电源管理系统的控制策略

蓄电池最小充电电压为 12.2V，最大充电电压介于 14.5 ~ 14.9V 之间。但是，在蓄电池重新激活过程中，电压偶尔会上升到 15.2V。如果蓄电池的充电状态长期超过 80%，将影响蓄电池的使用寿命。

9.6.5 防盗系统

汽车防盗系统是指防止汽车本身或车上物品被盗的系统。汽车防盗装置已经从最初的机械控制发展到钥匙控制、电子密码、遥控呼救、信息报警，纯机械钥匙防盗技术向电子防盗和生物特征电子防盗方向发展。电子防盗系统主要由遥控器或钥匙、电子控制电路、报警装置和执行器组成。

1. 主动防盗系统

汽车防盗系统分为主动防盗系统和被动防盗系统，主动防盗系统主要由车身控制模块（BCM）、遥控器和钥匙、接收器天线、被动防盗系统（PATS）和点火开关、入侵传感器、中控锁系统等部件组成，其控制原理如图 9-17 所示。

在主动防盗系统激活的情况下，BCM 将监控车内所有门锁的位置状态，并通过入侵传感器监控车辆内部状况。当 BCM 检测到车门被非法打开或车内气流异常时，将触发外围报警系统，此时防盗装置喇叭鸣响 30s，危险警告灯与车内所有门控灯同时闪烁 5min。

当报警系统被触发时，按下合法遥控钥匙的解锁按钮，或使用合法 PATS 钥匙打开点火开关，外围报警系统将被取消。当车辆锁定且系统在 20s 内未进入外围报警系统激活状态时，此时按下门锁控制开关或释放车内尾门，系统将自动激活。

在上述电路控制中，当遥控器用于解锁、锁定或打开行李舱盖时，RFA 接收遥控钥匙信号并通过 MS CAN 发送至 BCM，BCM 通过中控门锁系统控制相应功能。

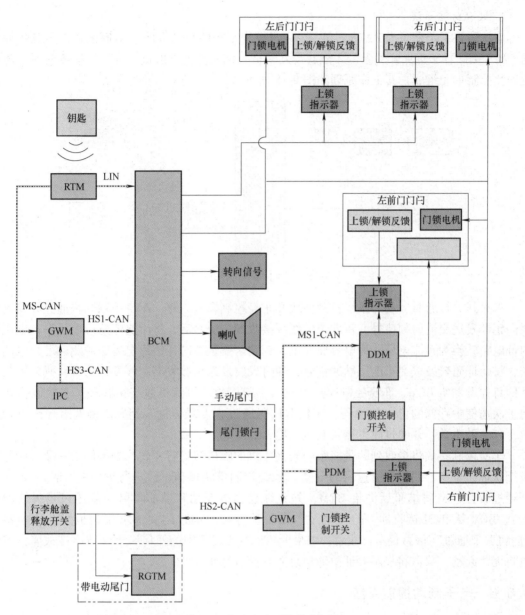

图 9-17 主动防盗系统控制原理

前门模块通过与车身控制模块（BCM）的 CAN 网络实现车身的电气控制，并实现其功能。左侧车门模块称为驾驶员侧车门模块（DDM），右侧车门模块称为乘客侧车门模块（PDM）。前门的车身电气功能通常由前门模块控制，例如，车门玻璃升降功能、中控锁前门控制、后视镜电动调节、BLIS 指示灯控制等均由前门模块控制实现。

后门模块（RDM）包括右后门模块和左后门模块。它们通过 LIN 网络与相应侧的前门模块（DDM）通信，并充当 LIN 网络的从属模块。后车门电气功能由两个后车门模块和车内网络系统实现，例如，后车门玻璃升降功能和中央控制锁功能。

2. 被动防盗系统

被动防盗系统缩写为 PATS，它主要通过控制车辆的起动来防止车辆被盗，只有将编程的 PATS 钥匙置于点火开关上，才能起动发动机，该系统主要由点火开关、接收线圈、防盗钥匙和控制单元组成，其工作原理如图 9-18 所示。

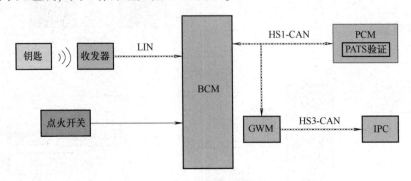

图 9-18　被动防盗系统控制原理

点火开关接通时，动力系统控制模块和车身控制模块工作，车身控制模块通过收发器线圈向钥匙发送交流射频信号。钥匙中的线圈接收到该信号后，产生交流感应电压，该电压由内部电路转换为直流电压，为电容器充电。钥匙防盗装置芯片依靠电容电源驱动芯片电路工作，将认证码转换成交流电压脉冲信号，通过天线发送给收发器。收发器将该代码转换为数字信息并发送给 BCM，车身控制模块生成一个随机数，该随机数与钥匙和车身控制模块之间上次通信中存储的值一起编码。该数据代码通过收发器传输至钥匙，钥匙对代码进行解码，恢复随机数，并通过收发器将其返回给 BCM。

车身控制模块将接收到的随机数与先前生成的随机数进行比较，如果两者一致，则通过密钥认证，车身控制模块通过网络与动力系统控制模块通信，以进行 PATS 验证。PATS 验证通过后，PCM 将结果反馈给 BCM，并允许起动机起动和燃油喷射（或通过点火线圈点火）。BCM 从 PCM 接收到"验证通过"反馈信息后，通过网关请求仪表板组合仪表执行"防盗验证通过"信息提示。注意：如果 PATS 验证过程中的任何一个环节出现故障，发动机将无法起动，仪器将提示验证故障信息并存储故障码。

9.6.6　电子制动控制系统

在车载 ADAS 中，部分车辆配备了车载电子制动控制系统，实现了基于 ABS 的车辆智能制动控制功能。电子制动控制系统的液压阀独立控制，液压系统采用四路控制车辆，主要功能包括防抱死制动系统（ABS）、电子制动力分配（EBD）、牵引力控制（TCS）、电子稳定控制（ESC）、坡道起步控制（HAC）、液压制动辅助（HBA）、陡坡缓降（HDC）、滚动稳定控制（RSC）、自适应巡航控制，并支持防撞、紧急制动灯、拖车稳定性控制和其他功能。电子制动控制系统由 ABS 控制模块、液压控制单元（HCU）、电子助力转向控制模块（EPCM）、车轮转速传感器、制动压力传感器、ESC 开关、仪表指示灯、安全气囊模块（RCM）等元件组成，设备组成、各部件功能及说明见表 9-2。

为了更准确地执行相关功能，ABS 模块必须对加速度传感器和制动压力传感器执行校准学习，也称为初始化学习，学习方法是使用诊断仪器进行操作。

表9-2　电子制动控制系统的各个元件作用与说明

序 号	部件名称	作用与说明
1	ABS 控制模块	ABS 控制模块控制系统功能和故障自诊断功能，并向电磁阀和 ABS 泵电机提供蓄电池电压
2	液压控制单元	电子制动液压控制单元主要包括液压泵和液压马达、4 个进液阀、4 个泄压阀、2 个隔离阀、2 个启动阀以及压力传感器、高压蓄能器、低压蓄能器
3	电子助力转向控制模块	电子助力转向模块通过 CAN 网络向 ABS 模块提供方向盘角度信息。ABS 模块通过加速度传感器和方向盘角度传感器计算车辆的实际偏离角
4	车轮转速传感器	车轮转速传感器为双线霍尔型。ABS 模块向每个车轮转速传感器提供 12V 电压。当车轮旋转时，传感器电路产生方波信号电压，ABS 模块使用该方波频率计算车速
5	制动压力传感器	集成在 ABS 模块中，功能是监测制动管路的压力
6	ESC 开关	每次打开点火开关时，系统默认激活。当车辆陷在泥泞或雪地中时，为了帮助车辆顺利通过，需要关闭 ESC 功能。ESC 开关安装在中控台下方。当按下 ESC 开关时，TCS 和 ESC 功能关闭，但 ABS 和 EBD 功能仍然有效。当车速超过设定值时，ESC 功能自动恢复。再次按下开关，ESC 和 TCS 功能恢复
7	仪表指示灯	ABS 控制模块通过 CAN 线路将故障和状态指示灯信息传输至仪表 IPC。电子制动控制系统有四个指示灯： ① ABS 故障指示灯。在通过打开点火开关进行自检的过程中，ABS 故障指示灯亮起。检查后，如系统无故障，指示灯熄灭 ② EBD 和驻车制动指示灯。在通过打开点火开关进行自检的过程中，EBD 故障指示灯点亮。检查后，如系统无故障，指示灯熄灭。当驻车制动器启用或液压制动系统液位过低时，该指示灯也将点亮 ③ ESC 关闭指示灯。表示 ESC 功能已关闭 ④ ESC 状态或故障指示灯。当 ESC 功能激活时，ESC 指示灯闪烁。当系统检测到影响电子悬架控制系统功能的故障时，电子悬架控制系统指示灯始终亮起，表明系统有故障
9	安全气囊模块	安装在驾驶员扶手下面底板上，横摆角传感器、横向加速度传感器集成在安全气囊模块内。安全气囊模块通过 CAN 网络向 ABS 模块提供偏航角、横向加速度信息，以控制车身的稳定性

进行以下维护项目后，执行传感器学习：

1) 更换 ABS 模块和液压阀总成。

2) 更换气囊模块（带内置加速度传感器）。

3) 安装气囊模块后，对车身进行钣金修理。

注意：学习时，应遵循诊断仪的说明并将车辆停放在水平地面上。车内只能坐一个人，不能踩下制动踏板。

思 考 题

本项目的学习目标你已经达成了吗？请通过思考以下问题的答案进行结果检验。

序　号	问　题	自检结果
1	车内人机交互界面可分为哪几个界面？	
2	请说出按钮、旋钮、方向盘在人机交互中的作用。	
3	请说出多通道交互与手势交互的原理。	
4	请说出抬头显示系统的作用与部件组成。	
5	请说出抬头显示系统的工作原理是什么。	
6	请说出抬头显示系统常见故障检查的方法。	
7	汽车智能座椅的主要功能有哪些？	
8	请说出汽车智能座椅的工作原理。	
9	请说出智能座椅检查与维修的方法。	
10	智能汽车座舱结构主要有哪些？	
11	请说出智能汽车座舱的工作原理。	
12	请说出车载计算平台的作用与原理。	

第10章 车载嵌入式操作系统应用

学习目标

1. 能够知道 Linux 操作系统在智能网联汽车中的作用。
2. 能够知道 Android 框架与结构原理。
3. 能够知道 ROS 技术架构。
4. 能够知道 Rviz 3D 图形可视化工具的应用。

10.1 Linux 操作系统在智能网联汽车中的应用

10.1.1 Linux 内核及驱动

Linux 操作系统是首选的汽车开源软件平台，它取代了封闭的操作系统。使用 Linux 作为操作系统不仅可以控制汽车的音频主机或信息娱乐中心，还可以控制远程信息处理系统、仪表板等。目前常用的 Linux 版本主要有 Ubuntu、Red Hat、CentOS、Debian、Fedora Core、SuSE、Gentoo、Arch、Kali、Slackware 等。

Linux 系统的特点如下：

1) 系统源代码由外部开发，便于进一步研究学习和完善 Linux 系统。

2) 免费使用。

3) 稳定性高，可长时间连续运行。

4) 应用领域比较广泛。Linux 不仅可以用于计算机设备，还可以用于路由器、机顶盒、移动电话、平板电脑和嵌入式设备。

5) Linux 系统本身消耗的内存较少。

正是因为 Linux 具有上述特点，在汽车自动驾驶或智能网联汽车领域得到了广泛的应用。

Linux 是一种应用广泛的嵌入式操作系统，嵌入式系统以应用程序为中心，以计算机技术为基础，主要用于对功能、可靠性、成本、体积、功耗等有特殊要求的计算机系统。

嵌入式系统通常包括硬件和软件。硬件包括嵌入式处理器、存储器和各种外围设备；软件包括嵌入式操作系统和用户应用程序，Linux 代码是完全开放的。如图 10-1 所示，Linux 内核包括内核抽象和对硬件资源的间接访问，以统一的方式支持多任务，此方法对用户进程和每个进程都是透明的。内核同时运行多个进程，允许多个进程公平合理地使用硬件资源。Linux 作为一种实时操作系统，具有高效的 I/O 管理能力，能够处理和存储控制系统所需的大量数据。

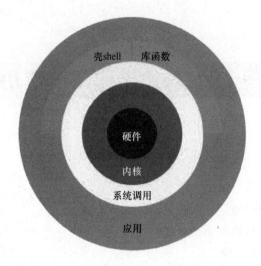

图 10-1　Linux 内核结构

10.1.2　Android 框架

Linux 操作系统的结构一般由四部分组成：Linux 内核、命令解释器（Shell）、文件系统和应用程序。Android 操作系统和华为的鸿蒙操作系统都是基于 Linux 环境架构。下面以典型的 Android 应用程序为例，介绍其结构和原理。

Android 是谷歌 2007 年 11 月为移动设备设计的软件平台。如图 10-2 所示，Android 系统自下而上分为几个层次：Linux 内核和驱动程序、本地框架和 JAVA 操作环境、JAVA 框架和 JAVA 应用程序。Linux 内核和驱动程序与本地框架及 JAVA 运行环境之间是内核空间与用户空间的边界，本地框架与 JAVA 操作环境之间，JAVA 框架是本地代码层与 JAVA 代码层的接口，JAVA 框架和本地框架通过 JAVA 本地接口（JNI）机制实现交互，实现 JAVA 框架与 JAVA 应用程序之间的数据交互是 Android 系统的 APl。Android 内核是介于硬件和上层应用

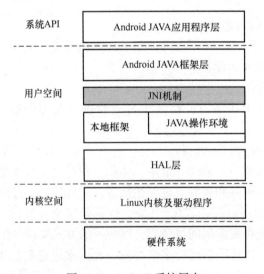

图 10-2　Android 系统层次

程序之间的一层，为上层应用程序提供安全、内存管理、进程管理和网络协议栈等服务。Android 的核心系统除了标准的 Linux 驱动程序，还添加了 BinderIPC 驱动程序、ashmem 匿名共享内存驱动程序、轻量级日志驱动程序，并在没有内存的情况下终止进程驱动程序。电源管理等驱动程序为系统运行提供基本支持。

绑定器机制为用户级程序提供过程级通信支持。整个 Android 系统的操作依赖于绑定驱动程序。调用用户空间 Iibutil 工具库和服务管理器守护进程中的绑定器接口，为整个系统提供支持；匿名共享内存（ashmem）提供了一种为用户空间程序分配内存的机制，实现了类似于 malloc 的功能，在用户空间 Iibutil 库中封装并提供了匿名共享内存的接口；日志驱动程序为用户级程序提供日志支持；作为一个工具，在 Android 用户空间 Iogcat 程序中调用 Logger 驱动程序来提取系统信息；进程终止驱动程序是当系统内存不足以在后台终止某些进程并释放内存时提供给 Android 系统的一种机制；电源管理驱动程序提供了一种早期暂停机制，当系统进入睡眠状态时，可以在早期的 uspen0 中执行一些操作，例如关闭一些耗电设备以节省电力。

Android 原生框架包括一些 C/C++库，这些库提供给 Android 系统的不同组件，并通过 JAVA 框架为上层应用程序开发人员提供服务。主要包括：

1）界面管理器（Surface Manager）：管理对显示子系统的访问，并无缝地组合多个应用程序的二维和三维图形层。

2）媒体库（Media Framework）：这部分内容是 Android 多媒体的核心部分。基于 Packet Video 的 OpenCORE，该库按功能分为两部分，一部分是音频、视频的回放（Play Back），另一部分是音频和视频记录。

3）SQLite：一个通用的轻量级关系数据库引擎。

4）OpcnGLES：提供对 3D 的支持。

5）自由类型：位图和矢量字体渲染。

6）Webkit：最新的 Web 浏览器 GL 引擎，支持 Android 浏览器和可嵌入的 Web 视图。苹果 Safari 的引擎是 Webkit。

7）基本的二维图形引擎。

8）3D Iibraries：基于 OpenOL，3D Iibraries 可以使用硬件 3D 加速（如果可用）或高度优化的 3D 软加速。

9）SSL：即 Secure Socket Layer（安全套接层），位于 TCP/IP 协议和各种应用层协议之间，为数据通信提供安全支持。

10）仿生系统 C 库：源于标准 C 系统（libc）BSD，进行了一些调整以适应嵌入式 Linux 设备。

Android 原生库不直接调用内核提供的接口到用户空间，而是通过硬件抽象层实现与内核层的交互。因为 Linux 是按照这个协议发布的，对 Linux 内核的任何修改都必须发布其源代码，所以很多硬件上的逻辑控制操作并不是直接放在 Linux 内核中，而是在 Android 上实现了硬件抽象层，这样就可以避免在不发布源代码的情况下，产生巨大的商业利润。

AndroidJAVA 运行环境包括 Dalvik 虚拟机和 JAVA 核心类库。Dalvik 虚拟机主要执行对象生命周期管理、堆栈管理、线程管理、安全和异常管理、垃圾回收等重要功能。Dalvik 虚拟机不同于一般的 JAVA 虚拟机（JAVAVM），它执行的不是 JAVA 标准字节码（bytecode），而是 Dalvik executable format. dex。两者最大的区别在于 JAVA 虚拟机是基于堆栈的虚拟机（stack-based），Dalvik 是基于寄存器的虚拟机（register-based）。后者最大的优点是可以根据硬件实现更大的优化，获得比通用虚拟机更好的性能。JAVA 核心类库尽可能提供与标准 JAVASE 兼容的类，包括基本数据结构、输入输出、工具、数据库、网络等方面。

如图 10-3 所示，JAVA 框架提供了上层应用开发所需的功能，如 Android view 提供了一个基本的用户界面框架，Android media 提供了一些类型的媒体界面来管理各种音频和视频，Android telePhony 提供了与电话子系统相关的 API。在开发上层应用程序时，它实际上是基于这个架构的。每个应用程序背后隐藏着 JAVA 框架提供的一系列服务和系统，如视图、内容提供者、资源管理器、通知管理器、活动管理器等。

图 10-3 Android 程序框架

Android 系统架构由五部分组成：Linux 内核、库函数、Android 运行状态、应用程序框架和应用程序。

1）内核。在线性架构的底部是 Linux 内核，通过 Linux 内核更新 Android 的补丁程序，内核负责管理系统服务程序和驱动程序模块、内存管理和任务调度。

2）库函数。库函数的根文件系统使用 roof，数据和文件使用 YAFFS，YAFFS 是专门为 NAND 和 NOR 内存设计和驱动的文件系统。

3）Android 运行状态。Android 运行时包括核心库和 JAVA Dalvik 虚拟机。Dalvik 是一个允许多个进程在有限内存上运行的虚拟机。每个程序都在一个单独的 Linux 进程中运行。

4）应用程序框架。应用程序框架和 Android 运行主要通过 C/C++库实现，这些库包括标准 C 库、多媒体库、图形界面库、浏览器、字体库和数据库。

5）应用程序。应用程序由许多类、接口和包组成。它的目的是提供一种简单而连续的方式来管理图形用户界面、访问内存资源、接收通知或处理传入呼叫，主要组成部分有可视化系统、行为权限管理、共享管理、资源管理、通知管理、电话管理。

Android 内部进程通信和安全主要是指在安装第三方应用程序时尽可能保证系统的稳定性。底层的授权机制由 Linux 内核和文件系统提供，基本上可以满足其他基于 Linux 内核的系统。由于 Android 设备是针对单个用户的，因此具有多用户服务的设备只能通过分配唯一标识符来应用。此外，Android 是一个静态安全许可系统，在程序安装过程中必须使用。

Android 扩展了汽车的整体结构，定制的 Android 平台应用于汽车功能模块和支持组件的扩展，其目的是提供一种安全机制，允许受信任的应用程序访问汽车功能模块（车辆制动、转向或电驱动分配），而不可信任的程序被隔离并且不可以访问。应用程序之间只能在高安全可信机制下通过有限权限访问某些功能，例如，CAN 总线。

10.2 ROS 在智能网联汽车中的应用

无人驾驶汽车在本质上都是机器人，机器人主要分为两个层面：硬件层和软件层。每个机器人都需要根据实际硬件条件编写满足用户需求的功能，但代码重用率较低，ROS（Robot Operating System）为机器人研发中的代码重用提供了支持，为操作系统提供了硬件抽象、底层设备控制，执行共享功能、进程间消息传递和包管理。无人驾驶系统是由驾驶环境感知、路径规划和车辆控制等多个技术组成的综合系统，每种类型的组件都由一组算法组成，通常是基于各种分布式程序框架构建的组件之间的信息通信。ROS 为设备提供人工智能交互能力并提供硬件模块、软件系统和各种人工智能服务。ROS 是一个用于智能汽车开源的操作系统。它可以提供许多类似于传统操作系统的功能。此外，它还提供了相关的工具和库，用于在多台计算机之间获取、编译、编辑代码和运行程序，以完成分布式计算。

10.2.1 ROS 技术架构

智能网联汽车集成了车联网技术和无人驾驶技术。无论是车联网还是无人驾驶，都离不开一个强大的开发平台和运行平台。ROS 是一个功能强大、灵活的机器人编程框架和基于消息通信的分布式多进程框架，有很多著名的开源机器人功能库，如基于 Quaternion 的坐标转换、三维点云处理、定位算法、各种 SLAM 等。ROS 的总体架构分为三个方面，分别是文件系统级、计算图级和开源社区级。

工作空间是一个包含函数包、可编辑源文件和编译包的文件夹，当希望同时编译不同的函数包时提供帮助，并可以保存本地开发包。用户可以根据自己的需要创建多个工作空间，并在每个工作空间中为不同的目的开发功能包。

功能包是 ROS 中软件组织的基本形式。功能包具有用于创建 ROS 程序的最小结构和最小内容。它可以包含 ROS 运行的进程（节点）和配置文件。

消息是 ROS 中的进程（节点）发送给其他进程（节点）的信息。消息类型是消息的数据结构。ROS 提供了许多可以直接使用的标准类型的消息。如果要使用某些非标准类型的消息，则需要自己定义此类消息。ROS 使用简化的消息类型描述语言来描述 ROS 进程（节点）发出的数据值。通过在此描述语言中定义消息类型，ROS 可以在用不同编程语言（如 C++、Python 等）编写的程序中使用此消息。无论是 ROS 提供的标准类型消息，还是用户定义的非标准类型消息，定义文件的扩展名都是 *.msg。消息类型的定义主要分为两部分：字段的数据类型和字段的名称。简单地说，它是结构中的变量类型和变量名。

服务是 ROS 中进程（节点）之间的请求/响应通信过程，服务类型是服务请求/响应的数据结构。服务类型的定义借用了消息类型的定义，区别在于，消息数据是 ROS 进程（节点）之间的多对多广播通信过程中传输的信息；服务数据是 ROS 进程（节点）之间的点对点请求/响应通信过程中传输的信息。ROS 将创建一个连接所有进程（节点）的网络，任何进程（节点）都可以访问该网络，并通过网络与其他进程（节点）交互以获取其他进程（节点）发布的信息，并将自己的数据发布到网络，以及节点、主题、服务中，在这个计算图网络中，必须用唯一的名称来标识。

ROS 功能框架如图 10-4 所示，左边的节点可以从硬件驱动程序读取数据并将其打包成一条消息。ROS 底层识别消息的订阅者将消息数据分发给订阅者节点。ROS 节点通常是一个标准的 C++程序，可以使用系统中安装的其他软件库。同时，ROS 节点可以隐式地启动多个线程，当多个节点同时访问一个主题时，它通过 FIFO 队列管理，以解决实时同步问题。

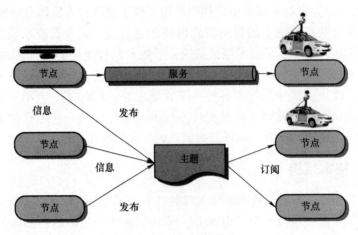

图 10-4　ROS 功能框架

ROS 的主要功能如下：

1）SLAM。从智能车辆主机控制器的视觉、激光雷达和里程表节点接收点云数据、激光数据和姿态等主题，执行 SLAM 并在 Rviz 中运行。

2）路径规划。使用 SLAM 节点创建的地图以及地图中智能车的姿态和速度规划路径，使智能车自主导航。

3）键盘调试。使用键盘和命令远程控制智能车的运动，接收里程信息反馈等。

4）智能车控制器端节点主传感器数据采集与控制及智能车运动控制。

5）视觉。接收 Xtion Pro Live 体感器驱动程序 Openni 2 节点发布的点云数据消息，并将主题发布到 SLAM 节点。

6）激光雷达。接收激光传感器驱动程序节点发出的激光数据消息，并将主题发布到 SLAM 节点。

7）行驶里程。接收 Arduino 节点发布的智能车左右轮线速度、角度、里程等姿态信息，并将里程信息主题发布到 SLAM 和路径规划节点。

8）基本控制器。接收路径规划节点发出的线速度和角速度信息，向 Arduino 节点发出指令，控制智能车精确移动。

9）Arduino。通信协议由 rosserial arduino 软件包提供。它通过 Arduino 的 UART 工作，并允许 arduino 充当 ROS 节点，可以直接向里程节点发布和订阅基本控制器节点的消息。

车辆常用的外部传感器有其自身的特点，如：

1）毫米波雷达能准确探测前方车辆的距离和速度，对雾、烟、尘具有较强的穿透能力。

2）摄像机视觉系统可以获取车道线的颜色、形状、交通信号等目标的详细信息并进行详细识别。

3）激光雷达利用点云建立周围环境的三维模型，可以检测到车辆、行人、树木、路基等细节。

安装 ROS 的程序可以直接在其官网上下载，操作系统的安装方法在其官网有详细的说明。在安装时，首先将智能网联汽车平台主控制器在三维空间发送的智能网联汽车姿态、速度、里程和周围环境的二维激光数据或三维点云信息同步定位并生成，然后规划路径并向智能网联汽车发送运动命令，远程控制智能网联汽车移动。在桌面上安装了 ROS 的完整版本之后，ROS 框架建立并创建了一个连接所有进程的网络，并安装了大多数必需的功能包和库。只需按照从 ROS 开源网络社区获得的共享资源修改自己的智能网联汽车，创建新的节点和功能包就可以轻松完成智能网联汽车软件系统的开发。

因为创建地图、定位和路径规划需要大量的数据处理，所以首先要将服务器和智能网联汽车主机控制器连接到同一个 WiFi 网络，然后建立节点管理器，并在服务器上创建键盘调试、SLAM 和路径规划。在智能网联汽车主机控制器上创建节点，如 vision、lidar、里程、基本控制器等，然后在节点管理器中注册所有节点，由节点管理器统一管理，在同一网络端到端的拓扑结构中进行 TCP/IP 通信，实现不同主机节点间的有效通信，最后利用三维可视化工具 Rviz 在服务器上实现 SLAM 和路径规划。

将无人驾驶系统环境感知功能与 ROS 的通用机制相结合，可以集成到现有的 ROS 框架中。其中，ROS 的主要组成部分包括 ROS Master（ROS 主机）、ROS Node（ROS 节点）和 ROS Service（ROS 服务）。

1）ROS Master 的主要功能是命名服务，包括存储启动所需的操作参数，命名消息发布的上下游节点的连接名和连接方式、现有 ROS Service 的连接名，一般来说，在无人驾驶系统中只有一个 Master。

2）ROS Node 通常是标准的 C++程序，可以使用系统中的其他软件库，也可以隐式启动多个线程来运行主要功能和服务。ROS Node 是一个真正的执行模块，它处理接收到的消息并向下游节点发布新消息。环境感知的基本组成部分可以通过节点来实现。

3）ROS Service 是一种特殊的 ROS Node，相当于一个服务节点接收请求并返回请求的结果。

图 10-5 显示了 ROS 通信过程。节点向 Master Advertise（主播发）或者 Subscribe（订阅）发布感兴趣的 Topic（主题）。当创建连接时，下游节点会向上游节点 TCP Server（TCP 服务器）发布连接请求，连接创建后，上游节点的消息将通过连接发送到下游节点。

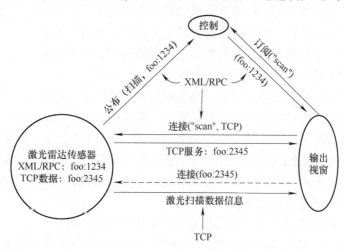

图 10-5 ROS 通信过程

智能网联汽车 ROS 的节点结构如图 10-6 所示，除了 Master、Node、Service 和传递的

Message（消息）主要组件外，ROS 还提供以下常用组件：

1）Rviz 集成可视化工具。图 10-7 显示了无人驾驶感知任务的可视化示例。Rviz 查看器用于检查任务的状态。

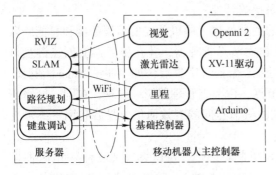

图 10-6　智能网联汽车 ROS 节点结构　　　图 10-7　Rviz 集成可视化三维地图和 2D 图像

2）为管理点云数据开发了一个点云库，支持定位和地图创建的许多算法包。

3）Open CV 是一个流行的计算机视觉图像处理库。它支持多种图像处理算法来实现库函数和 API（例如图像加载、转换和渲染）。它有助于建立图像处理程序框架和无人驾驶汽车环境。通过 Open CV 和 ROS Rviz 的结合，感知可以被可视化。

4）CUDA 是基于 GPU 的通用计算框架，因为环境感知中常用的复杂算法都是计算密集型和数据并行的，使用 CUDA，GPU 的执行速度可以显著提高。

10.2.2　ROS 在无人车辆上的应用

无人驾驶系统是由驾驶环境感知、路径规划和车辆控制等多个技术组成的综合系统。每种类型的组件都由一组算法组成，它通常是基于各种分布式程序框架构建的组件之间的信息通信。

无人驾驶汽车的总体功能结构可分为感知层、任务规划层、行为执行层和运动规划层。其中，环境感知层融合来自车载传感器的数据，为系统其他部分提供周边环境的关键信息，如包括车辆姿态和速度等状态信息的局部信息，道路形状、停车区域和交叉口等道路信息，动态障碍物等车辆周围其他车辆、行人等信息。

每种类型的组件，如交通场景识别、路径规划和车辆控制，都包含一组算法。例如，交通场景识别需要定位、目标检测和目标跟踪算法。路径规划通常包括任务和运动规划。车辆控制对应于路径跟踪算法。算法的基本控制和数据流如图 10-8 所示。图中，几个常用的传感器通过各自的驱动节点提供感知信息，包括来自图像相机的图像信息、毫米波雷达形成的扫描信息、激光雷达的点云信息、GPS 提供的定位信息。通过订阅该信息的各个处理节点，形成扫描图像、点云图像等信息列表。

ROS 下各传感器驱动和环境感知信息融合框架如图 10-9 所示。

无人驾驶汽车对 ROS 的各个部分提出了高性能要求，只有满足这些要求，才能在实际环境中实现一定速度的自动驾驶。利用 ROS 构建无人驾驶系统，其可靠性是首先要考虑的特征。由于 ROS 框架下的主节点维护系统运行所需的连接、参数和主题信息，如果 ROS 主节点关闭，整个系统将无法正常运行。必须确保 ROS 主机不能因错误而退出，从而导致系统崩溃。同样，也要保证 ROS 节点不能因错误退出，造成系统某些功能的缺失，造成无人驾驶事故。性能要求如下：

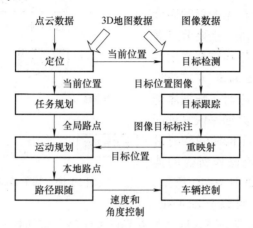

图 10-8　无人驾驶车辆算法基本控制和数据流

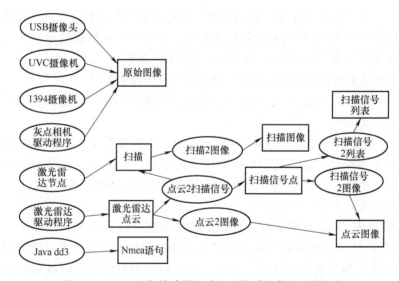

图 10-9　ROS 下各传感器驱动和环境感知信息融合框架

1）ROS 的分散化。ROS 分散化的解决方案多种多样，可以采用主从节点的方法，随时备份主节点的书面信息。主节点关闭后，将备份节点切换到主节点，并使用备份主节点初始化信息。

2）ROS 节点实时监控和报警。正在运行的 ROS 节点实时监控其运行数据，并在检测到严重错误信息时报警。通过 ROS 节点层监控数据 API 记录所需信息，监控服务器定期从节点获取监控数据，监控服务器对数据进行集成、分析、记录，发现异常后进行处理。

3）ROS 节点状态恢复。节点异常退出后，需要通过重启机制进行恢复，可以是无状态恢复和有状态恢复。因此，需要备份节点状态。

4）提高 ROS 的通信性能。无人驾驶系统模块多，信息交互频繁。同一台机器上的 ROS 节点之间的通信可以考虑改进现有网络协议栈的回环机制，以减少延迟和资源消耗。

当系统运行时，如果 ROS Master 出现错误退出，会导致系统崩溃；如果其中一个 ROS 节点出现故障，会导致部分系统失去功能，任何一种情况都可能在无人驾驶环境中造成严重后果。所以，ROS 重要节点需要热备份（热备份数据是指在数据库运行的情况下，采用 archivelog mode 方式备份数据库的方法，当出现故障时，数据库仍然可以被使用，并可以将数据库恢复到任意一个时间点），以便在停机期间随时进行切换。主节点维护系统操作所需的连接、参数和主题信息。如图 10-10 所示，可以使用主从节点方法（类似于 Zookeeper），同时，随时备份主节点的写入信息。主节点关闭后，将切换到备份节点，主节点与备份主节点完成信息初始化。

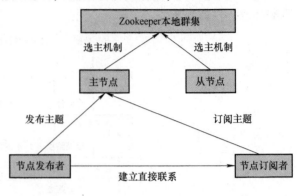

图 10-10　基于 Zookeeper 的监控和报警

可以从以下三个方面提高系统的通信性能，这将有助于提高整个系统的性能。

1）使用共享内存的方法将数据映射到内存中，然后只传递数据的地址和大小信息，从而将数据传输延迟控制在 20μs 以内，节省大量的 CPU 资源。

2）在发送节点和每个接收节点之间实现点对多点的网络连接。

3）通过从存储区域读取或反序列化对象的状态来重新创建该对象，使用轻量级序列化程序，将序列化延迟减少。

LXC 提供了轻量级的虚拟化来隔离进程和资源，不需要提供指令解释机制和其他复杂的功能，比如完全虚拟化，这相当于 C++ 中的命名空间。LXC 有效地将单个操作系统管理的资源划分为独立的组，以更好地平衡独立组之间冲突的资源使用需求。对于无人驾驶的场景，LXC 最大的好处是它的低性能损失。

除了资源限制外，LXC 还提供沙盒支持，允许系统限制 ROS 节点进程的权限。为了避免危险的 ROS 节点进程可能中断其他 ROS 节点进程的操作，沙盒技术可以限制潜在危险的 ROS 节点访问磁盘、内存和网络资源。此外，为了防止节点内的通信被劫持，可以对节点内通信实施轻量级加密解密机制，使黑客无法重放或更改通信内容。

在无人驾驶场景中，ROS 的管理机制使系统中的各个软硬件模块能够有效的交互。位置控制模块作为 ROS 节点，可以得到智能网联汽车左右轮需要移动的线速度、角速度、位移等参数，然后与编码器进行通信计算模块测量的智能网联汽车的线速度、角速度、左右轮位移等姿态参数，得到智能网联汽车运动的速度、方向等误差，并通过 PID 算法控制精确确定左右轮电机的速度，使智能网联汽车沿着路径规划的路径行驶，通过红外传感器避开障碍物，最后将智能网联汽车的线速度、角速度、位移等姿态参数发送到里程节点。

智能网联汽车软硬件系统建成后，利用 ROS 分布式处理框架对智能网联汽车的运动进行远程控制是 SLAM 和路径规划的基础。因此，有必要使用 Rviz 等可视化工具对服务器上的智能网联汽车进行远程控制，并接收智能网联汽车的调试信息，测试 SLAM 和路径规划，验证智能网联汽车程序设计是否符合要求。

10.2.3 Rviz 3D 图形可视化工具的应用

Rviz 是 ROS 附带的三维图形可视化工具。该工具可以将代码构建的机器人模型转换为可视化的三维模型，方便 ROS 程序的图形化操作。例如，无需编程即可表示激光测距传感器中传感器到障碍物的距离，RealSense、Kinect 或 Xtion 等三维距离传感器的点云数据，以及从摄像机获取的图像值。另外，交互标记利用用户指定的多边形来支持各种形式的表示，可以表示从用户节点接收命令和数据交互的过程。前面提到，由于无人驾驶汽车在本质上是一种移动式的机器人，在 ROS 中，机器人被描述为一个统一的机器人描述格式，可以表示为一个三维模型，每个模型可以根据自由度进行移动或驱动，因此可以用于仿真或控制。例如，可以显示移动机器人模型，同时可以接收来自激光雷达传感器的距离值并用于导航。此外，数据可以从各种传感器获取，并显示为三维图像。

在安装 RViz 时，使用"ros [ros_DISTRO] desktop full"命令，默认情况下将自动安装。如果未安装"desktop full"或未安装 RViz，可以使用"sudo apt get install ros kinetic RViz"命令进行安装。

如图 10-11 所示，Rviz 的操作界面主要分为左侧显示设置区、中间显示区和右侧视角设置区。顶部是几个与导航相关的工具。中间的黑色区域是三维可视化区域。左边的是显示面板，底部是一些与 ROS 状态相关的数据。各种用户加载选项的右侧是全局选项和时间，可以通过左下角的"Add"按钮添加新的显示选项。

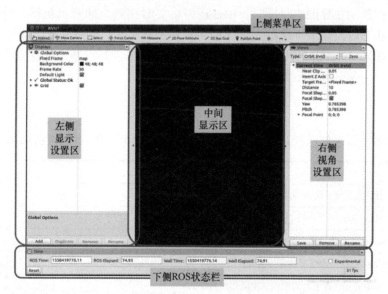

图 10-11　Rviz 图形工具的界面

在运行时打开 Linux 终端并输入"roscore"。然后打开 Linux 终端并输入"rosrun rviz"，打开 Rviz 界面。

数据可视化的前提是将需要可视化的数据发布到相应的消息类型中，然后使用相应的插件订阅 Rviz 中的消息来实现显示。添加插件以显示数据，单击 Rviz 界面左下方的"Add"按钮，Rviz 将列出默认支持的所有数据类型的显示插件。

添加完成后，Rviz 左侧 Dispaly 将列出添加的显示插件；单击插件列表前面的加号，将打开一个属性列表，并根据需要设置属性。通常，"Topic" 属性更重要，用于声明显示插件订阅的数据源。如果订阅成功，可视化数据应显示在中间显示区域。

命令参数和用法：

＊＊-h：帮助打印描述命令行选项的帮助信息。

＊＊-d：display config<arg>开始调用配置文件<arg>。覆盖配置文件中指定的目标坐标系。

＊＊-t：target frame<arg>覆盖配置文件中指定的目标坐标系。

＊＊-f：fixed frame<arg>将固定坐标系设置为<arg>以覆盖配置文件中指定的目标坐标系。

Rviz 工具使用：

move Camera（相机，快捷键：m）。

Select（选择，快捷键：s）。

2D NavGoal（二维导航目标，快捷键：g）：用于指定机器人目标的姿态，在调试中非常有用。

2D Pose Estimate（二维姿态估计，快捷键：p）：指定机器人的初始姿态。

Rviz 与基于 ROS 软件框架的各种机器人平台具有良好的兼容性。在 Rviz 中，可以使用 XML 描述任何物理对象（如机器人和周围对象）的大小、质量、位置、材质、关节和其他属性，并将它们显示在界面中。同时，Rviz 还可以实时图形化地显示机器人传感器的信息、机器人的运动状态以及周围环境的变化，帮助开发人员实现所有可监视信息的图形显示，开发人员还可以通过 Rviz 控制界面下的按钮、滑块、值等来控制机器人的行为。

思 考 题

本项目的学习目标你已经达成了吗？请通过思考以下问题的答案进行结果检验。

序 号	问 题	自检结果
1	车载信息系统一般由哪几个部分组成？	
2	请说出 Linux 系统的特点有哪些。	
3	Linux 操作系统结构由哪些部分组成？	
4	Android 系统架构由哪些部分组成？	
5	什么是 ROS？在无人驾驶汽车中的作用是什么？	
6	ROS 的总架构主要包括哪些？	
7	ROS 的主要功能有哪些？	
8	ROS 的常用组件有哪些？	
9	无人驾驶汽车对 ROS 性能要求有哪些？	
10	Rviz 3D 图形可视化工具的作用是什么？	

参 考 文 献

［1］ 佐默．车辆网联技术 ［M］．胡红星，译．北京：机械工业出版社，2017.

［2］ 拉瓦特．智能网联汽车信息物理系统：自适应网络连接和安全防护 ［M］．罗璎珞，译．北京：机械工业出版社，2018.

［3］ 李妙然，邹德伟．智能网联汽车技术概论 ［M］．北京：机械工业出版社，2019.

［4］ 王云鹏，田大新，沃天宇．车辆联网感知与控制 ［M］．北京：科学出版社，2018.

［5］ 工业和信息化部人才交流中心．AUTOSAR MCAL 的原理与实践 ［M］．北京：电子工业出版社，2018.

［6］ 黄志坚．智能交通与无人驾驶 ［M］．北京：化学工业出版社，2018.

［7］ 伊斯坎达里安．智能网联汽车辆手册：卷 I ［M］．李克强，译．北京：机械工业出版社，2017.

［8］ 伊斯坎达里安．智能网联汽车辆手册：卷 II ［M］．李克强，译．北京：机械工业出版社，2017.

［9］ 李克强．电动汽车工程手册：智能网联 ［M］．北京：机械工业出版社，2019.

［10］ 李俨．5G 与车联网：基于移动通信的车联网技术与智能网联汽车 ［M］．北京：电子工业出版社，2019.

［11］ 朱升高．车联网技术与应用 ［M］．北京：机械工业出版社，2021.